WILLKOMMEN

Pfalz

Draußen mehr erleben

mit MARCO POLO Autor Thomas Diehl

In der Pfalz ist er nicht nur aufgewachsen, da kann er sich auch immer noch austoben, der Thomas Diehl. Täglich zieht es ihn vor die Tür. Kreuz und quer, zu Fuß, mit dem Rad, auf und im Wasser. An der Pfalz mag er besonders die Lebensfreude der Menschen, den Abwechslungsreichtum der Landschaften und Dörfer, den Wechsel von Belebtheit und Abgeschiedenheit.

INHALTSVERZEICHNIS
*OUTDOOR GUIDE PFALZ

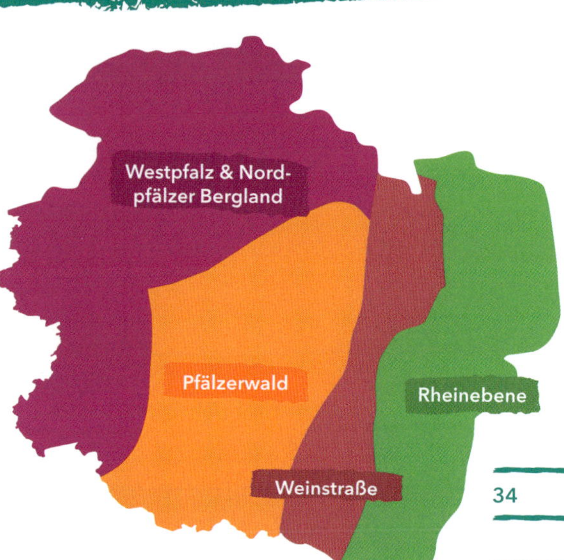

DIGITALES EXTRA

GPX-Tracks als Download zur einfachen Orientierung
QR-Code scannen oder über Website short.travel/pbfb8 herunterladen

Legende

Aktivitäten
- Zu Fuß
- Mit dem Fahrrad
- Am & im Wasser
- Fun & Action
- Naturerlebnis
- Wintersport

- ★ Outdoor-Highlight
- Lokale Spezialitäten
- Serviceangaben
- Beste Zeit
- Ausrüstung
- GPS-Koordinaten

Preise Aktivitäten/pro Erw.
€ bis 10 €
€€ bis 25 €
€€€ über 25 €

Preise Unterkunft/pro DZ
€ bis 75 €
€€ bis 150 €
€€€ über 150 €

Das Beste zuerst

Vom Rehbergturm hat man den besten Blick zur Reichsfeste Burg Trifels

BEST OF ENTSPANNT

*TYPISCHES FÜR GENIESSER

Höhenluft, Fernblick, Burgschänke – die Madenburg ist eines der Top-Ziele in der Pfalz

Pfälzer Küche mit Wassermusik

Musik ohne Instrumente? Kein Problem für den Kohlbach. Auf dem Weg vom Helmbachweiher zur Einkehr im Lambrechter Naturfreundehaus spaziert man ganz nah an diesem Bächlein entlang, das mit Melodienreichtum, überraschenden Intervallen und rhythmischer Finesse brilliert.

→ S. 128 Pfälzerwald

Flammkuchen, ganz hoch droben

Die Madenburg, eine der höchstgelegenen Pfälzer Burgen, wird gerühmt für ihren weiten Blick über die Rheinebene und in den Pfälzerwald, was auch im Winter seinen Reiz hat. Und natürlich für ihren ausnehmend köstlichen Flammkuchen. Wenn es im Herbst dann noch neuen Wein dazu gibt, ist das Schlemm-Erlebnis perfekt.

→ S. 56 Pfälzerwald

Cooles Strandleben

Wer sich einen runden Tag am Wasser gönnen möchte, liegt mit dem Mechtersheimer Weiher goldrichtig: Sandstrand, Sonnenliegen, Kübelpalmen, dazu eine schicke Beach-Bar mit Biergarten und Loungegarden. Fassbier, Cocktails, Salate und Burger. Strandleben wie in der Hochglanzbroschüre.

→ S. 150 Rheinebene

Leckeres am Schilfufer

Fünf Minuten oder eine Dreiviertelstunde dauert der Weg zur Retzberghütte am Retzbergweiher, wo man es sich mit Blick auf den schilfgesäumten Woog gut gehen lassen kann. Allein der Apfelsaft, hergestellt aus Äpfeln von Nordpfälzer Streouobstwiesen, ist schon das Kommen wert.

→ S. 184 Westpfalz & Nordpfälzer Bergland

Ententeich in den Weinbergen

Erst was Leckeres aus dem Dorflädchen, anschließend ein bisschen durch das urige Winzerdorf Hainfeld schlendern, dann sich beim Talspaziergang den Hunger für die Einkehr in der Burrweiler Mühle holen. Dort sitzt man mit Blick in die Weinberge am Ententeich – oder auf einer Halbinsel mittendrin.

→ S. 61 Weinstraße

BEST OF ADRENALINKICK

*DIE EXTRAPORTION ACTION

Eine über 100-jährige Tradition hat das Klettern im Pfälzer Buntsandstein

Die Pfalz von oben

Auf dem Hohenberg oder einem der anderen Paraglider-Startgipfel am Ostrand des Pfälzerwaldes: Noch einmal die zuvor schon recherchierten Windverhältnisse prüfen, bei grünem Licht sorgfältig das Geschirr richten, ein paar Schritte anlaufen und dann Richtung Himmel kreiseln.

→ S. 64 Pfälzerwald

Felsklettern für Anfänger

Auch wenn man Kletterhallen-Erfahrung hat: Am Fels ist das doch etwas anderes. Für Anfänger, aber auch für Ambitionierte gibt es im Klettergarten Gimmeldingen eine Menge Routen. Als Kletter-Neuling geht man Toprope-gesichert – ein dienstbarer Geist hängt das Seil oben in einen Ring ein, ein anderer lässt vom Boden aus immer so viel Seil nach, dass man nicht tief fallen kann.

→ S. 73 Weinstraße

Weg vom sicheren Ufer

Vom Wasser sieht die Welt einfach anders aus. Zumal, wenn man sie aus Sitzhöhe betrachtet. Für viele Wassersportler macht das den Reiz des Kanufahrens aus. Ein prima Kanurevier ist der Otterstädter Altrhein, wo sich jeder seine individuelle Route suchen kann.

→ S. 144 Rheinebene

In der Welt der Felsakrobaten

Wie kein anderes pfälzisches Felsmassiv kann der Spirkelbacher Raufels bei Wanderern die Illusion erzeugen, in die Welt der Kletterer eingedrungen zu sein. Schwindelerregende Tiefblicke von einem Pfeiler und von der höchsten Spitze, ein skurriler Durchschlupf, ein ausgesetzter Gang auf einem Felsband. Aber mit Vorsicht!

→ S. 123 Pfälzerwald

Nichts für Leute mit Höhenangst

Am Seil gesichert einmal in 30 m Höhe um den Speyerer Dom herumturnen: Die Zwerggalerie, ein schmaler Säulengang unter der Dachtraufe, macht's möglich. Wichtig: sehr frühzeitig reservieren!

→ S. 158 Rheinebene

BEST OF MIT KINDERN

*SPANNENDES FÜR KLEIN & GROSS

Wölfe gibt es in der Pfalz bisher nur in Gehegen – wie hier im Wild- und Wanderpark

Mit Forellen unterwegs

Rein ins quellklare Wasser der Wieslauter, kurzer Kälteschock, dann mit dem Oberkörper aufs Boogie Board. Los geht's! Mit der starken Strömung unter tief hängenden Weidenzweigen hindurch, um einige Kurven herumsteuern. Zeit zum Forellen-Beobachten bleibt da kaum. Aber sie sind auch da.

→ S. 113 Pfälzerwald

Raubvögel gucken

Tiere gehen immer! Im Wildpark auf dem Gipfel des Potzberges gibt es eine Menge zu sehen: Großwild wie Wisente, Rentiere und Auerochsen, einheimische Waldbewohner, Alpentiere. Höhepunkt ist die nachmittägliche Greifvogelschau, die Adler, Bussarde, Milane, Falken, Kondore und Geier beim Anflug auf eine scheinbare Beute präsentiert.

→ S. 176 Westpfalz & Nordpfälzer Bergland

Sterne zählen

Der Eschkopfturm mitten im Pfälzerwald, fernab von größeren Siedlungen, ist wie geschaffen zum Sternegucken. Ausgesprochen spannend, bei Dunkelheit hinaufzulaufen und dann im Licht einer Taschenlampe auf den 20 m hohen Turm emporzuwendeln. Auf der Plattform gibt es genug Platz für ein bis zwei Familien.

→ S. 125 Pfälzerwald

Luftige Abenteuer

Klettern, Balancieren, Springen, Rutschen, Schwingen: Vieles von dem, was bewegungswilligen Kindern Spaß macht, geht im Kletterpark Fun Forest in Kandel. Schön nach Schwierigkeit gestaffelt, sodass auch kleinere Kinder das Passende finden.

→ S. 155 Rheinebene

Auf Tuchfühlung mit Hirschen

Mitten zwischen Hirschen rumspazieren? Das gibt's tatsächlich! Im Wild- und Wanderpark Südliche Weinstraße trennen keine Zäune die Besucher vom Rotwild und Damwild, das sich in großer Zahl auf Streuobstwiesen tummelt. Nur während der Brunftzeit heißt es Abstand halten.

→ S. 121 Pfälzerwald

BEST OF BEI REGEN

*SCHÖN, AUCH WENN ES REGNET

Mehr als Burgmauern: Burg Lichtenberg bei Kusel beherbergt auch zwei Museen

Seeroosenweiher-Stimmung

Schon auf dem Weg zum Kranzwoog, dem schönsten Seerosenweiher der Pfalz: Gerüche und Geräusche, die man so nur zusammen mit Regen bekommt. Am See dann diese ganz besondere Stimmung, wenn die Regentropfen ihre Kreise werfen und die Zeit stehenbleibt. Auch außerhalb der Seerosensaison ein besonderes Naturvergnügen!

→ S. 108 Pfälzerwald

Wissenswertes im Winzerdorf

Der Schönheit der Winzerhöfe und ehrwürdigen Gebäude von Deidesheim kann Regen eh nichts anhaben. Zum Indoor-Zeitvertreib gibt es zwei kleine, aber feine Museen, das Museum für Weinkultur und das Deutsche Museum für Foto-, Film- und Fernsehtechnik, gemütliche Cafés und Weinstuben sowieso.

→ S. 50 Weinstraße

Ein bäriger Unterschlupf

Auf dem kurzen Weg zur Bärenhöhle hält das dichte Blätterdach eines Buchenwaldes den gröbsten Regen ab, in der tiefen Höhle ist man sowieso geschützt. Dachten sich wohl auch die Bären, die einst hier ihren Unterschlupf hatten.

→ S. 115 Pfälzerwald

Burgerlebnis – einmal anders

Starkregen? Dann vielleicht ein Museumstag auf der Burg Lichtenberg. Das Musikantenland-Museum stellt das Leben der Wandermusikanten dar, die einst aus der Kuseler Gegend in die Welt hinauszogen, das Urweltmuseum zeigt Fundstücke aus grauer Vorzeit. Danach: Ab ins Burgrestaurant, vielleicht reißt's ja doch noch so weit auf, dass man die kolossale Burganlage anschauen kann.

→ S. 189 Westpfalz & Nordpfälzer Bergland

Regen für die Seele

Seine ganz besondere Stimmung entfaltet der Japanische Garten in Kaiserslautern auch bei nicht ganz so gutem Wetter. Eine Teezeremonie, eine Lesung oder Meditation wird durch ein paar Regentropfen womöglich zu einem noch einprägsameren Erlebnis.

→ S. 184 Westpfalz & Nordpfälzer Bergland

Aus Buntsandstein erbaut wie alle Pfälzer Burgen ist die Burgruine Altdahn

LANDSCHAFT & LEUTE

*IN DER PFALZ

Weite Rebenhänge fallen an der Weinstraße sanft zur Rheinebene ab

Weinberge und zauberhafte Wälder, Badeseen und quellklare Bäche, stille Täler und weite Höhenzüge. Felsen, Burgen, Aussichtstürme. Ein dichtes Netz von Rad- und Wanderwegen. Hütten, Waldgasthäuser und Weinlokale. Die Pfalz hat alles, was man zum Sich-Austoben und Sich-Fallenlassen braucht.

Freizeitspaß wird groß geschrieben

So überschaubar die Pfalz erscheint – sie ist eine Landschaft der großen Kontraste: zwischen Ebene und Mittelgebirge, zwischen Wald und Reben, zwischen Belebtheit und Abgeschiedenheit. Ein hoher Freizeitwert ergibt sich da fast von alleine. Entgegen einem weit verbreiteten Klischee spielt sich Freizeitvergnügen in der Pfalz nicht nur in Waldhütten und Winzerstuben bei Saumagen und Wein ab, sondern vor allem draußen. Die Landschaft und die Fülle lohnender Ziele geben es einfach her. Und wenn es mal nach drinnen geht: Der Geldbeutel wird in der Pfalz nach wie vor nicht überstrapaziert.

Vier Welten auf kleinem Raum

Touristisches Aushängeschild ist die Weinstraße, ein etwa 65 km langes und bis zu 10 km breites Band mit mildem Klima, eleganten Rebenhängen, romantischen Winzerdörfern und den Zentren Bad Dürkheim, Neustadt und Landau. Zur Weinstraße wird auch die Haardt gezählt, das steil in die Rheinebene abfallende Randgebirge des Pfälzerwaldes. Natürlich zieht diese lebensfrohe Landschaft viele Besucher an. Sehr belebt ist die nördliche Hälfte, deutlich ruhiger geht es im Süden zu. Was nicht an die große Glocke gehängt wird: Die Deutsche Weinstraße, welche die wichtigsten Weinbaugemeinden miteinander verbindet, war eine Erfindung des Naziregimes, um den damals notleidenden Weinbau zu fördern.
Kommt man in den Naturpark Pfälzerwald, der als größtes zusammenhängendes Waldgebiet Deutschlands gilt, betritt man eine andere Welt: ein fein gegliedertes Mittelgebirge mit intakter Natur und außergewöhnlich reiner Luft. 1992 wurde der Pfälzerwald zusammen mit den französischen Nordvogesen als UNESCO-Biosphärenreservat ein-

NATUR IN ZAHLEN

685,5 M

hoch ist der Donnersberg, der höchste Gipfel der Pfalz

2000

verschiedene Rosensorten bietet der Rosengarten Zweibrücken

5894 HA

groß ist die Anbaufläche für Riesling – größer als sonstwo auf der Welt

95 %

aller deutschen Radieschen werden in der Pfalz geerntet

7200

verzeichnete Pfälzer Kletterrouten gibt es

58 M

hoch ist das größte freistehende Felsmassiv der Pfalz, der Asselstein

12 000 KM

markierte Wanderwege gibt es in der Pfalz, davon mehr als 1300 km auf Prädikatswegen

100

bewirtschaftete Hütten und ein paar mehr betreibt der Pfälzerwald-Verein

120

Burgruinen machen die Pfalz zu **der** deutschen Burgenregion

Im südlichen Pfälzerwald führen viele Wanderpfade an Felsen entlang

gestuft; er befindet sich damit in Gesellschaft des Yellowstone-Nationalparks und der Wüste Gobi. Landschaftlich einzigartig ist vor allem der südliche Pfälzerwald mit seinen Kegelbergen, Burgen, Buntsandsteinfelsen, Fachwerkdörfern und Woogen. Die große Waldeinsamkeit erlebt man in den dünn besiedelten Mischwäldern des zentralen Pfälzerwaldes und den Kiefernwäldern des Nordens.

In der fruchtbaren Rheinebene dominiert die Landwirtschaft. Teilweise wachsen auch hier noch Weintrauben, mehr Raum nehmen aber die Felder der Rüben-, Gemüse-, Tabak- und Spargelbauern ein. Völlig anders sieht es in der Nähe des Rheins aus, wo dschungelartige Auenwälder mit trägen Altrheinarmen und einer ganzen Reihe renaturierter Baggerseen vorherrschen. Wie Inseln der Ruhe wirken in der dicht besiedelten Ebene die beiden großen Waldgebiete Bienwald und Gäuwald. Touristisch interessant ist es vor allem um Speyer und Germersheim, die Region Ludwigshafen ist Industrieland.

Weite Höhen mit Äckern und Viehweiden, dazwischen wiesenreiche Flusstäler – in der Westpfalz und im Nordpfälzer Bergland zeigt sich die Pfalz als Bauernland. Sanft gewellt bei Zweibrücken und Pirmasens und auf der Sickinger Höhe, mit stärkerem Relief im Norden, wo drei bewaldete Massive das Hügelland überragen: Donnersberg, Königsberg und Potzberg. Ein landschaftlich eigenwilliges Einsprengsel ist die Pfälzische Moorniederung westlich von Kaiserslautern.

Völkergemisch seit Jahrtausenden

Wie viele Völker glauben auch die Pfälzer fest daran, dass ihr Land einmal das Paradies gewesen sei. Und nicht nur das: Auch die Weltachse liegt, folgt man dem Mundartdichter Paul Münch, mitten in der Pfalz. Vom Glauben einmal abgesehen: Das Gebiet der heutigen Pfalz war – wegen der Bedeutung des Rheintals als fruchtbares Siedlungsgebiet und als Durchzugsgebiet während der Völkerwanderung – immer ein Einwanderungsland.

Nach den Jungsteinzeitlern kamen die Kelten, dann die Römer. Germanen, Franken, Alemannen, später Franzosen, Bayern und Preußen – sie alle haben hier ihre Spuren hinterlassen. Nach dem Dreißigjährigen Krieg trugen französische Hugenotten und Einwanderer aus dem Alpenraum entscheidend zum Wiederaufbau bei. Bei Ausflügen, Wanderungen und Radtouren trifft man immer wieder auf Zeugnisse dieser bewegten Vergangenheit.

Pfälzer kennenlernen und zu nehmen wissen

Auch wenn sich die Zusammensetzung der Bevölkerung internationalisiert und aufgefächert hat: Es gibt sie noch, die „typischen" Pfälzer. Die oft Vorderpfälzer genannten Bewohner der Rheinebene und

SPICKZETTEL PFÄLZISCH

Dorscht/Worscht Durst, Wurst
Woi … Wein
Sunndaa … Sonntag
Hewwel … ungehobelter Mensch
schaff disch hääa! … komm her!
schloofe … schlafen
hääm … nach Hause
dummel dich … beeil dich
eewe … eben, flach
nääwe … neben
riwwer/niwwer … herüber/hinüber
nuff/nunner … rauf/runter
owwe/unne … oben/unten
Paad … Pfad
Wääsch … Weg
Greizung … Kreuzung

der Weinregion gelten als kommunikationsfreudig und laut, weswegen sie sich selbst gerne als „Pälzer Krischer", Schreihälse, bezeichnen. Die rheinferneren Pfälzer hingegen sind schwerer zugänglich, pflegen aber, wenn sie einmal aufgetaut sind, eine raue Herzlichkeit mit reichlich derbem Humor. Nordlichter schwanken bei der Beurteilung des *Homo Palatinensis* zwischen „ungehobelt" und „erfrischend direkt", einige empfinden ihn als „freundlich, aber etwas zurückgeblieben". Die Pfälzer lachen sich derweil eins ins Fäustchen.

Im Alltag noch weit verbreitet ist der pfälzische Dialekt, eine Variante des Rheinfränkischen. Außer von Badensern, Hessen und Saarländern wird Pfälzisch als schwer verständlich erlebt, von Menschen nördlich des Weißwurstäquators manchmal sogar nicht auf Anhieb als deutsche Sprache erkannt. Immerhin: Die Bereitschaft der Einheimischen, des Gastes wegen den eigenen Dialekt zu mäßigen, ist in den letzten Jahren deutlich gestiegen.

Geselliges Genießen ist das Motto in den Winzerhöfen

TIERE & PFLANZEN

*HINEIN INS NATURPARADIES

So lässt sich's rasten – auf einem sonnenwarmen Felsen über dem Wieslautertal

So vielfältig wie die Landschaftsformen, so vielfältig die Tier- und Pflanzenwelt der Pfalz. Rein pfälzische Arten gibt es allerdings nicht – außer der Ellwetrisch, dem pfälzischen Sagentier. Eher treten einige Arten besonders häufig auf, vor allen in den vielen naturgeschützten Zonen.

Nischen in der Kulturlandschaft

An der Weinstraße lässt das mediterrane Klima Weintrauben und Esskastanien, Zitronen, Quitten und Feigen gedeihen. Auch Mandel- und Kirschbäume, Garten- und Zierblumen tragen zum Bild einer üppigen Flora bei. In den Rebhängen sind Hasen und Rehe unterwegs, in Weinberg-Trockenmauern leben Schlangen und Eidechsen. Scharen von Schwalben nisten im Kalkgestein einiger Naturschutzgebiete. Wie überall, wo die Landwirtschaft dominiert, ist auch in der Westpfalz und im Nordpfälzer Bergland der Artenreichtum zurückgegangen. Gut, dass es auch dort einige kleine Naturschutzgebiete gibt, wo auf Kalkmagerrasen Orchideen und Wildkräuter gedeihen, Schmetterlinge und Insekten ihre Korn- und Mohnblumen finden und Vögel von der Feldlerche bis zum Pirol ungestört nisten können. Unter den Raubvögeln ist der Milan stark verbreitet, in den Tälern sind häufig Störche zu sehen. Auf den Höhenzügen gibt es Buchen- und Eichenwälder, in den oftmals schilfigen Tälern wachsen Weiden und Pappeln, an den Hängen liegen ausgedehnte Streuobstwiesen.

Buntes Leben in Naturlandschaften

Ganz anders sieht es im zu 80 Prozent mit Wald bedeckten Naturpark Pfälzerwald aus. Im Vergleich zu anderen Mittelgebirgen ist der Wald hier noch relativ intakt – vor allem im zentralen Pfälzerwald mit seinen üppigen Mischwäldern. Dort dominieren Buchen, Eichen und Fichten, während zur Rheinebene hin Kastanien und in den höheren Lagen vor allem Kiefern verbreitet sind. Große Teile des Waldbodens

7 TYPISCHE TIERE

Wanderfalken Ende der 1960er-Jahre waren die eleganten Raubvögel, die im Sturzflug Geschwindigkeiten bis zu 300 km/h erreichen, völlig ausgerottet. Konsequente Felssperrungen sorgten dafür, dass heute jedes Jahr bis zu 40 Paare ihre Brutplätze an den Wasgaufelsen beziehen.

Nutrias An den auch Sumpfbiber oder Biberratte genannten Nagetieren scheiden sich die Geister: für die einen possierliche Tiere, für die anderen höchst lästige Invasoren, da sie Wirtschaftswege und Uferböschungen unterhöhlen.

Weißstorch Einst war er völlig aus der Pfalz verschwunden, seit der Jahrtausendwende aber ist er wieder häufig zu sehen – in den Queichwiesen nahe der Storchenaufzuchtstation Landau-Bornheim und in den Wiesentälern der West- und Nordpfalz.

Purpurreiher Die Rheinauen sind der Lebensraum dieser seltenen Reiherart. Zu erkennen ist der Purpurreiher an den großen Füßen und langen Zehen, am rotbraunen Hals mit schwarzen Längsstrichen und den dunklen Schmuckfedern am Hinterkopf und am Unterhals.

Europäische Wildkatze Kaum irgendwo ist sie so verbreitet wie im Pfälzerwald. Sie hat einen breiten, buschigen Schwanz, mit zwei bis drei schwarzen Ringen und einem stumpfen schwarzen Ende – und eine „wilde" Ausstrahlung.

Ameisenlöwe Am Dünenpfad Dudenhofen oder unter Felsüberhängen kann man ihn beobachten: den Ameisenlöwen, wie er im sandigen Boden Trichter baut und unten auf Beute wartet.

Luchse Mehr als 20 aus der Schweiz und der Slowakei stammende Exemplare sind im Pfälzerwald ausgewildert worden, wo sie ausreichend Nahrung und Schutz finden. Dass sie alle bleiben, ist unwahrscheinlich, der Luchs ist ein Wanderer.

6 TYPISCHE PFLANZEN

Edelkastanien In den tieferen Lagen der Haardt findet man sie in rauen Mengen, die glänzenden Esskastanien. Nicht so groß wie Maroni, aber genauso schmackhaft. Oft muss man sie allerdings erst aus ihrer stacheligen Hülle herauspulen. Der bis zu 30 m hohe Baum dazu heißt Edelkastanie, Esskastanie oder einfach „Keschdebaam".

Mandelbäume Lange Reihen von Mandelbäumen säumen die Winzerwege und Straßen entlang der Deutschen Weinstraße. Schon seit Jahrhunderten werden die aus Vorderasien stammenden Bäume dort angepflanzt, sie gehören zu Landschaftsbild wie Weinreben und Kastanienbä me. Die Mitte März beginnende Mandelblüte ist ein Höhepunkt im Pfälzer Jahreskalender.

Feigenbäume Andernorts in Deutschland eine Seltenheit, sind Feigenbäume an der Weinstraße und in der Rheinebene weit verbreitet. 3–6 m hoch werden sie hier, sind also deutlich kleiner als im Mittelmeerraum. Ihre Früchte sind fester Bestandteil der vorderpfälzischen Küche.

Orchideen Ab Mitte Mai gehen in den Orchideengebieten im Zweibrücker Hügelland, am Haardtrand, bei Rockenhausen und bei Eisenberg die Blüten auf. Verbreitetste Art ist das Gefleckte Knabenkraut, aber auch Bienen-Ragwurz, Pyramiden-Spitzorchis oder das Breitblättrige Knabenkraut sind dort zu finden.

Pfälzische Traubeneichen Auf der dem Wind ausgesetzten Höhenrücken des zentralen Pfälzerwaldes mit ihren sandigen Böden wachsen Eichen langsamer als anders wo – Garant für besonders gutes Holz. So gut dass pfälzische Eichen für den Bau der niederländischen Kolonialflotte benutzt wurden

Krüppelkiefern Wer sie einmal gesehen hat, wie sie sich hoch droben auf den Buntsandsteinfelsen in kleinsten Ritzen festkrallen und Wind und Wetter trotzen, wird sie nie wieder vergessen: die kleinen, aber oftmals weit ausladenden Krüppelkiefern, ein Symbol unbeugsamen Lebenswillens.

sind von Farn, Heidekraut und Heidelbeergesträuch bedeckt. Die weiten Wälder sind ein perfektes Rückzugsgebiet für Rot- und Schwarzwild. Räuber wie Wildkatzen, Dachse, Füchse, neuerdings auch Luchse, haben dort ihr Jagdrevier. Am Himmel kreisen Bussarde und Wanderfalken, zwischen den Bäumen sieht man gelegentlich einen Habicht oder Uhu. An fast 1000 Woogen kann man Froschkonzerten lauschen, Reiher, Libellen und Ringelnattern beobachten. Auf Felsen tummeln sich Eidechsen, in klaren Bächen Forellen und Äschen.

Die Rheinebene ist geprägt durch einen starken Kontrast zwischen den landwirtschaftlich intensiv genutzten Flächen, die nur noch wenig Lebensraum für Tiere und wilde Pflanzen bieten, und den Rheinauen. Dort herrscht in den von Hartholzarten wie Eschen, Ahorn und Silberweiden dominierten Wäldern ein buntes Leben und Treiben. Vielerlei Sumpfpflanzen bedecken den manchmal überschwemmten Boden. Schilf und Röhricht säumen renaturierte Baggerseen, Altrheinarme, Tümpel und Entwässerungsgräben. Ein ideales Revier für Vögel – überall sind Reiher und Kormorane zu sehen, ab und zu kann man auch mal einen Eisvogel entdecken. In den Gewässern ist mit der Gesundung des Rheins der Fischreichtum zurückgekehrt, vom Hecht bis zum Aal ist dort alles unterwegs, was das Anglerherz erfreut. Weniger angenehm ist die Schnakenplage, die dank großer Bemühungen allerdings stark zurückgegangen ist.

Rückkehrer und Neuankömmlinge

Einige verschwundene Arten sind – oft mit aufwendiger menschlicher Unterstützung – zurückgekehrt: Wanderfalken, Weißstörche, Luchse, auch Biber. Wölfe hat man bisher nur als einzelne Exemplare gesehen – die aber scheinen weitergezogen zu sein. Sehnlichst erwartet wird die Rückkehr des Lachses, die dafür nötigen Fischtreppen gibt es bereits, am Glan oder an der Wieslauter.

Einige Arten sind neu dazugekommen und bringen die typischen Probleme invasiver Arten mit sich: der amerikanische Flusskrebs, die asiatische Tigermücke, Waschbären, Nutrias, unter den eingewanderten Pflanzen vor allem der Goldregen und das indische Springkraut.

Glücksmoment für Orchideensucher

Vorsicht bei diesen Pflanzen & Tieren

Das gefährlichste Tier der Pfalz ist die **Zecke** – meist der Gemeine Holzbock, im Rheingraben auch die Auwald- und Schafszecke. Die durch Zecken übertragenen Krankheiten, Frühsommer-Meningitis und Borreliose, sind absolut ernst zu nehmen. Schützen kann man sich durch helle Kleidung, die man gut auf Zecken absuchen kann. Noch besser: Fast gar keine Kleidung, dann entdeckt man die Zecken leicht auf der Haut. In den Rucksack gehört eine Pinzette, Zeckenzange oder -karte zum Entfernen nach einem Biss. Die meiste Gefahr besteht im Frühling und Herbst, allerdings sind Zecken zunehmend ganzjährig aktiv.

KLIMA & WETTER

*DURCHS JAHR

Ein Fest, wenn die Mandelbäume an der Weinstraße in voller Blüte stehen

In der Pfalz herrscht ein kontinentales, meist als mild empfundenes Klima mit deutlichen Sommer/Winter- und Tag/Nacht-Temperaturunterschieden. Hauptwindrichtung ist West-Südwest, überwiegend bestimmen Atlantikströmungen das Wetter. Die Luft ist eher trocken und erwärmt sich schnell, im Jahresmittel liegt die Temperatur bei etwa 10 Grad Celsius.

Regionale Unterschiede

Wie bei der Landschaft ist die Pfalz auch beim Klima kein einheitliches Gebilde. Da sich die Atlantikwolken meist an den Bergen des Pfälzerwaldes, an der Haardt und am Donnersberg abregnen, ist das Klima in der Rheinebene deutlich milder und trockener, es wird fast als mediterran empfunden. Am geschützten Osthang des Donnersberges wirbt die Gemeinde Dannenfels sogar mit dem Slogan „prima Klima". Man kann sich also auf deutliche Temperaturunterschiede einstellen: Am Rhein, bei Speyer und Germersheim, klettert das Thermometer im Durchschnitt um 3–4 Grad höher als im Westen um Zweibrücken, Kaiserslautern und Pirmasens. Am Messpunkt Neustadt an der Weinstraße liegt die mittlere Tagestemperatur im Hochsommer bei etwa 25 Grad Celsius. Nachts kühlt es meist um 5–12 Grad ab. Als wärmstes Dorf gilt Gleisweiler, eine andere klimatische Welt erlebt man in den Dörfern der Sickinger Höhe um Martinshöhe und Hermersberg, wo der Westwind ungehindert über das Hügelland streicht. Auch die Jahreszeiten zeigen einen deutlichen West-Ost-Unterschied: So beginnt im Frühjahr das Pflanzenwachstum im Westen etwa 2 Wochen später als im Rheingraben.

Von Naturkatastophen – Überschwemmungen und Stürmen – ist die Pfalz vergleichsweise wenig betroffen. Hagel, der früher oft die Ernte bedrohte, ist selten geworden. Heute macht der Landwirtschaft vielmehr die zunehmende Trockenheit zu schaffen. Erheblich erhöht hat sich dadurch auch die Waldbrandgefahr, romantische Lagerfeuer sind in der warmen Jahreszeit absolut tabu.

DIE JAHRESZEITEN

FRÜHLING
Kühl im März, mild bis sommerlich ab April

Mitte März kündigt die Mandelblüte den Frühling an, ab Anfang April beginnt die Pfalz zu blühen

Perfekt für Wanderungen, Radtouren und Ortsbesichtigungen, am Rhein kannst du Zugvögel beobachten

Nimm Kleidung für alle Fälle mit

SOMMER
Angenehm warm bis schwül und heiß

Der Sommer ist meist trocken, in der Rheinebene kann es drückend heiß werden

Die Zeit für Wanderungen in schattigen Wäldern, von Mitte Mai bis Mitte September ist Badesaison

Jetzt kleidest du dich luftig, denke an Sonnenschutzmittel und Kopfbedeckung

HERBST
Mild mit wenigen Regentagen

Lange Schönwetterphasen, aber auch einzelne Regentage

Für viele Pfalz-Besucher die schönste Zeit des Jahres

Je nach Wetter mal mehr, mal weniger warme Kleidung mit Regenjacke

WINTER
Zwischen mild und eiskalt

Von fast warm über grau-trüb bis schneeweiß ist alles drin

Die Zeit für kürzere Wanderungen und Stippvisiten zu Burgen und Felsen, an kalt-klaren Tagen geht's in die Höhe

Je nach Ziel Kleidung für kühles bis kalt-stürmisches Wetter

Die Weinstraße ist ein ausgesprochen sonniger Landstrich

Bevorzugte Outdoor-Jahreszeiten: Für Camper Mitte Mai bis Ende September, für Wanderer und Radfahrer Mitte April bis Juni und September bis Mitte November, für Kletterer Mai bis Oktober.
Nicht zu unterschätzen ist bei der Auswahl der Kleidung die Auswirkung der teils beträchtlichen Höhenunterschiede. Da pro 100 m Höhe von einem Temperaturunterschied von 0,7 Grad Celsius ausgegangen wird, heißt das, es ist oben auf der 672 m hohen Kalmit objektiv 4 Grad kälter als am Ausgangspunkt in Maikammer.

MONAT FÜR MONAT

Januar – unbeständig kühl

Häufige Temperaturwechsel machen die Planung von Draußen-Aktivitäten schwierig. Da ist Flexibilität gefragt, indem man z. B. bei klarem Wetter spontan auf einen der hoch gelegenen Aussichtstürme steigt und die winterliche Fernsicht und die klare Höhenluft genießt.

Februar – wenn Schnee, dann jetzt

So unzuverlässig es hierzulande schneit: Im Februar ist die Chance auf eine richtige Winterwanderung am größten. Also rauf in die Höhenlagen! Dort gibt es oftmals trocken-körnigen Schnee, wenn es in den Tälern graupelt und matscht. Auch mit Langlaufski lassen sich jetzt schöne Touren unternehmen.

März – Vorboten des Frühlings

An der Weinstraße kündigt die Mandelblüte den Frühling an. Bis andere Pflanzen auch Blüten treiben, dauert es allerdings noch ein wenig. Im Westen und Norden der Pfalz ist es nach wie vor eher winterlich.

April – bekanntermaßen launisch

Schnelle Wetterwechsel sind an der Tagesordnung. Mitte April beginnt die große Zeit der Buchenwälder des Pfälzerwaldes und des Donnersberges: frisches Buchenlaub – ade, Wintertristesse! Im Rheingraben blüht und duftet es jetzt schon an jeder Ecke.

Mai – sooft es geht raus in die Natur!

Schon ab Mitte Mai sind viele Badeseen und Wooge so weit aufgewärmt, dass erste Wagemutige sich ins Wasser trauen. Auch die Spätentwickler unter den Bäumen – Eichen und Eschen – tragen jetzt ihr Blätterkleid. Hochsaison für Wanderer und Radler!

Juni – Wasserratten

Jetzt ist auch für empfindlichere Naturen der Badesommer eingeläutet. Die Temperaturen sind meist so angenehm, dass auch längeren Wanderungen und Radtouren nichts im Weg steht. Das Wetter kann aber unbeständig sein.

Juli – warm und trocken

Lange Schönwetterphasen sind im Hochsommer in der Pfalz die Regel. In der Ebene und auf den offenen Höhenzügen steht dann die Hitze. Wer's gerne kühler mag, sucht sich schattige Wege in den höheren Lagen oder lässt die Füße ins klare Wasser der Pfälzerwald-Bäche baumeln.

August – Faulenzerzeit

Die oftmals lang andauernde Trockenheit hinterlässt ihre Spuren: Viele Quellen sind jetzt versiegt, der Wasserspiegel einiger Wooge ist gesunken, das Laub wird fahl. Faulenzen am Badesee ist jetzt das Naheliegende.

September – Hochsaison

An der Weinstraße beginnt die Wein- und Kastanienlese. In den Wandergebieten kann man sich wieder an längere Anstiege wagen, auch Radler knöpfen sich wieder größere Strecken vor.

Oktober – der „Goldene"

Wer den „Indianersommer" genießen will, findet jetzt in der ganzen Pfalz passende Ziele. Besonders schön ist es im goldenen Oktober in den Weinbergen und im südlichen Pfälzerwald, wo man nicht nur die Färbung genießen, sondern auch noch die letzten Esskastanien auflesen kann.

November – für Hartgesottene

Ganz schön ungnädig kann der Wind jetzt pfeifen, die Niederschlagsmenge steigt sprunghaft. Eine Jahreszeit für Naturfreunde, die jedem Wetter etwas abgewinnen können. Eine zünftige Hütteneinkehr entschädigt für Dauerregen und Sturm. Vor allem morgens kann man jetzt manchmal über den Wolken spazieren, wenn man hoch genug hinaufgeht.

Dezember – die Natur macht Pause

Laubwälder und Weinberge zeigen sich jetzt graubraun und trist. Gut, dass es in der Pfalz viele immergrüne Nadelwälder gibt, vor allem im nördlichen und östlichen Pfälzerwald und an der Haardt – grünes Leben auch in der Vorweihnachtszeit!

WETTER IN DER PFALZ

Hauptsaison (Juni–Sept.) / Nebensaison (Jan.–Mai, Okt.–Dez.)

	JAN.	FEB.	MÄRZ	APRIL	MAI	JUNI	JULI	AUG.	SEPT.	OKT.	NOV.	DEZ.
Tagestemperaturen	4°	5°	11°	15°	20°	23°	25°	24°	21°	15°	8°	5°
Nachttemperaturen	-2°	-1°	1°	5°	9°	12°	14°	13°	10°	6°	3°	-1°
Sonnenschein Stunden/Tag	2	3	4	5	6	7	8	7	6	4	2	1
Niederschlag Tage/Monat	10	9	8	9	9	10	10	9	9	8	9	8

AKTIV & DRAUSSEN

*DEINE URLAUBSREGION ERLEBEN

Eine große Aufführung der Natur: das Leuchten des Buntsandsteins

Dank der landschaftlichen Vielfalt sind auch die Outdoor-Aktivitäten in der Pfalz breit gestreut. An erster Stelle steht Wandern, das pfälzische Wegenetz ist einzigartig. Geradezu explodiert ist in den letzten Jahren das Radfahren, per Tourenrad, E-Bike oder Mountainbike. Wassersportler und Badefreunde können sich an Seen, Altrheinarmen und Woogen austoben. Eine besondere Rolle spielt der Klettersport – der Pfälzerwald ist eines der großen deutschen Kletterreviere. Doch über allem steht die Freude an der Natur.

Wandern

Wahre Wanderparadiese sind der Pfälzerwald, die Haardt und der Donnersberg. Burgen, Felsen, Türme und Aussichtspunkte, dazu die Einkehr in Waldgaststätten und Wanderhütten sind die typischen Höhepunkte von Pfalzwanderungen. Eine Besonderheit sind die vielen weich federnden Waldpfade, die auch nach längeren Regenfällen nicht verschlammen – der Sandsteinboden nimmt das Wasser schnell auf. Für Einsteiger ideal: die mehr als 50 durchmarkierten Premiumwege, meist Tages- oder Halbtagestouren.

Ambitionierter geht es auf drei zertifizierten Weitwanderwegen zu: dem Pfälzer Weinsteig, dem Pfälzer Waldpfad und dem Pfälzer Höhenweg, mit Streckenlängen bis zu 169 km, aufgeteilt in bis zu elf Tagesetappen *(pfaelzer-wanderwege.de)*. Nicht ganz so lang sind der Felsenland-Sagenweg und der Pälzer Keschdeweg. Die Weinstraße wird erschlossen durch den Pfälzer Mandelpfad und den Wanderweg Deutsche Weinstraße. Von Speyer führt der Pfälzer Jakobsweg auf zwei etwa 120 km langen Routen quer durch die Pfalz. Für Weitwanderer, die Bequemlichkeit schätzen, werden Arrangements für Touren mit Gepäcktransport angeboten.

Erfahrene Wanderer stellen sich ihre Touren selbst zusammen – das pfälzische Wegenetz reicht für ein ganzes Wandererleben (Anregungen z. B. unter *wanderportal-pfalz.de*). Die meisten Wege werden vom Pfälzerwald-Verein gepflegt und markiert, seit 2015 gibt es ergänzend in vielen Regionen ein neu-

Gut verteiltes Gepäck – so muss das sein beim Trekking

Die Winzerwege an der Weinstraße sind wie geschaffen für Genussradler

es Beschilderungssystem. **Insider-Tipp** Nimm dir etwas Zeit, um das Prinzip der an Schilderbäumen angebrachten Wegweiser zu verstehen. Dort sind Rundwege markiert, weshalb das gleiche Ziel mit zwei verschiedenen Kilometerangaben erscheint – je nachdem, ob man die Tour im oder gegen den Uhrzeigersinn läuft.
Mehr über die Pfalz erfährt man auf Themenwegen, die Naturwissen, Historisches, Amüsantes oder Outdoor-Kunst vermitteln. Familienspaß bieten Barfußpfade wie in Ludwigswinkel oder am Sankt Martiner Sandwiesenweiher.

Trekking & Hüttentouren

Trekkingfreunden wird Planung und Unterkunft leicht gemacht: Auf 15 Trekkingcamps kann man ganz legal mitten im Wald sein Zelt aufschlagen, dazu gibt es passende Routenvorschläge *(trekking-pfalz.de)*. Hüttentouren dagegen erfordern etwas planerisches Geschick. Übernachten kann man in einigen Hütten des Pfälzerwald-Vereins *(pwv.de)* und in Naturfreundehäusern *(naturfreunde-rlp.de)*.

Spazieren

Wer lieber ohne Anstiege und sportlichen Anspruch läuft, kann vor allem im Pfälzerwald viele Naturspaziergänge unternehmen. An der Weinstraße spaziert man meist auf Winzerwegen oder Weinlehrpfaden – sofern man es nicht bei einem Winzerdorfbummel belässt. Am Rhein kann man auf Treidelpfaden am Fluss entlangbummeln, in der West- und Nordpfalz gibt es viele Gelegenheiten für aussichtsreiche Höhenspaziergänge.

Radfahren

Die Rheinebene ist prädestiniert für bequeme Radwanderungen – Radwege gibt es dort in Hülle und Fülle. An der Weinstraße kann man sich auf einige Anstiege einstellen, in der restlichen Pfalz führen Radwege meist durch fast ebene Flusstäler. Fahrradverleihstationen, die natürlich auch E-Bikes anbieten, findest du unter *pfalz.de* und *vrnnextbike.de*, Vorschläge für Radtouren unter *radtourenapp.de* und *tourenplaner-rheinland-pfalz.de*.
Erste Wahl für Touren-Mountainbiker ist der Mountainbikepark Pfälzerwald. Auf über 900 km summieren sich markierte Trails in allen Schwierigkeitsgraden *(mountainbikepark-pfaelzerwald.de)*. Straßenradler finden wenig befahrene Nebenstraßen im Pfälzerwald, an der Haardt und im Nordpfälzer Bergland, teilweise mit sportlichen Anstiegen.

MARCO POLO OUTDOOR-KNIGGE

Sei freundlich und hilfsbereit

Ein Lächeln und ein freundlicher Gruß kosten nichts. Wenn andere in Schwierigkeiten sind, biete ihnen deine Hilfe an, sei es bei der Orientierung, mit einem Pflaster oder dem Fahrradwerkzeug.

Lass dir Zeit

Lass Hektik und Stress zu Hause, wenn du in die Natur reist. Spüre ihren Rhythmus, lass dir Zeit und nimm die Landschaft mit allen Sinnen wahr.

Bleib auf festen Wegen

Auch wenn Abstecher ins Wilde locken, diese Welt gehört den Tieren und Pflanzen – sei ein guter Gast und bleib auf deinem Pfad.

Sei leise

Das tut dir und allen um dich herum gut: einfach mal das Handy stumm schalten und leise sprechen. Plötzlich sind die Geräusche der Natur ganz nah und du kommst selbst zur Ruhe.

Bleib wachsam

Rüste dich gut aus und hab immer ein Auge auf Wetter und Gelände. Sonst bringst du nicht nur dich selbst in Gefahr, sondern auch die Retter, die dir im Notfall zu Hilfe eilen.

Nimm nur Erinnerungen mit

Widersteh der Verlockung, Pflanzen, Steine oder sogar Tiere einzufangen und mitzunehmen. Sie gehören hierher, also nimm nur ein Foto für deine Erinnerungen mit.

Hinterlasse nur Fußspuren

Ob Taschentuch, Brottüte oder Bananenschale – hinterlasse keine Abfälle. Das, was andere liegen gelassen haben, kannst du mitnehmen und im nächsten Mülleimer entsorgen. So lässt du die Natur schöner zurück, als du sie vorgefunden hast.

Mach dich schlau

Neben „Benimmregeln" gibt es auch Gesetze, an die du dich halten musst, etwa in Naturschutzgebieten. Bereite dich auf deinen Trip vor, so lernst du auch etwas über die Menschen, die an deinem Reiseziel leben.

Baden & Wassersport

Zu einem runden Sommer gehört Baden einfach dazu. Gelegenheiten dazu gibt's in der Pfalz reichlich: Schwimmen in Waldseen oder ehemaligen Baggerseen, Pritscheln im Bach, Abhängen am Strand. Ein tolles Revier für Kanu- und Kajakfahrer, Segler, Windsurfer und Stehpaddler sind die Rheinauen mit ihren Altrheinarmen und Seen. Dort kannst du auch ein Paddelbrett ausleihen (an einigen Seen und unter *trittbrett-center.de*). Im Pfälzerwald kann man auf dem Gelterswoog und dem Clausensee gut paddeln, Tretboot fahren und SUPen, in der Westpfalz auf dem Ohmbachsee.

Klettern & Bouldern

Im südlichen Pfälzerwald, bei Dahn, Hauenstein und Annweiler, liegt das Eldorado der Felskletterer. Asselstein, Nonnenfels, Geierstein, Honigfels, Hochstein, Jungturm – das sind Namen, bei denen Kletterfreaks mit der Zunge schnalzen. An über 80 freistehenden Türmen und mehr als 140 Massiven finden sie eine riesige Auswahl an Routen bis hoch zum 11. Schwierigkeitsgrad. Zum Üben eignen sich Klettergärten in ehemaligen Steinbrüchen, bei Hinterweidenthal oder bei Gimmeldingen. Boulderer zieht es zu den Felsen im Pfälzerwald oder zum Felsenmeer neben dem Gipfel der Kalmit.

Dies & das

Für Nordic Walker gibt es im Pfälzerwald etwa 50 Nordic-Walking-Parcours mit fast 400 km Streckenlänge. Zwischen 5 km und 16 km lang sind die einheitlich markierten Runden. Golfer können ihrer Leidenschaft auf acht über die ganze Pfalz verteilten Plätzen nachgehen. Falls man die Pfalz auf dem Rücken der Pferde erkunden möchte: Unter dem Motto „NatUrlaub bei Freunden – Die Pfalz zu Pferd" haben sich ein Dutzend Reitstationen zusammengeschlossen *(diepfalzzupferd.de)*. Reiterhöfe findet man vor allem in der Rheinebene und bei Zweibrücken.

Einfach mal kurz in den See springen – ein Leichtes in den Rheinauen

5 PERFEKTE TAGE

*VIEL ERLEBEN IN KURZER ZEIT

TAG 1: Kontrastprogramm
Entdecke Gartenkunst, Heidezauber und Sonnenmagie

1 Std.

TAG 2: Und jetzt hoch hinaus
Schau dir den Pfälzerwald von oben an

40 Min.

TAG 3: Ritter- und Klettergeschichten
Erkunde Felsen und Burgen

TAG 4: Im Reich der Sinne
Genieße die Weinstraße und die Haardt
TAG 5: Heute geht's ans Wasser
Lerne die Rheinauen und Speyer kennen
40 Min.
35 Min.
DEUTSCHLAND
HESSEN
Darmstadt
Mannheim
Ludwigshafen am Rhein
Heidelberg
Neustadt an der Weinstraße
Speyer
Annweiler am Trifels
Landau in der Pfalz
Kandel
Elmstein
Bad Kreuznach
Wörrstadt
Nieder-Olm
Nierstein
Oppenheim
Trebur
Groß-Gerau
Griesheim
Dieburg
Roßdorf
Pfungstadt
Seeheim
Fischbach
Alzey
Biblis
Bensheim
Lindenfels
Lorsch
Fürth
Hemsbach
Weinheim
Viernheim
Eisenberg (Pfalz)
Schriesheim
Dossenheim
Mutterstadt
Brühl
Eppelheim
Schifferstadt
Haßloch
Edenkoben
Philippsburg
Wörth am Rhein
Rheinstetten
Durmersheim
Malsch
Rastatt

5 PERFEKTE TAGE

*VIEL ERLEBEN IN KURZER ZEIT

Stundenlang herumstreunen kann man in der Mehlinger Heide

Du möchtest in kurzer Zeit möglichst viele Orte entdecken und Aktivitäten unternehmen, die das Flair deiner Urlaubsregion ausmachen? Dann sind „5 perfekte Tage" genau das Richtige für dich. Hier findest du die Lieblingsorte des Autors und was er dort am liebsten selbst unternimmt.

TAG 1: KONTRASTPROGRAMM

Kaiserslautern und Nordpfälzer Bergland

- **Nach der Anreise erst mal durchatmen** – wo ginge das besser als im Japanischen Garten in Kaiserslautern, der Stadt, die sich mit Leib und Seele dem Fußball verschrieben hat? Dahinter ragt der Pfälzerwald empor – eine erste Ahnung dessen, was da noch kommt. → S. 184
- **Nach einem Stadtbummel setzt du ganz auf einen dramatischen Szeneriewechsel.** Die Mehlinger Heide eignet sich ideal für einen ersten ausgiebigen Naturspaziergang – ringsherum Heidelandschaft, vor Augen das wuchtige Donnersbergmassiv. → S. 172
- **Viel Zeit bleibt jetzt noch für ein Fernblickerlebnis.** Die leichte Wanderung zur Sonnenuhr auf dem Reiserberg schenkt dir eine magische Abendstunde, mit 360-Grad-Panorama inmitten des Nordpfälzer Berglandes. → S. 170

TAG 2: UND JETZT HOCH HINAUS

Mitten im Pfälzerwald

- **Zum Tagesbeginn gleich in die Vollen – der Pfälzerwald ruft!** Als Frühaufsteher kannst du auf dem Luitpoldturm einen spektakulären Sonnenaufgang erleben. Ringsherum Wald und 300 Gipfel. Wie fern die Zivilisation dort erscheint! Auf dem Weiterweg kannst du in Hauenstein frühstücken und in der Schuhmeile preisgünstig neue Wanderschuhe kaufen. → S. 98
- **Jetzt geht es hinein in die Wunderwelt des pfälzischen Buntsandsteins.** Die Erkundung der Wandfluchten, Türme und Pfeiler des Spirkelbacher Raufels ist eine prickelnde Angelegenheit. Ganz oben erlebst du schaurige Tiefblicke, findest aber auch ein sicheres Plätzchen für ein Picknick mit Blick in die Ferne. → S. 123

SCHÖNER SCHLAFEN

Weinstraße

• Wie wär's mit einer Nacht im mittelalterlichen Herzogturm von Freinsheim? So hast du viel Zeit für die historische Altstadt des Weinbaustädtchens – am frühen Morgen oder am Abend, wenn es dort gemütlich zugeht *(landhotel-altes-wasserwerk.de, €€–€€€)*.

• Wer's gerne luftig hat, wird vom Baumhaus Sankt Martin begeistert sein, freier Blick in die Rheinebene und genussvolle Stunden in einem der schönsten pfälzischen Winzerdörfer inklusive *(baumhaus-sankt-martin.de, €€€)*.

Pfälzerwald

• In einem zur Ferienwohnung umgebauten Eisenbahnwaggon Quartier nehmen kannst du im Ferienbahnhof Dahn-Reihenbach. Ein prima Ausgangspunkt für Unternehmungen im Dahner Felsenland *(ferienbahnhof-reichenbach.de, €€)*.

• In Annweiler-Bindersbach stehen windschiefe Hexenhäuschen im Park eines Jugendstilhotels für Gäste bereit *(hexenhaus-annweiler.de, €€€)*.

Rheinebene

• In einem Schäferwagen nächtigen kannst du im Inselcamping Kollersee. Zum schönen Badestrand ist es nur ein Katzensprung *(inselcamping-kollersee.de, €€)*.

Westpfalz & Nordpfälzer Bergland

• Wie sich das Leben in einem Tiny House wohl anfühlt? Einen authentischen Eindruck vermittelt das Tinyhouse Lautertalblick in Oberweiler-Tiefenbach, wo schöne Radtouren im Lauter- und im Glantal auf dem Programm stehen *(tinyhouse.lautertalblick.de, €)*.

Die Ellwetritsch, das Pfälzer Sagentier

• **Zeit für die erste Felsenburg – die Reichsfeste Burg Trifels ist nah.** Auf dem Trifelssträßchen fährst du bis zum Burgenparkplatz und steigst in einer Viertelstunde hinauf. Mit einem Altstadtbummel in Annweiler rundest du den Tag ab. → S. 100

TAG 3: RITTER- UND KLETTERER-GESCHICHTEN

Durchs Dahner Felsenland

• **Noch einmal hoch hinaus – drei Burgen auf einen Streich.** Eine klassische Pfalzwanderung führt zum Burgentrio Wegelnburg-Hohenburg-Löwenstein, in die Welt der Ritter und Raubritter. Beim Abstieg kannst du auf dem Gimbelhof bei elsässischer Kost die starken Eindrücke Revue passieren lassen. → S. 90

• **Eine wunderschöne Autostrecke führt dich dann mitten hinein** in die Felsenlandschaft des Wasgaus. Auf dem Bärenbrunnerhof kannst du die Welt des Klettersports hautnah erleben – erst auf der Terrasse Klettergeschichten belauschen, dann den Felsakrobaten aus der Nähe zuschauen. → S. 114

• **Was jetzt noch fehlt, ist eine Rundschau über den Wasgau.** Die gibt es nirgendwo besser als auf der Burgruine Lindelbrunn. Vor dem kurzen Aufstieg: Pfälzer Küche im Cramerhaus Lindelbrunn. → S. 96

TAG 4: IM REICH DER SINNE
Das Herz der Weinstraße

- **Ein besonders sinnlich-genussreicher Tag** – eingeläutet mit einem zweiten Frühstück mitten in den Weinbergen. Zuerst deckst du dich im Winzerdörfchen Hainfeld mit Leckereien ein, dann fährst du über Weyher zur Michaelskapelle, wo du dein Picknick mit einem weiten Blick über die Weinstraße und die Rheinebene kombinierst. → S. 61
- **Jetzt bist du eingestimmt auf die Weinstraße** und möchtest dir das Ganze einmal von oben anschauen. Also hinauf auf die Haardthöhen! Aber bequem: mit dem Sessellift zur Rietburg, den Fernblick genießen und dann mit einer leichten Bergabwanderung zurück in die Weinberge. → S. 44
- **Wie wär's zum Abschluss noch mit einem berühmten Winzerdorf?** In Deidesheim bewunderst du die mediterrane Pflanzenwelt in Parks und Winzerhöfen und gönnst dir dann pfälzische Küche in einem gehobenen Restaurant. → S. 40

TAG 5: HEUTE GEHT'S ANS WASSER
Am Rhein bei Speyer

- **Den Auftakt machen Sport- und Faulenzstunden am Altrhein.** Am Kollersee leihst du dir ein Kanu, erkundest den Otterstädter Altrhein, lugst vom Wasser in den geheimnisvollen Auenwald, legst dich an einem Sand- oder Kiesstrand in die Sonne und schwimmst ab und zu eine Runde im Altrhein oder im See. → S. 146
- **Wenn dir jetzt doch noch nach städtischem Treiben ist, besuchst du das nahe Speyer.** Zeit für Kultur, Geschichte und mittelalterliche Baukunst auf deiner Radtour nach Speyer. Als Abenteuertyp hast du dir vielleicht einen seilgesicherten Rundgang durch die Zwerggalerie des Speyerer Doms organisiert. → S. 144, 158
- **Vor der Heimreise noch einmal relaxen.** Am besten geht das bei einem Rheinspaziergang im Süden der Domstadt. → S. 156

Speyer mit seinem Kaiserdom ist einer der großen Besuchermagneten der Pfalz

SOUVENIRS & MITBRINGSEL

Saumagen, Lewwerworscht und Co.

Wenn man mit einem Mitbringsel das Klischee bedienen will, liegt man mit Saumagen oder Leberwurst genau richtig. Eine große Auswahl der gängigen Pfälzer Wurst- und Fleischspezialitäten gibt es beim Metzger Reinhard Appel – im Stammhaus in Freinsheim, auf Märkten und im Onlineshop. *saumagenparadies.de*

Dubbeglas

Für eingefleischte Pfälzer ist ein Dubbeglas das einzig denkbare Trinkgefäß für den geliebten „Schobbe Woi". Erhältlich sind die Gläser mit ihren charakteristischen Vertiefungen, den „Dubbe", zum Beispiel im Ladengeschäft Stickerei Wilhelm in Bad Dürkheim oder online im Dubbeglas Shop. *stickerei-wilhelm.de, dubbeglas.shop*

Schuhe

Als Mitbringsel für sich selbst eignen sich Schuhe aus der Südwestpfalz, der führenden deutschen Schuhregion. In großer Auswahl und zu günstigen Preisen erhält man sie in der Hauensteiner Schuhmeile oder in den Outlets der Pirmasenser Hersteller. *schuhmeile.com, pirmasens.de*

De Klääne Pälzer

„De Klääne Pälzer", eine Figur des Autors Michael Bauer und des Illustrators Xaver Mayer, erfreute lange Jahre das Lesepublikum. Eine amüsante Lektüre, die einiges über das Seelenleben, den Humor, die Schlitzohrigkeit und Dusseligkeit der Pfälzer zu erzählen weiß. Die Illustrationen gibt es im Atelier von Xaver Mayer in Landau. *xaver-mayer.de*

Flüssiges von Streuobstwiesen

Wenn das Obst von Pfälzer Streuobstwiesen kommt, schmeckt alles doch gleich doppelt so gut: der Apfelsaft mit einem Hauch Birne, der Apfelsecco, der Quitten- oder Birnenbrand. Abholbereit in Lagern in Ranschbach, Rülzheim und Landau. *purzelbaum-cider.de*

Die Pfalz spielerisch

Heer ma uff!! heißt ein Kartenspiel mit einer abenteuerlichen Jagd durch die Pfalz, bei der man mit wunderlichen Gestalten wie den Herxheimer Kannibalen oder den Eschbacher Eseln klarkommen muss. Ganz nebenbei lernt man dabei auch ein wenig Pfälzisch – die Spielkartentexte sind zweisprachig. Bitter: Verlierer werden ins Saarland abgeschoben. *Im Buchhandel oder unter heer-ma-uff.de*

Die Pfalzbox

Eine pfiffige Idee: Typisch Pfälzisches in diversen Kombinationen in einer Geschenkbox: Als Bella-Palatina-, Pfälzerwald-, Hochzeitsgeschenk- oder Geburtstags-Box. Dies und vieles mehr an pfälzischen Mitbringseln gibt es in Annas Landpartie-Läden in Landau und Speyer oder im Web. *annas-landpartie.de*

DIE REGIONEN IM ÜBERBLICK

*HIER IST FÜR JEDEN WAS DABEI

Bad Sobernheim
Meisenheim
Obermosc
Lauterecken
Rockenhaus
Wolfstein
Kusel
Otte
Ramstein-Miesenbach
Kaiserslaute
Waldmohr
Landstuhl
Zweibrücken
Hornbach
Pirmasens
Hauenst
Da
Deutschland
Frankreich

Westpfalz & Nordpfälzer Bergland → S. 164

Landluft und weite Höhen – für Entdecker und Ruhesucher

Pfälzerwald → S. 82

Berge und Wälder, Burgen und Felsen – für Abenteurer, Waldläufer und Abschalter

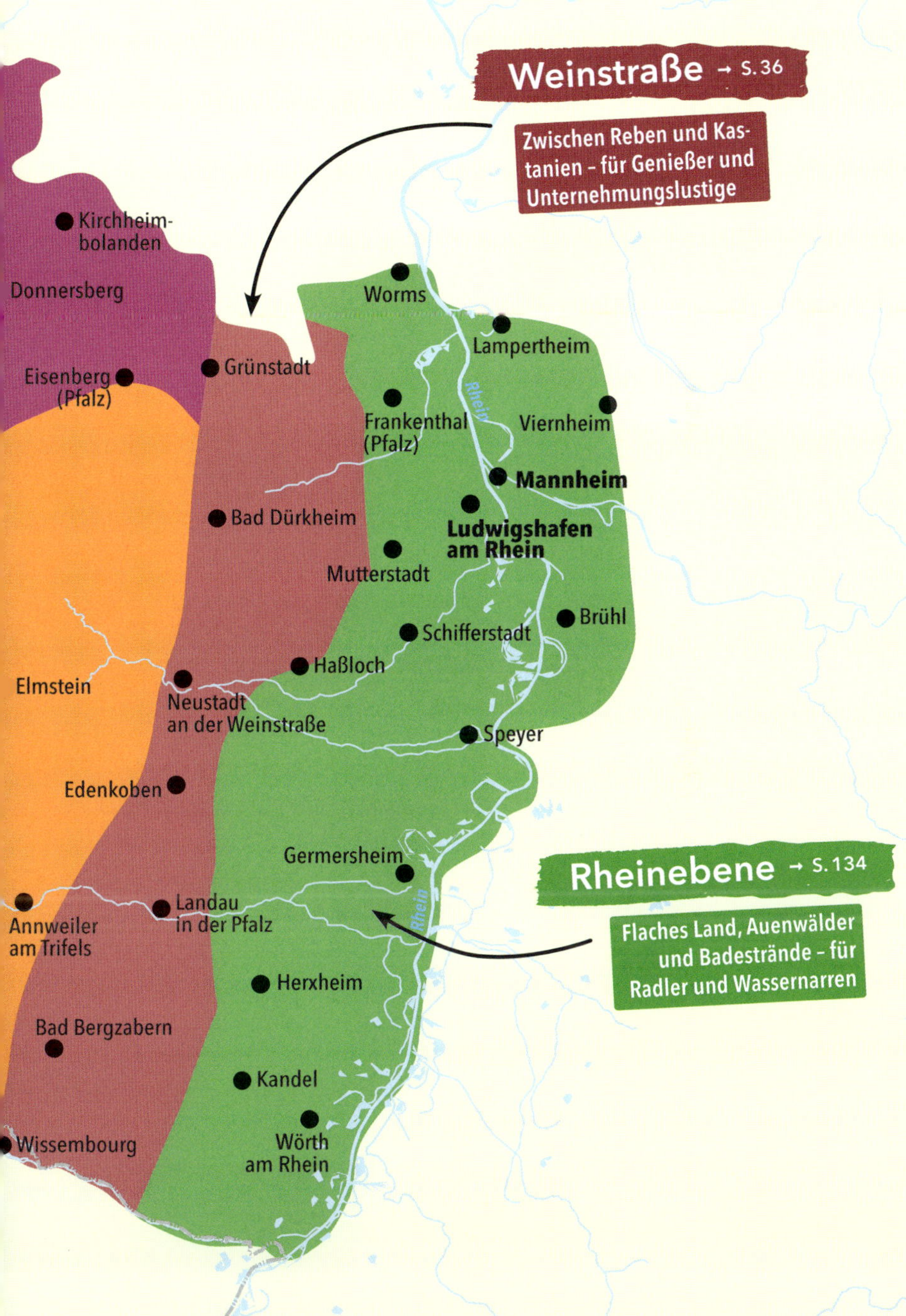
Weinstraße → S. 36
Zwischen Reben und Kastanien – für Genießer und Unternehmungslustige
Kirchheimbolanden
Donnersberg
Worms
Lampertheim
Eisenberg (Pfalz)
Grünstadt
Frankenthal (Pfalz)
Rhein
Viernheim
Mannheim
Bad Dürkheim
Ludwigshafen am Rhein
Mutterstadt
Brühl
Schifferstadt
Haßloch
Elmstein
Neustadt an der Weinstraße
Speyer
Edenkoben
Germersheim
Rheinebene → S. 134
Flaches Land, Auenwälder und Badestrände – für Radler und Wassernarren
Landau in der Pfalz
Annweiler am Trifels
Herxheim
Bad Bergzabern
Kandel
Wörth am Rhein
Wissembourg

Elegante Rebenhänge vor markanten Gipfeln – der Zauber der Weinstraße

Weinstraße

ZWISCHEN REBEN UND KASTANIEN

Die Weinstraße steht für puren Genuss und sinnenfrohe Lebensfreude, für mediterrane Vegetation und lange Sommer mit vielen Sonnenstunden. Doch nur bei Weinschorle und Winzersteak herumzusitzen gilt nicht: Bewegung wird hier groß geschrieben. Man wandert auf stillen Pfaden oder viel begangenen Wegen zu Waldhütten, Burgen und Aussichtspunkten, spaziert auf Winzerwegen durch die Weinberge, radelt gemütlich von Weindorf zu Weindorf oder sportlich hinauf in die Haardthöhen. Klettert in gut abgesicherten Routen von Steinbruch-Klettergärten, bouldert an Felsblöcken. Und trifft sich anschließend dann doch in einer Weinstube oder Straußwirtschaft. Pfiffige Besucher kommen auch im Winter, holen sich auf Wanderungen in den Nadelwäldern der Haardt das nötige Quäntchen Grün und genießen den in der kalten Jahreszeit besonders klaren Fernblick.

AUF EINEN BLICK

*WEINSTRASSE

MARCO POLO
OUTDOOR-HIGHLIGHTS ★

★ Morgenstunde in Deidesheim
Entspannter Bummel durch ein berühmtes Weinstädtchen → S. 40

★ Im Herzen der Weinstraße
Romantische Winzerdörfer wie an einer Perlenschnur → S. 42

★ Haardthöhen für Sitzbergsteiger
Sessellift-Nostalgie über der Sommerresidenz des Bayernkönigs → S. 44

★ Die Winzerdörfer der Südlichen Weinstraße
Panorama-Radtour in einer traumhaften Rebenlandschaft → S. 46

★ Auf dem Pfälzer Weinsteig zur Wachtenburg
Kiefernduft, Kastanienwald, Rebhänge und Burgenmagie → S. 48

★ Zeitreise auf dem Burgenweg
Fernblickwanderung mit Burgen aus drei Epochen → S. 50

★ Zauberhafte Madenburg
Auf Höhenwegen zur schönsten Burgschänke der Pfalz → S. 52

★ Drei-Hütten-Wanderung am Orensberg
Glänzende Aussichten auf einem Kelten- und Paraglidergipfel → S. 54

★ Wurzelpfade am Peterskopf
Ein verwunschener Waldsee, ein kultiger Fels und ein protziger Aussichtsturm → S. 56

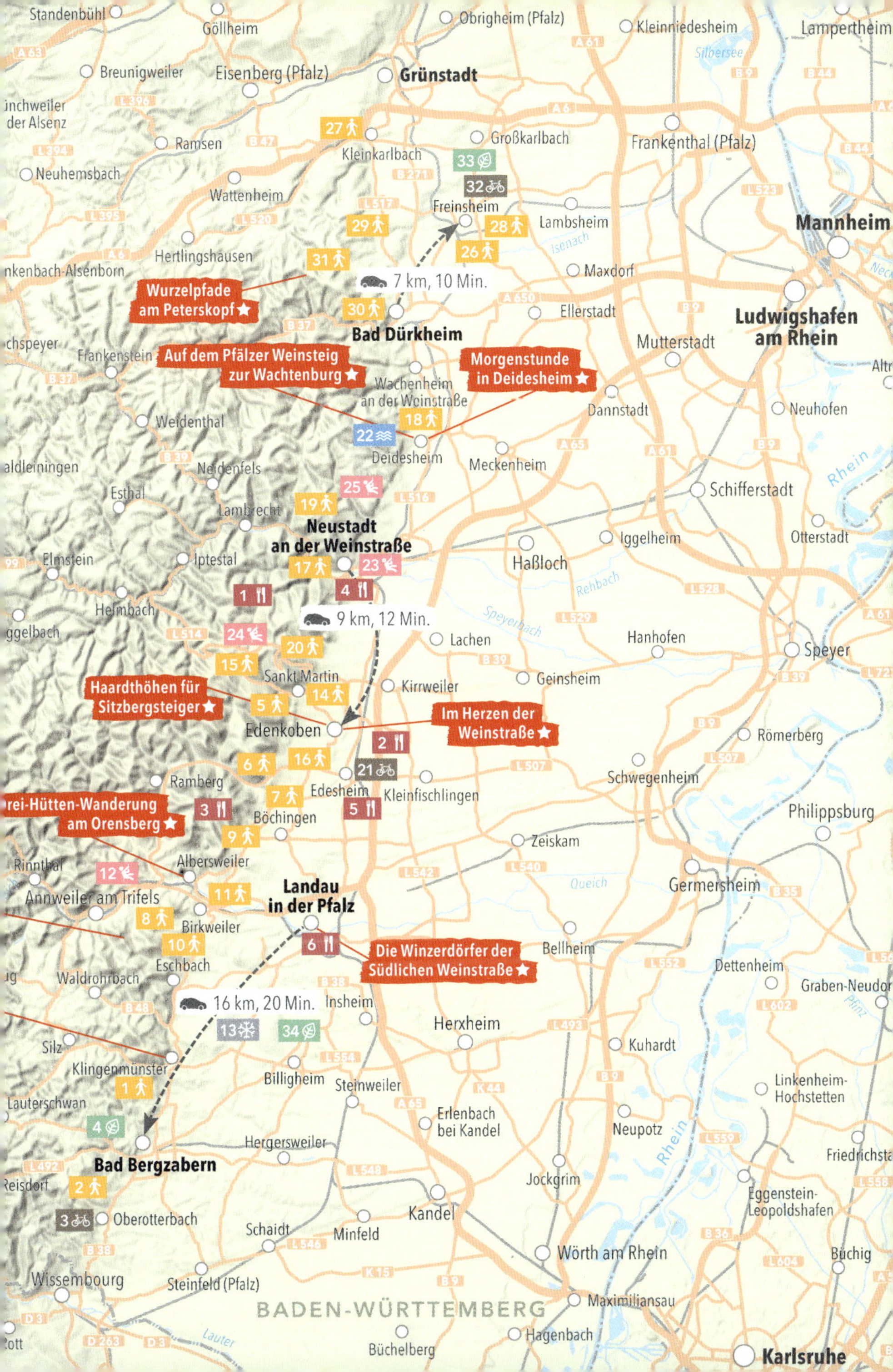

Wurzelpfade am Peterskopf
Auf dem Pfälzer Weinsteig zur Wachtenburg
Morgenstunde in Deidesheim
Haardthöhen für Sitzbergsteiger
Im Herzen der Weinstraße
rei-Hütten-Wanderung am Orensberg
Die Winzerdörfer der Südlichen Weinstraße
7 km, 10 Min.
9 km, 12 Min.
16 km, 20 Min.
BADEN-WÜRTTEMBERG
Standenbühl
Göllheim
Obrigheim (Pfalz)
Kleinniedesheim
Lampertheim
Breunigweiler
Eisenberg (Pfalz)
Grünstadt
Silbersee
inchweiler der Alsenz
Ramsen
Kleinkarlbach
Großkarlbach
Frankenthal (Pfalz)
Neuhemsbach
Wattenheim
Freinsheim
Lambsheim
Mannheim
Hertlingshausen
Isenach
Maxdorf
nkenbach-Alsenborn
Ludwigshafen am Rhein
Bad Dürkheim
Ellerstadt
chspeyer
Frankenstein
Mutterstadt
Wachenheim an der Weinstraße
Dannstadt
Neuhofen
Weidenthal
Deidesheim
Meckenheim
aldleiningen
Neidenfels
Schifferstadt
Rhein
Esthal
Lambrecht
Neustadt an der Weinstraße
Iggelheim
Otterstadt
Elmstein
Iptestal
Haßloch
Rehbach
Helmbach
ggelbach
Speyerbach
Lachen
Hanhofen
Speyer
Sankt Martin
Kirrweiler
Geinsheim
Edenkoben
Römerberg
Ramberg
Edesheim
Kleinfischlingen
Schwegenheim
Böchingen
Philippsburg
Zeiskam
Rinnthal
Albersweiler
Landau in der Pfalz
Germersheim
Annweiler am Trifels
Queich
Birkweiler
Bellheim
Eschbach
Dettenheim
Waldrohrbach
Graben-Neudorf
Insheim
Herxheim
Silz
Kuhardt
Klingenmünster
Billigheim
Steinweiler
Linkenheim-Hochstetten
Lauterschwan
Erlenbach bei Kandel
Neupotz
Hergersweiler
Bad Bergzabern
Friedrichsta
Jockgrim
Reisdorf
Eggenstein-Leopoldshafen
Oberotterbach
Kandel
Schaidt
Minfeld
Wörth am Rhein
Büchig
Wissembourg
Steinfeld (Pfalz)
Maximiliansau
Lauter
Hagenbach
Büchelberg
Karlsruhe

OUTDOOR-HIGHLIGHTS

*DIE BESTEN ERLEBNISSE DRAUSSEN

Morgenstunde in Deidesheim ★

Sich einmal eine der lebensfroh-verspielten Weinbaugemeinden genauer anzuschauen gehört zu einem Pfalzbesuch einfach dazu. Rhodt, Freinsheim oder Sankt Martin sind dafür heiße Kandidaten – vor allem aber Deidesheim, ein Kleinstädtchen, das dank eines Kanzlers auch zu einem Ort der Zeitgeschichte geworden ist.

Früh da sein

Zum Erkunden von Deidesheim wählt man am besten die frühen Morgenstunden, ab 10 Uhr wird es zumindest in der Hauptsaison touristischbelebt. Es ist eine Typfrage, ob man lieber kreuz und quer durch den Ortskern streunt oder sich einem beschilderten Rundweg anvertraut. Der heißt hier „Historischer Rundgang" und ist weitgehend barrierefrei.

Ein Rundgang voller Abwechslung

Er beginnt am Geißbockbrunnen, der die Deidesheimer Geißbockversteigerung darstellt, ein Historienspiel, das alljährlich am Pfingstdienstag aufgeführt wird. Nächste Station ist das Deidesheimer Schloss, heute ein Restaurant mit einem mediterranen Garten. Sitzen und Genießen unter Mammutbäumen! Dahinter liegt der ehemalige Schlossgraben, früher mit Wasser gefüllt und zur Fischzucht genutzt, heute ein botanischer Garten mit Feigen, Zitronen, Bitterorangen und Palmen. Prunkstück von Deidesheim ist der historische Marktplatz. Dort steht direkt neben dem Andreasbrunnen das Hotel-Restaurant Deidesheimer Hof, in dem Helmut Kohl, bekennender Pfälzer, Staatsgästen gerne Saumagen kredenzen ließ. Gorbatschow, Jelzin, Thatcher, Major, Chirac – sie alle mussten oder durften da durch. Aus einer anderen Zeit stammt das Gasthaus Zur Kanne, das älteste Gasthaus der Pfalz, seit 1160 in Betrieb. Gegenüber ist im alten Rathaus das Museum für Weinkultur untergebracht, nebenan das 3F – Deutsches Museum für Foto-, Film- und Fernsehtechnik. Regenwetterprogramm? In Deidesheim kein Problem.

Wohlstand durch Wein

Deidesheim hat zwar weniger als 4000 Einwohner, genießt aber schon seit dem 14. Jh. Stadtrechte. Hier nahm der pfälzische Qualitäts-Weinanbau seinen Anfang – bis in die Mitte des 19. Jhs. war Wein eher Grundnahrungs- als verfeinertes Genussmittel. **Insider-Tipp** Welchen Wohlstand der Wein in die Vorderpfalz gebracht hat, lässt sich nirgendwo besser studieren als in Deidesheim, wo neben den glanzvollen großen Weingütern – von Winning, Bassermann-Jordan oder Reichsrat von Buhl – eine ganze Reihe ehrbarer kleiner Winzerhöfe das Ortsbild prägen.

Die Tour im Überblick

Einfacher Spaziergang durch Deidesheim, 1,6 km, etwa 1 Std.

Deidesheim, Geißbockbrunnen neben der Tourist Information, 3 Min. vom Bahnhof | Buslinie 510 von Neustadt oder Regionalzug RB45 | Mit dem Auto über die A 65 von Neustadt oder Ludwigshafen, Ausfahrt Deidesheim | schloss-deidesheim.de, museumsportal-rlp.de/museen/museum-fuer-weinkultur, 3f-museum.de

Frühjahr bis Herbst, frühmorgens
Normales Schuhwerk, viel Zeit
49.407646, 8.190781

DOWNLOAD GPX-Track

Der Geißbockbrunnen (li.) ist Ausgangspunkt einer Tour durch die Deidesheimer Winzergassen. Film- und Fotofans zieht es ins 3F-Museum (re.)

Im Herzen der Weinstraße ★

Malerische Winzerdörfer zu Füßen markanter Berge, elegante Rebhänge, eine südlich anmutende Pflanzenwelt – so präsentiert sich die Landschaft an der Deutschen Weinstraße, die auf 65 km Länge die pfälzischen Weinbaugemeinden verbindet. Diese Radtour führt in die nördliche Oberhaardt bei Edenkoben, das Herz der Weinregion.

Winzerdörfer wie an einer Perlenschnur

Wie hübsch diese pfälzischen Weindörfer doch allesamt sind! Romantisch die Fachwerk- und Patrizierhäuser, Winzerhöfe, Gassen und Dorfbrunnen, üppig die Weinranken, der Blumenschmuck, die Bauerngärten. Starker Kontrast dazu: die hoch aufragende Bergkette der Haardt dahinter.

Los geht die Winzerdorfparade mit Sankt Martin und Rhodt unter Rietburg. Dort scheint die Weinseligkeit bis in die letzte Mauerritze eingedrungen zu sein. Dass es da mitunter etwas rummelig zugeht, gehört zum Erlebnis dazu – besonders am Wochenende, wenn die „Makalus", die Ausflügler aus Mannheim, Karlsruhe und Ludwigshafen, in Scharen anrücken. Ruhiger wird es bei der Fahrt über Weyher, Burrweiler und Frankweiler, wo man vom Rand der Berge weit in die Ebene schaut.

Pfälzer und Saudis

Dramatischer Szeneriewechsel bei der Abfahrt ins Queichtal mit Blick zu den Kegelbergen des Pfälzerwaldes und zur Burg Trifels. Der Rückweg bedient sich eines Kniffs: Er verläuft in größerem Abstand zu den Haardt-Bergen. So tritt die Silhouette dieser Gebirgskette besonders deutlich zutage. Wer diesen Horizont gesehen hat, wird ihn so schnell nicht vergessen. Ganz nebenbei erfährt man auf dem Weg über Godramstein, Nußdorf und Hainfeld nach Edenkoben auch, was Pfälzer und Saudis miteinander verbindet: das Erdöl. Mitten in den Weinbergen wippen kleine Ölpumpen, die „Pferdeköpfe". Seit 1955 wird nördlich von Landau in bescheidenem Umfang gefördert. **Insider-Tipp** Eine stilechte kulinarische Radelpause kannst du jetzt z. B. im Marienhof in Flemlingen einlegen.

Ein Dank an die Geologie

Geologisch unruhige Zeiten sind dafür verantwortlich, dass sich diese kontrastreiche Landschaft herausbilden konnte: Vor 50 Mio. Jahren herrschten am heutigen Oberrhein so starke Spannungen in der Erdkruste, dass sich ein etwa 40 km breiter Graben absenkte, gleichzeitig wölbten sich die Ränder hoch. So entstanden die heutige Rheinebene und die angrenzenden Mittelgebirge, darunter die Haardt, das steil abfallende Randgebirge des Pfälzerwaldes.

Die Tour im Überblick

Mittelschwere Rad-Rundtour durch die nördliche Oberhaardt, 30,9 km, 2 Std., 214 hm

Edenkoben | Bahnlinien RB 51 und RB 53 oder Buslinie 501 von Landau oder Neustadt a.d.W. | Mit dem Auto von Landau oder Neustadt a.d.W. über die L 516, Parkplatz an der Radeburger Straße (L 512) | weingut-marienhof.de

Frühsommer, Spätsommer und Herbst

Tourenrad oder E-Bike, Radwanderkarte Südpfalz (zu bestellen unter suedliche weinstrasse.de) oder SÜW-App

49.281943, 8.124947

DOWNLOAD GPX-Track

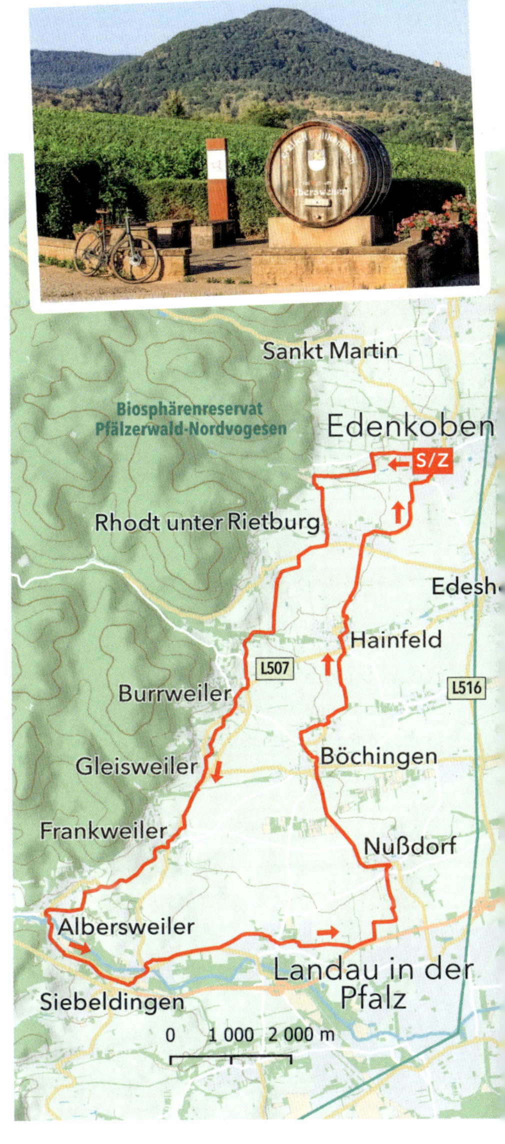

Der Theresienstraße verdankt Rhodt seinen Ruf als schönstes Winzerdorf der Pfalz (li.). Vom Weinfass bei Albersweiler geht es hinunter ins Queichtal (o.)

Haardthöhen für Sitzbergsteiger ★

Warum sich's nicht mal bequem machen und mit der Sesselbahn hinauf auf die Haardthöhen fahren – zum Fernblick von der Rietburg und einer gemütlichen Bergabwanderung? Einen kleinen Anstieg gibt es dann nur gegen Ende. Da bleiben noch genug Körner übrig, um sich die Villa Ludwigshöhe anzuschauen, die ehemalige Sommerresidenz des bayrischen Königs.

Nostalgie-Sesselbahn

Ganz bayrisch-pfälzisch, der Beginn dieser Tour. Die Wanderschuhe schnüren an der Villa Ludwigshöhe, einem traumhaft über den Weinbergen gelegenen Plaisirschlösschen des Bayernkönigs Ludwig I. Dann wie bei einer Alpentour für Genießer erst mal den Sessellift nehmen. Oben von einer Buntsandsteinburg in die Ferne schauen – nicht ins Alpenvorland, sondern über die Rheinebene zu den rechtsrheinischen Mittelgebirgen. Sportlich Ambitionierte können die 250 hm natürlich auch zu Fuß gehen, ein Serpentinenpfad führt steil hinauf zur 550 m hoch gelegenen Rietburg, einem der großen Aussichtsbalkone der Deutschen Weinstraße.

Die Fahrt mit der Rietburgbahn: Nostalgie pur. Auf hölzernen 50er-Jahre-Doppelsitzen schaukelt man in 8 Min. gemächlich hinauf zur ehemaligen Raubritterburg. Die ist baulich zwar nicht so ergiebig wie die Felsenburgen des Wasgaus, glänzt dafür aber mit einer exponierten Höhengaststätte.

Genüsslicher Abstieg

Dann aber doch etwas Bewegung! An einem Damwild-Gehege vorbei folgt man dem Wegzeichen Roter Punkt und steigt in einem weiten Bogen hinunter ins Edenkobener Tal, zunächst gemütlich durch eine Kiefern-Heidekraut-Heidelbeer-Szenerie, später auf einem schmalen Zickzack-Pfad. Der endet an der in Stein gefassten Hilschwasserquelle, einem angenehm kühlen Rastplatz mit munteren kleinen Wasserfällen.

Am Hilschweiher locken eine Gaststätte und ein Bootsverleih. Abermals eine Portion Nostalgie bietet die etwas talabwärts gelegene Wappenschmiede, in der früher Werkzeuge und Waffen gefertigt wurden: am Haus ein gut erhaltenes Wasserrad, hinter dem Haus kleine Teiche und eine Steinesammlung, im Haus die Waldgaststätte Zur Siegfriedsschmiede.

Noch ein leichter Anstieg und man lässt die Tour mit der Besichtigung der Villa Ludwigshöhe ausklingen. Wie der bayrische Monarch hierherkam? Nach dem Wiener Kongress von 1815 war die Pfalz an Bayern angegliedert worden. Erst die Siegermächte des Zweiten Weltkriegs kappten diese nicht immer geliebte Verbindung.

Die Tour im Überblick

Einfache Rundwanderung ab/bis Villa Ludwigshöhe, 5,5 km, 2 Std.

Rhodt unter Rietburg | Buslinie 500 ab Bahnhof Edenkoben | Mit dem Auto von Landau oder Neustadt a.d.W. über die A 65 und Edenkoben, Parkplatz an der Villa Ludwigshöhe | schloss-villa-ludwigshoehe.de, rietburgbahn-edenkoben.de, €

März–Okt. (Saison der Rietburgbahn)

Feste Schuhe und Wetterkleidung, Wanderkarte „Oberhaardt von Neustadt a.d.W.", LVermGeo

49.278442, 8.089006 (Start)

DOWNLOAD GPX-Track

Bayrischer Prachtbau am Haardtrand: die Villa Ludwigshöhe (li.). Dort beginnt der Sessellift zur Rietburg (re.)

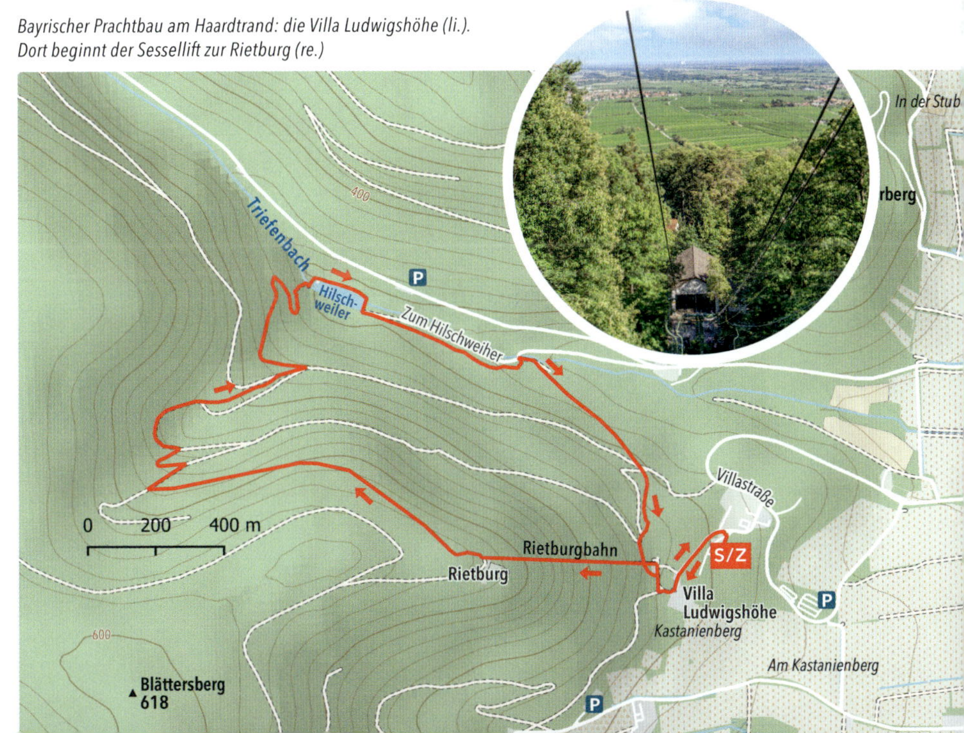

Die Winzerdörfer der Südlichen Weinstraße ★

An der Südlichen Weinstraße, zwischen dem Queichtal und Klingenmünster, erscheinen die Winzerdörfer besonders ursprünglich, die Weinberge besonders elegant und die Bergsilhouetten besonders markant. Diese Panorama-Radtour ist der perfekte Weg, um die bezaubernde Landschaft kennenzulernen.

Passradeln und Picknicken

Meist radelt man hier auf Rad- oder Winzerwegen, nur in den Dörfern muss man die Straße nehmen. Viermal fährt man über kleine Pässe, immer wieder gespannt, wie es wohl dahinter aussieht. Der Radelrhythmus ergibt sich aus dem Auf und Ab der Weinberge – oder aus den wunderschön gelegenen Picknickplätzen.

Sich Zeit zu lassen ist auf dieser nur 20 km langen Runde erstes Gebot. Um die Weinranken über den engen Dorfstraßen zu bewundern, die liebevoll gestalteten Fassaden, die alten Dorfbrunnen. Aber auch um die Höhenzüge des Pfälzerwaldes zu studieren und hoch droben die Burgen zu identifizieren: die zwischen Kegelbergen hervorlugende Reichsfeste Burg Trifels, die Münz mit ihrem wuchtigen Bergfried, die keck in die Rheinebene ragende Burgruine Neukastel und die lang gestreckte Madenburg. **Insider-Tipp** Nimm dir auch viel Zeit für die Vinothek der Winzergenossenschaft Deutsches Weintor zwischen Göcklingen und Ilbesheim. Wein probieren (in Maßen) und den Rucksack mit kleinen Köstlichkeiten aus der Region füllen.

Von Eseln, Affen und Stallhasen

Ganze neun Winzerdörfer liegen am Weg, eines schöner als das andere. Und es ist herrlich ruhig – die Touristen sammeln sich weiter im Norden der Deutschen Weinstraße, um Edenkoben, Neustadt oder Bad Dürkheim. Einmal allerdings war es hier nicht ganz so ruhig: Als sich in den 1980er-Jahren in ganz Mitteleuropa Gerüchte über eine Wunderheilung durch das Wasser der Kaltenbrunnquelle bei Ranschbach verbreiteten, wurde die Gegend über Wochen von Pilgern überrannt.

Kurioses gibt es auch in den anderen Winzerdörfern: So sieht man etwa in Eschbach überall von Künstlern gestaltete lebensgroße Eselsplastiken, 38 an der Zahl. Grund: Die Eschbacher werden hier traditionell „Esel" genannt. Im Gespräch mit Einheimischen erfährt man, dass es auch für die Bewohner der meisten anderen Dörfer Spitznamen gibt. So heißen die Göcklinger „Gurken", die Ilbesheimer „Affen", die Arzheimer „Stallhasen" und die Leinsweilerer „Häcker". Diskriminierend? Ach wo, die Dörfler tragen ihre „Utznamen", wie man hier sagt, mit Stolz.

Die Tour im Überblick

Mittelschwere Rad-Rundtour ab/bis Godramstein, 20,2 km, 1,5 Std., 206 hm

Godramstein | Regionalbahn RB55 von Landau | Mit dem Auto von Landau über die B 10, Abfahrt Godramstein, Parken am Bahnhof | weintor.de/vinotheken

Frühsommer, Spätsommer und Herbst; es gibt wenig Schatten

Tourenrad oder E-Bike, Rucksack mit Platz für Mitbringsel, Picknickproviant, Radwanderkarte Südpfalz oder SÜW-App

49.207133, 8.075820

DOWNLOAD GPX-Track

Über den Weinbergen bei Ilbesheim erheben sich die Gipfel der Trifelsregion (li.). Historische Dorfbrunnen wie diesen in Eschbach findet man hier häufig (re.)

Auf dem Pfälzer Weinsteig zur Wachtenburg ★

Der Weitwanderweg „Pfälzer Weinsteig" erschließt auf 169 km Länge eine der wärmsten Ecken Deutschlands, wo neben Wein und Esskastanien auch Zitronen, Quitten und Feigen gedeihen. Hier ist eine Schnupperetappe, mit einer Fliehburg, einer Burgruine samt Panorama-Burgschänke und einem Weinbergbummel.

Kiefernduft und Höhenluft

Welche Kontraste erlebt man doch auf dieser Wanderung im Hinterland der berühmten Winzergemeinden Deidesheim und Wachenheim! Kieferduft und Höhenluft, Kastanien und Weintrauben, zwei höchst gegensätzliche Burgruinen. Den Anfang macht die Michaelskapelle, ein keck aus dem Steilabbruch der Haardtberge herausspitzelndes Wallfahrtskirchlein, das auf das 15. Jh. zurückgeht. Eine viertel Gehstunde oberhalb liegen die Überreste einer Fliehburg aus dem 9. und 10. Jh., die geheimnisvollen Heidenlöcher. Auf einem weitläufigen Plateau standen hier etwa 80 eingeschossige Steinhäuschen, umgeben von einer 450 m langen Ringmauer. Dauerhaft gewohnt hat in den Gebäuden wohl nie jemand, der Platz diente dem Rückzug – man lebte damals in ständiger Furcht vor Überfällen. Ein magischer Platz!

Burgpanorama, Kastanienwald und Rebhänge

Ganz anders zeigt sich die Wachtenburg. Hoch ragt die im 12. Jh. erbaute Stauferburg über dem berühmten Winzerort Wachenheim in den Himmel – mit einer vollständig erhaltenen Ringmauer und einem wuchtigen Bergfried, der zu einem fünfgeschossigen Aussichtsturm ausgebaut wurde. Nach dem Panorama die Einkehr: Die Wachtenburg beherbergt die höchstgelegene Weinstube der Pfalz. Der Rückweg verläuft zunächst im Kastanienschatten und schlängelt sich dann durch die Rebhänge der Weinlage „Forster Ungeheuer".

Lust auf mehr?

Wer nach diesem Schnuppertag den Pfälzer Weinsteig auf seiner Agenda hat: Auf sieben bis elf Etappen führt die vom Deutschen Wanderverband als „Qualitätsweg Wanderbares Deutschland" ausgezeichnete Route entlang der Deutschen Weinstraße von Bockenheim im Norden bis nach Schweigen nahe der französischen Grenze. Geruhsam durch Weinberge schlendern, beherzt hinaufsteigen zu den Gipfeln hoch über der Deutschen Weinstraße, atemlos die weite Schau von Burgen, Felsen und Türmen genießen – Abwechslung ist hier garantiert. Kein Problem, sich kleinere Teile herauszuschneiden, mit dem Bus kommt man problemlos von Talort zu Talort.

Die Tour im Überblick

Mittelschwere Rundwanderung auf dem Pfälzer Weinsteig, 9,7 km, 3 Std.

Deidesheim, Wanderparkplatz unter der Michaelskapelle | Buslinie 510 ab Neustadt oder Regionalzug RB45 plus 30 Min. Fußweg | Mit dem Auto von Neustadt a.d.W. über die L 516, in Deidesheim am Restaurant Leopold links ab

April–November

Feste Schuhe und Wetterkleidung, Wanderkarte „Mittel- und Unterhaardt", LVermGeo

49.412425, 8.169762

DOWNLOAD GPX-Track

Die Wachtenburg (li., re., u.) ist ein idealer Platz, um die Feinheiten des Burgenbaus zu studieren und weit nach Norden über die Rheinebene zu schauen

Zeitreise auf dem Burgenweg ★

Ein ausgesprochen praktischer Berg, dieser Treutelsberg! Versammelt er doch an seinen Flanken Burgen aus drei Epochen – Burg Landeck, Schlössel und Heidenschuh. Aus einer Höhenwanderung wird so ganz spielerisch ein Burgen-Crashkurs. Die Aussicht vom Martinsturm gibt's obendrauf.

Heiden, Salier, Staufer

Der Treutelsberg ist gespickt mit Wanderwegen, für Ortsfremde ein unübersichtliches Gelände. Deshalb vertraut man sich am besten dem rostroten Logo des Burgenweges an. **Insider-Tipp** Den sollte man nicht – wie meist empfohlen – gegen den Uhrzeigersinn, sondern im Uhrzeigersinn laufen, denn dann stimmt die historische Reihenfolge der Burgen. Den Auftakt macht die im 8. Jh. errichtete Burg Heidenschuh, dann geht es zur im 11. Jh. erbauten Burg Schlössel und als Höhepunkt zur Burg Landeck aus dem 13. Jh. – eine Epochenreise also von der karolingisch-ottonischen Zeit über die Salier- bis zur Stauferzeit. Von den beiden Erstgenannten sind jedoch nur Ruinen erhalten.

Erst einmal ganz hinauf

Doch zunächst ersteigt man den Gipfel des 503 m hohen, die Rheinebene weit überragenden Treutelsberges. Im Anstieg werden zwei Fernblick-Rastplätze passiert, der Weiße Felsen und ein Plateau mit einer staunenswerten Steinmännchen-Parade. Der 1886 auf dem Gipfel erbaute Martinsturm bietet zwar wegen einiger Baumwipfel kein umfassendes Panorama, für den instruktiven Blick ins Trifelsland aber reicht es allemal. Nach einem kurzen Abstieg kommt man auf einem Kiefern-Höhenweg zu einer Schutzhütte. Direkt dahinter liegen die kargen Mauerreste der Fliehburg Heidenschuh. Sie war nie dauerhaft bewohnt, sondern diente den Bewohnern des Klosters Klingenmünster als letzte Zuflucht bei einem Angriff der Ungarn oder Wikinger – die nie kamen.

Fernblick von der Burgschänke

20 Min. später ist die Burgruine Schlössel erreicht, eine für die Pfalz untypische Anlage: erstens nicht auf einer Bergkuppe oder einem Felsen errichtet, zweitens ausschließlich zur Zeit der Salier im 11. und 12. Jh. genutzt. Nach einem steilen Abstieg zur Pfalzklinik Landeck geht es auf einem Panoramaweg wieder hinauf zur Burg Landeck. Mit ihren mächtigen Mauern, dem stolzen Bergfried und dem tiefen Halsgraben ist sie eine der beeindruckendsten pfälzischen Burgen aus der Stauferzeit. Eine Schänke mit vielen Freisitzplätzen und ein im Turm untergebrachtes Museum machen den Besuch zu einem Rundum-Erlebnis. Weinstraßenblick, Flammkuchen!

Die Tour im Überblick

Mittelschwere Rundwanderung auf dem Treutelsberg bei Klingenmünster, 7,2 km, 2,5 Std.

Klingenmünster, Burg Landeck | Buslinie 531 ab Landau plus 40 Min. Aufstieg | Mit dem Auto von Landau über die L 509 und K47, Abzweigung zur Burg Landeck am Pfalzklinikum

Ganzjährig, Herbst für Kastaniensucher

Feste Schuhe und Wetterkleidung, Wanderkarte „Östl. Wasgau mit Bad Bergzabern", LVermGeo

49.141481, 8.005407

DOWNLOAD GPX-Track

Hinter den mächtigen Mauern der Burg Landeck (li.) findet man auch die dazugehörige Burgschänke (re.)

Zauberhafte Madenburg ★

Weithin sichtbar thront die Madenburg über den Weinbergen. Wie auf keiner anderen Burg sieht man hier sowohl über den Rheingraben zu Odenwald und Schwarzwald als auch in der Gegenrichtung weit in den Wasgau, zudem lockt eine gemütliche Burgschänke. Eines der zehn Muss-man-gemacht-haben-Ziele der Pfalz.

Ein Vier-Jahreszeiten-Ziel

Wer zwischen Frühjahr und Herbst die Madenburg besucht, kann sich zumindest an schönen Wochenenden auf einigen Trubel einstellen – die Burg ist trotz ihrer exponierten Lage leicht erreichbar, auch sprechen die Sitzplätze der Burgschänke Bände: 40 drinnen, satte 400 draußen. Insider-Tipp Wer das Besondere sucht, geht im Hochwinter auf die Madenburg, das ist ein bedeutend stilleres Erlebnis. Dann ist die Sicht oft besonders klar, dann knirscht hier oben der Schnee unter den Füßen, wenn es in den Tälern bereits matscht. Bei optimalen Bedingungen kann man die Tour sogar mit Langlaufski machen. Die Burgschänke ist ganzjährig geöffnet.

Spannender Auftakt

Vom Wanderparkplatz Windhof an der Trifels-Höhenstraße läuft man mit der Markierung Gelber Balken kurz Richtung Madenburg, nimmt dann aber nicht den Normalweg über den traditionsreichen Cramer-Pfad – der ist für den Rückweg vorgemerkt, da sein sanfter Verlauf für volle Mägen prädestiniert ist. Stattdessen steigt man sich links haltend durch die Nordflanke des Wetterberges zu einer „Tisch" genannten Passhöhe auf. In südlicher Richtung geht es dann sanft bergab zu einem bemerkenswerten Aussichtspunkt am Südhang des Schletterberges und man genießt den Ausblick auf Wasgau- und Nordvogesengipfel, soweit das Auge reicht.

Flammkuchen in Parthenopolis

Für den Schlussanstieg zur Burg entscheidet man sich am Madenburg-Parkplatz für den sonnigen Weg auf der Südseite des Rothenberges, der etwas eintönige Fahrweg eignet sich eher für den Abstieg. Lohn der Mühe: eine interessante Burganlage mit einzigartigem Fernblick – und ein ausnehmend köstlicher Flammkuchen.

Lange Zeit wurde die vermutlich im 11. Jh. erbaute Madenburg als „Parthenopolis" bezeichnet, eine Kombination der griechischen Begriffe für „Jungfrauengemach" und „Burg". Nach den üblichen Besitzerwechseln fiel die Anlage im Bauernkrieg von 1525 der Brandschatzung und im kurpfälzischen Katastrophenjahr 1689 der endgültigen Zerstörung durch französische Truppen zum Opfer – ihre Blütezeit war fürs Erste zu Ende. Doch dann kamen im 20. Jh. die Flammkuchenesser.

Die Tour im Überblick

Mittelschwere Rundwanderung zur Madenburg, 8,4 km, 2 Std. 25 Min.

Annweiler, Wanderparkplatz Windhof | Mit der Regionalbahn RB55 von Landau und Buslinie oder Ruftaxi 527 | Mit dem Auto von Landau oder Pirmasens über die B 10, Abfahrt Bad Bergzabern und beschildert Richtung Trifels | madenburg-pfalz.de

Ganzjährig, Mi–So (Burg geöffnet)

Feste Schuhe, Wanderkarte „Östlicher Wasgau mit Bad Bergzabern", LVermGeo

49.186369, 7.983610

DOWNLOAD GPX-Track

Reichsrittern, Grafen und Bischöfen diente die Madenburg zum Prunken, heute ist sie in Privatbesitz (li.). Der Fernblick von hier ist einzigartig (re.)

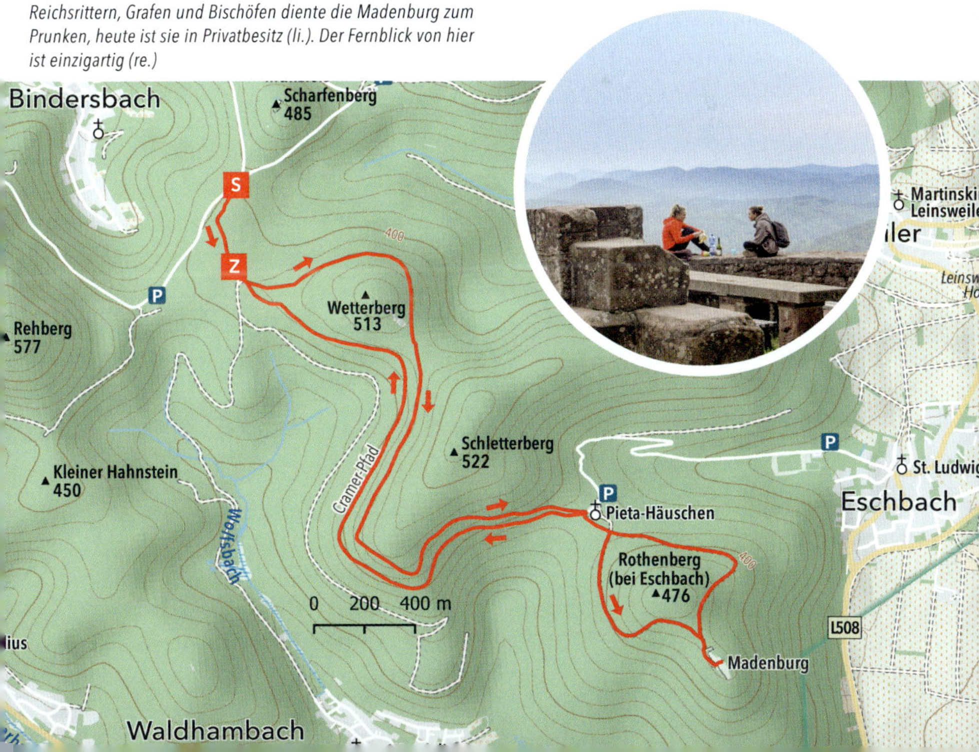

Drei-Hütten-Wanderung am Orensberg ★

Fährt man von Landau in den Pfälzerwald hinein, rückt rechts eine auffällige Berggestalt mit steilen Flanken und einem weit herausragenden Gipfelfelsen ins Blickfeld: der Orensberg. Ein glänzender Ausblick ist da vorprogrammiert. Ob man die drei Hütten am Wege als Beigabe interpretiert oder zur Hauptsache macht – Typsache!

Mit Hütten-Intermezzos hoch hinauf

Der Orensberg markiert das südliche Ende der Haardt, des Pfälzerwald-Randgebirges, das vor über 50 Mio. Jahren durch den Einbruch des Oberrheingrabens entstand. Egal aus welcher Richtung man zum Orensberg hinaufschaut: Das sieht schon recht sportlich aus. Ist es auch, denn es geht von 200 m auf 580 m hinauf. Gut, dass es beim Aufstieg zwei zünftige Einkehrstationen gibt: die Ringelsberghütte und die Landauer Hütte. Beim Abstieg wird noch das Naturfreundehaus Kiesbuckel dazukommen. Notorische Wirtshausgänger können aus dieser Tour also locker eine tagesfüllende Beschäftigung machen.

Die Orensberg-Besteigung ist eine Wanderung durch alle vier Vegetationszonen der Haardt: zuerst die Rebhänge über Albersweiler und Frankweiler, dann der Kastanienwald auf dem Weg zur Ringelsberghütte, Mischwald beim Übergang zur Landauer Hütte, sturmzerzauste Kiefern und wettergekrümmte Eichen in der Gipfelzone.

Zwischendurch die Dubbeglas-Lektion

Aus allen Himmelsrichtungen treffen an der Landauer Hütte Wanderwege zusammen. Da ist schon mal mit Menschenauflauf zu rechnen. Aber für deftige Kost und eine Pfälzer Weinschorle – drei, besser vier Teile Wein auf einen Teil Wasser – steht man doch gerne mal an. Und lässt sich dabei in die Geheimnisse des „Dubbeglases" einweihen, aus dem die Schorle traditionell getrunken wird.

Kelten und Paraglider

Insider-Tipp Nur eine halbe Stunde dauert ein Abstecher von der Landauer Hütte zur Burg Neu-Scharfeneck, dank ihrer Ausmaße und ihrer glänzenden Aussicht ins Trifelsland eine der Top-Felsenburgen der Pfalz. Dann kommt das große Staunen auf der Aussichtsplattform des Orensfelsens: Das Pfälzerwald- und Rheinebenenpanorama hat es schon in sich, aber erst dieser Tiefblick! Wer Muße hat, streift noch über das Gipfelplateau, wo die Kelten Reste einer ehemals 2,5 km langen Ringmauer hinterlassen haben. Heute nutzen Paraglider den Orensberg als Startrampe.

Die Tour im Überblick

Mittelschwere Rundwanderung am Orensberg, 9,6 km, 3 Std. 10 Min.

Albersweiler, Ortsteil St. Johann, Wanderparkplatz in der Schloßstraße | Buslinie 524 von Annweiler | Mit dem Auto von der B 10 zwischen Landau und Annweiler nach Albersweiler und noch 1 km Richtung Frankweiler. Im Ortsteil St. Johann links Richtung Berghof

Zu allen Jahreszeiten
Feste Schuhe, wetterfeste Kleidung, Proviant, Wanderkarte
49.226331, 8.038202

DOWNLOAD GPX-Track

Auf der Kiesbuckelhütte (li.) kann man in aller Ruhe das Fernblick-Erlebnis Orensfelsen (re.) Revue passieren lassen

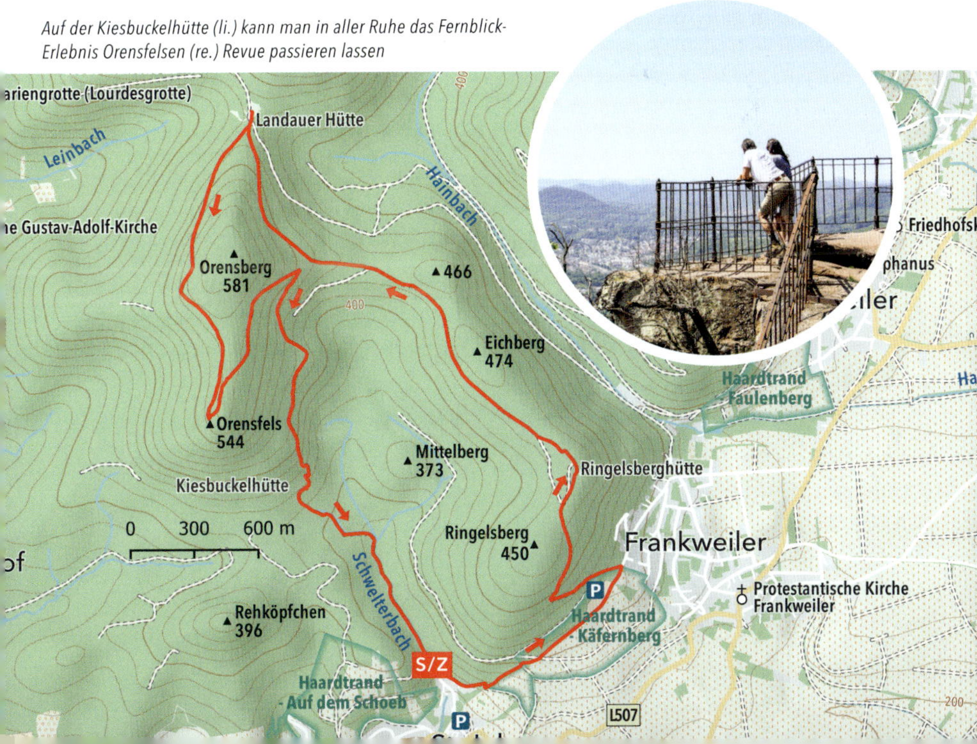

Wurzelpfade am Peterskopf ★

Unspektakulär wirkt er aus der Ferne, der Peterskopf bei Bad Dürkheim. Und doch bietet sein weitläufiges Gipfelplateau überraschend viel: einen verwunschenen Waldweiher, einen kultigen Felsen, einen Aussichtsturm und eine romantische Waldgaststätte. Und das Ganze auf den für den Pfälzerwald so typischen Wurzelpfaden.

Ein Berg mit Geschichte

Schon früh fühlten sich die Menschen von dem zwar nur 493 m hohen, aber die Rheinebene doch deutlich überragenden Peterskopf angezogen. Kelten und Römer haben am Südhang ihre Spuren hinterlassen, mit Kultstätten, einem Ringwall und einem römischen Steinbruch. Heute führt eine Höhenstraße bis in Gipfelnähe. Dort treffen sich Batterie-Radler, Mountainbiker, Rennradler, Bergläufer, Wanderer und PS-Bergsteiger. Dazu Frischluftschnapper, Kastaniensammler und Pilzsucher. Und Wirtshausgänger, denn direkt an der Straße liegt das Forsthaus Lindemannsruhe, das wie viele andere ehemalige Forsthäuser der Pfalz heute als Gaststätte dient.

Dort ist auch der Ausgangspunkt des Premium-zertifizierten Ganerbenweges, der die Höhepunkte der Gipfelzone verbindet. Ganerbschaft, so nannte man es im Mittelalter, wenn mehrere Eigentümer nur gemeinsam über Grund und Boden verfügen konnten. So wie am Peterskopf, wo auch heute noch der Wald gemeinschaftlich bewirtschaftet wird.

Auf den Spuren der Ganerben

Der Ganerbenweg – Logo ist eine schwarze Axt auf gelbem Grund – verläuft weitgehend auf jenen sinnlichen Wurzelpfaden, die Pfälzerwald-Wanderer so schätzen. Vorbei an Grenzsteinen und einem ehemaligen Steinbruch geht es zunächst zum Ungeheuersee. Hier kann sich jeder seine Legende aussuchen: Lebte tatsächlich eine Kinder raubende Waldfrau am See, trieben hier Waldgeister nachts ihr Unwesen, wurden im Dreißigjährigen Krieg wirklich Kirchturmglocken im See versenkt, um sie vor Feinden zu retten?

Nicht weniger magisch der Heidenfels. In vorchristlicher Zeit eine Kultstätte, **Insider-Tipp** heute ein Tummelplatz der Boulderer, die sich in Bodennähe an artistischen Kletterzügen versuchen. Unbedingt hinunter zum Felsfuß steigen, wo eine Grotte mit einem steinernen Tisch einen ungewöhnlichen Rastplatz abgibt! Die Fernsicht hat man dann auf dem Bismarckturm, einem steinernen Ungetüm, das 40 m emporragt; bei keinem pfälzischen Turm wurde annähernd so viel Buckelquader-Mauerwerk verbaut. Wenn ausreichend Schnee liegt, ist die Tour auch mit Langlaufski möglich.

Die Tour im Überblick

Mittelschwere Wanderung auf dem Premiumweg Ganerbenweg, 10,4 km, 3 Std. (Teilstrecken möglich)

Bad Dürkheim-Leistadt, Wanderparkplatz am Forsthaus Lindemannsruhe | Buslinie 453 ab Bahnhof Bad Dürkheim bis Forsthaus Weilach plus 40 Min. Aufstieg | Mit dem Auto von Bad Dürkheim nach Leistadt und links hinauf Richtung Höningen | drachenfelsclub.de, lindemannsruhe.de

Sept.–Mitte Okt.

Feste Schuhe und Wetterkleidung, eventuell Wanderkarte „Mittel- und Unterhaardt mit Bad Dürkheim", LVermGeo

49.479578, 8.120053

DOWNLOAD GPX-Track

Urzeit-Picknickplatz am Heidenfels (li.). Ewig spannende Frage am Ungeheuersee: Wie ist derzeit der Wasserstand? (o.)

MEHR ERLEBEN

*WEITERE ABENTEUER & AUSFLÜGE

Die Sankt-Dionysius-Kapelle kurz nach Sonnenaufgang

Zwischen Bockenheim im Norden und Schweigen im Süden, den Eingangstoren der Deutschen Weinstraße, kannst du dich ganz al gusto ausleben. In den Rebhängen den Geheimnissen des Weinbaus nachspüren, picknicken oder in einem Pfälzer Strandkorb herumlümmeln. Durch Winzerdörfer bummeln oder radeln, Kastanien sammeln, auf aussichtsreiche Gipfel steigen, zu gemütlichen Hütten wandern …

BEI BERGZABERN

In den Rebhängen der Muskateller-Winzer

1 **Einfacher Spaziergang auf dem Muskateller-Rundwanderweg in Gleiszellen-Gleishorbach, 2,5 km, 40 Min.**

Muskateller sei die Rebe gewesen, die Noah mit auf seine Arche nahm, Karl der Große habe Muskatellerwein zu sich in die Kaiserpfalz nach Aachen kommen lassen, auch Kaiser Barbarossa habe diesem zugesprochen. Schöne Geschichten, die zu glauben man geneigt ist, wenn man auf dem Muskateller-Rundwanderweg durch die auf einem sonnenverwöhnten Hang gelegenen Weinlagen des Muskateller-Dorfes Gleiszellen-Gleishorbach bummelt. Höhepunkte unterwegs sind die malerischen Gassen von Gleiszellen, die Sankt-Dionysius-Kapelle, einige Weinbergsofas mit wunderbarer Aussicht und eine „Durchblick-Denkmal" genannte Buntsandsteinskulptur. **Insider-Tipp** 5 Min. oberhalb der Kapelle liegen einige der schönsten Picknickplätze der Weinstraße. Besonders bei Sonnenaufgang!

Gleiszellen | Buslinie 540 ab Bad Bergzabern plus 10 Min. Fußweg | Parkplatz an der Sankt-Dionysius-Kapelle | Wanderkarte „Östl. Wasgau mit Bad Bergzabern", LVermGeo *Juni–Nov.*
49.128525, 8.007137

Märchen im Kastanienwald

2 **Einfache Rundwanderung von Dörrenbach zum Stäffelskopfturm, 4,2 km, 1,5 Std.**

Als „Dornröschen der Pfalz" präsentiert sich die kleine Weinbaugemeinde Dörrenbach. Nicht schlecht gewählt, diese liebevolle Bezeichnung: Versteckt in einem Tälchen und befreit vom Durch-

Das Renaissance-Rathaus und der Wehrturm sorgen in Dörrenbach für Mittelalter-Atmosphäre

Mit dem MTB über zünftige Waldwege hinauf zum Gipfel der Hohen Derst

gangsverkehr, scheint der malerische Ort mit seinen blumengeschmückten Fachwerkhäusern, dem Renaissance-Rathaus und der mittelalterlichen Wehrkirche im Tiefschlaf zu liegen – zumindest während der Woche. Am Wochenende aber kommen doch viele Besucher, um „'S Dornreesel vun de Palz" wachzuküssen. **Insider-Tipp** Weniger belebt geht es auf einer Wanderung zum nahe gelegenen Stäffelskopfturm zu. Auf einem Kreuzweg steigt man im Kastanienwald hinauf zur Kolmerkapelle und zu dem wegen seines Rundum-Panoramas gerühmten Aussichtsturm. Im Winter schaut man von dort direkt auf die Skipisten an der Schwarzwald-Hochstraße. Unterwegs lassen Märchen-Wegstationen Kindheitserinnerungen wach werden.

ℹ *Dörrenbach | Buslinie 543 ab Bad Bergzabern | Parkplätze am Ortseingang und nahe der Kirche | Wanderkarte „Östl. Wasgau mit Bad Bergzabern", LVermGeo* ⏲ *Sept.–Anf. Okt. wegen der reifen Esskastanien* 📍 *49.089639, 7.960789*

Download GPX-Track

Über Stock und Stein

3 Mittelschwere Mountainbike-Rundtour, 30,6 km, 2 Std., 1046 hm

Mit dem Mountainbikepark Pfälzerwald haben die Tourismusstrategen einen Volltreffer gelandet: Das ausgedehnte Routennetz mit seinen langen und oft zivilisationsfernen Passagen gilt als eines der lohnendsten Reviere für MTB-Tourenradler. Seit der Mountainbikepark zur Weinstraße hin erweitert wurde, kann man auch aus den Winzerdörfern heraus die Pfälzerwaldberge ansteuern. So wie auf dieser Tour, die als MTB-Tour 10 mit einem blauen Logo durchmarkiert ist – mittelschwer also. Zum Aufwärmen gibt es ein stetes Auf und Ab, dann geht es nach einem Zwischenstopp am Deutschen Weintor in Schweigen mit einem ersten scharfen Anstieg über den Oberen Abtskopf Richtung Wissembourg. Größte Herausforderung ist der lange Aufstieg aus dem Tal der Wieslauter auf den 561 m hohen Gipfel der Hohen Derst.

ℹ *Oberotterbach | Buslinie 543 ab Bad Bergzabern | Parkplatz am Rathaus | Infos zum Mountainbikepark und Streckenpläne zum Download: mountainbikepark-pfaelzerwald.de* ⏲ *Frühjahr und Herbst* 📍 *49.071061, 7.970377*

Download GPX-Track

Kurz nach Sonnenaufgang ist es am schönsten am Friedensdenkmal

Bei diesem Anblick läuft Pfälzern das Wasser im Mund zusammen.

Auf in die Keschde!

4 Kastaniensammeln auf dem Liebfrauenberg bei Bad Bergzabern, 1–4 km, 1–2 Std.

Ende September ist es so weit: Kastanienernte in den Wäldern der Haardt und des östlichen Pfälzerwaldes. Die Früchte der Edelkastanie, auf Pfälzisch „Keschde", zu sammeln ist tief in der pfälzischen Kultur verwurzelt. In Edenkoben, Annweiler und Hauenstein werden sogar Kastanienfeste und -märkte veranstaltet. Früher als „Brot der Armen" geringgeschätzt, gilt die Esskastanie heute als Spezialität. Viele Gasthäuser bieten während der Saison Kastaniengerichte an. **Insider-Tipp** Wer in die Vollen gehen möchte, stellt sich ein ganzes Menü zusammen – Kastaniencremesuppe, Kastaniensaumagen, Kastanieneis. Sammelplätze gibt es wie Sand am Meer. Einer liegt am Liebfrauenberg bei Bad Bergzabern. Dort kann man den Sammelspaß mit dem Blick vom ehemaligen Kloster Liebfrauenberg oder dem nahen Bismarckturm kombinieren.

Bad Bergzabern | Regionalbahn RB54 ab Landau plus 35 Min. Fußweg | Parkplatz am Kloster Liebfrauenberg | Veranstaltungen rund um die Kastanie: pfalz.de | Kastanien-Genusstour durch Bad Bergzabern: pfaelzer-verfuehrungen.de | Weitwanderweg Pälzer Keschdeweg: keschdeweg.de Ende Sept.–Mitte Nov. 49.107169, 7.986267 Download GPX-Track

RUND UM LANDAU

Von Krieg und Frieden

5 Geschichtsstunde am Edenkobener Friedensdenkmal

Am Steilabfall der Haardt ragt das Edenkobener Friedensdenkmal aus dem Kastanienwald heraus. Himmelsgucker kommen für den Sonnenaufgang oder einen nächtlichen Blick auf die funkelnden Lichter der Rheinebene hierher. Hunger- und Durstleider steigen schnell auf die Aussichtsplattform, gönnen der Ebene einen kurzen Blick und versuchen dann einen Platz in der benachbarten Waldgaststätte zu ergattern. Kritische Geister mit historischer Sensibilität inspizieren das Denkmal dagegen aufmerksam – und wundern sich: Das 1899 zur Erinnerung an den Sieg Deutschlands über Frankreich und an die Einheit des Deutschen

Morgendliche Ruhe an der Burrweiler Mühle – die Gäste kommen noch

Reiches errichtete Monument wurde nach dem Zweiten Weltkrieg mal eben von Siegesdenkmal in Friedensdenkmal umbenannt. Von Friedenssymbolik allerdings keine Spur, stattdessen unkommentiert eine heroische Reiterstatue, Herrscherbüsten und Inschriften in der nationaleuphorischen und militaristischen Sprache der Jahrhundertwende.

Edenkoben | Buslinie 500 ab Landau bis Abzweigung Ludwigshöhe plus 20 Min. Fußweg | Parkplatz am Friedensdenkmal | waldgaststaette-friedensdenkmal.de Ganzjährig 49.287315, 8.094806

Picknick im Weinberg

6 Spaziergang zur Michaelskapelle bei Weyher, 3,1 km, 1 Std.

Picknickplätze gibt es an der Weinstraße zuhauf. Dies ist einer der schönsten, unweit des mit seinem freundlichen weißen Kirchturm weithin sichtbaren Winzerdorfs Weyher. Schon im 2. Jh. hatten sich hier – mit ihrem Sinn für magische Orte – römische Siedler niedergelassen. Südlich des Dorfes liegt auf einem Rebhügel die kleine Michaelskapelle, ein idealer Platz für einen langen Augenblick auf der mitgebrachten Picknickdecke – inmitten der Weinberge, mit Fernblick über die Rheinebene zu den Höhen des Odenwalds und des Schwarzwalds. So idyllisch das alles wirkt, der Anlass für den Bau der Michaelskapelle war ein trauriger: Von hier aus beobachtete ein Dorfpfarrer im März 1945 den „Schwarzen Freitag von Landau“, als bei einem Bombenangriff 176 Menschen ums Leben kamen.

Weyher | Parkplatz nahe der Kirche St. Peter und Paul in der Josef-Meyer-Straße | Buslinie 500 von Landau | Wanderkarte „Oberhaardt von Neustadt a.d.W.“, LVermGeo Herbst, wenn die Weinberge eingefärbt sind 49.266468, 8.083653

Download GPX-Track

Ritterschlag für Genießer

7 Dorfbummel in Hainfeld und einfacher Spaziergang zur Burrweiler Mühle, 4 km, 1 Std. 15 Min.

Wer den Besuch des Winzerdorfs Hainfeld mit einem Spaziergang zur Burrweiler Mühle verbindet, weiß, wie Genuss auf Weinpfälzisch geht: zuerst sich im urigen Dorfladen mit dem schönen Namen Weck & Ebbes mit süßen Teilchen eindecken, diese direkt um die Ecke verputzen, auf Steinbänken, die

Weinherbst in den Rebhügeln von Birkweiler an der Südlichen Weinstraße

den aus Hainfeld stammenden Weinköniginnen gewidmet sind. Dann auf dem Dorfplatz herumtrödeln, die historischen Renaissance-, Rokoko- und Barockgebäude im denkmalgeschützten Ortskern inspizieren, unterwegs in einem Winzerhof Pfalzweine verkosten. Anschließend durch das Modenbachtal spazieren, vor Augen die steil aufragenden Gipfel der Haardt, zur Rechten die Weinberge von Weyher, zur Linken die Sankt-Anna-Kapelle über Burrweiler. Finale: Schlemmen im Landrestaurant Burrweiler Mühle, für viele einer der schönsten Einkehrplätze an der Deutschen Weinstraße.

Hainfeld | Buslinie 500 ab Landau | Parkplatz in der Straße Auf den Niederwiesen | burrweilermuehle.de Frühjahr–Herbst 49.257135, 8.102442 Download GPX-Track

Indianersommer in den Weinbergen

8 Einfache Spazierwanderung am Kastanienbusch bei Birkweiler, 4,4 km, 1 Std. 15 Min.

Jedes Jahr aufs Neue ist es ein Erlebnis, wenn sich das sommerliche Grün der Weinblätter im Herbst zu einem bunten Farbenreigen auffaltet. Von Hellgelb bis Violett reicht das Farbenspektrum und macht die Vielzahl der Rebsorten schon von Weitem sichtbar. Sehr schön erleben lässt sich das am Kastanienbusch, einem Hügel zwischen Birkweiler und Ranschbach. Kein Mensch würde hier allerdings Kastanienbusch sagen. „Keschdebusch" heißt das richtig, auch wenn Landkarten stur etwas anderes behaupten.

Und „Keschdebuscher" heißt auch der dazugehörige Wein. Den probiert man in den Weinstuben von Birkweiler, wo auch die Weinlagen Mandelberg und Rosenberg ihren Auftritt bekommen. **Insider-Tipp** An einer Schutzhütte am Südosthang des Keschdebusches kannst du wunderbar picknicken – oder direkt daneben in einem zum Pfälzer Strandkorb ausgebauten Weinfass herumlümmeln.

Birkweiler | Buslinie 520 von Landau | Wanderparkplatz im Kolchenbachtal am Ende der Hauptstraße | Wanderkarte „Östl. Wasgau mit Bad Bergzabern", LVermGeo | st-laurentiushof-birkweiler.de, weingutsiener.de Ende Sept.–November 49.203927, 8.026237 Download GPX-Track

Hoch über Burrweiler steht die Sankt-Anna-Kapelle

Auf dem Föhrlenberg: was für ein Blick!

Ein Balkon über der Weinstraße

9 Einfache Rundwanderung von Gleisweiler zur Sankt-Anna-Kapelle, 4,5 km, 1,5 Std.

Wer von der Rheinebene zwischen Landau und Edenkoben einen besonders markanten Punkt an den Hängen des Haardtgebirges erblickt, hat die Sankt-Anna-Kapelle über dem Winzerort Burrweiler vor sich. Ihre besondere Lage auf einem zur Rheinebene vorgeschobenen Bergsporn macht sie zu einem der Top-Aussichtsplätze der Weinstraße. Erbaut wurde das im neugotischen Stil gehaltene Kirchlein natürlich nicht für Fernblick-Fans, sondern für Wallfahrer. Auch heute noch kommen sie am 1. Mai, im Juli und im August von weit her, um von der heiligen Anna Hilfe zu erbitten, sich auf dem Kreuzweg ihrer Sünden zu entledigen – und dann in der Sankt-Anna-Hütte des Pfälzerwald-Vereins dem Wein zuzusprechen. Stille Genießer nehmen lieber einen Picknickplatz am Annaberg – einfach beim Abstieg kurz vor Burrweiler nach rechts vom Kreuzweg abbiegen.

Gleisweiler | Buslinie 500 ab Landau | Parkplatz in der Weinstraße | Sankt-Anna-Hütte: pwv-burrweiler.de Ganzjährig, Sept.–Mitte Okt. für Kastaniensammler 49.241602, 8.067719
Download GPX-Track

Die Pfalz mit Maleraugen

10 Mittelschwere Rundwanderung auf dem Slevogtweg bei Leinsweiler, 5,9 km, 2 Std.

Was für ein Ausblick! Nirgendwo lässt sich der Kontrast zwischen Rheinebene und Pfälzerwald anschaulicher erleben als auf der Burgruine Neukastel, dank ihrer exponierten Lage auf einem vom Föhrlenberg in die Rheinebene vorgeschobenen Bergrücken.

Etwas unterhalb liegt der Slevogthof, wo der Maler Max Slevogt lebte und arbeitete. Rund um den Föhrlenberg fand er die Motive für seine impressionistischen Landschaftsbilder. Als Vertreter der Pleinair-Malerei stellte er diese nicht erst im Atelier fertig, sondern malte sie gleich draußen zu Ende. Manchmal aber schaute er einfach von einem Felsen, der heute seinen Namen trägt, hinüber zum Annweilerer Burgentrio Trifels-Anebos-Münz und genoss die Ruhe. Der mit einem

Prachtvolle Mandelblütenallee am Geilweilerhof

Die Thermik macht's! Paraglider über dem Hohenberg

Logo ausgewiesene Slevogtweg führt zu den Aussichts- und Schaffensplätzen des Malers und gibt auf 19 Tafeln Einblick in seine Werke.

ℹ *Leinsweiler | Buslinie 531 ab Landau | Wanderparkplatz am Slevogthof | Wanderkarte „Östl. Wasgau mit Bad Bergzabern", LVermGeo*
Frühjahr–Herbst *49.186572, 8.017058*
Download GPX-Track

Frühlingsboten in Rosa

11 Einfache Rundwanderung zur Mandelblüte zwischen Siebeldingen und Frankweiler, 5,7 km, 1 Std. 45 Min.

Endlich Farbtupfer im Wintergrau! Schon Ende März beginnen an der Deutschen Weinstraße die Mandelbäume zu blühen. Was den Japanern ihre Kirschblüte, ist den Vorderpfälzern ihre Mandelblüte – ein fast schon heiliges Ereignis. Der Pfälzer Mandelpfad führt auf 76 km Länge zu den schönsten Mandelplätzen. Einer von vielen lohnenden Streckenabschnitten liegt bei Siebeldingen an der Südlichen Weinstraße. Mit der Markierung des Pfälzer Mandelpfades spaziert man von Siebeldingen vorbei am Geilweilerhof, in dem das Bundesforschungsinstitut für Kulturpflanzen untergebracht ist, hinauf zum Winzerdorf Frankweiler. Für den Rückweg bietet sich der Radwanderweg Deutsche Weinstraße an.

ℹ *Siebeldingen | Regionalbahn RB55 oder Buslinie 520 von Landau | Parkplatz in der Weinstraße | Infos zum aktuellen Stand der Mandelblüte und zum Pfälzer Mandelpfad: mandelbluete-pfalz.de*
Ende März–Ende April *49.209762, 8.050232* *Download GPX-Track*

Kreiseln wie die Duddefliecher

12 Paragliden am Hohenberg bei Annweiler, Aufstieg 3,9 km, 1,5 Std.

Das Windfähnchen an einer nach Norden ausgerichteten Schneise auf dem Hohenberg verrät es: Hier starten Paraglider zu ihren Höhenflügen. Bei guten Bedingungen kreiseln sie von dem 552 m hohen Gipfel bis auf über 2000 m Höhe hinauf und schauen sich die Pfalz aus der Vogelperspektive an. Manche wagen gar weite Flüge über die Rheinebene, um sich dann jenseits des Rheins abholen zu lassen. „Duddefliecher" nennen sich

Meist nur von kurzer Dauer sind weiße Tage an der Weinstraße

die Paraglider hier, denn als „Dudde" – Tüten – bezeichnen sie lässig ihre Fluggeräte. Ein halbes Dutzend Startplätze betreibt ihr Verein an der Südlichen Weinstraße. **Insider-Tipp** Tandemflüge vom Hohenberg bietet die Flugschule Hirondelle an. Eine gute Stunde dauert der Aufstieg vom Parkplatz unweit des Landeplatzes bei Queichhambach.

Queichhambach | Regionalbahn RB55 oder Buslinie 523 ab Landau | Parkplatz am östlichen Ortseingang | Südpfälzer Gleitschirmflieger-Club Duddefliecher: duddefliecher.de | Flugschule Hirondelle: fs-hirondelle.de | Wanderkarte „Östl. Wasgau mit Bad Bergzabern", LVermGeo
Sommer 49.217183, 7.996718 (Parkplatz), 49.202626, 8.004763 (Absprungstelle)
Download GPX-Track

Weinberge einmal anders

13 Leichte winterliche Rundwanderung in den Weinbergen von Göcklingen, 6,2 km, 1,5 Std.

Streift man entgegen den üblichen Gewohnheiten nicht im Spätsommer oder Weinherbst, sondern im Winter – am besten bei Schnee – durch die Pfälzer Weinberge, lässt sich diese gesegnete Landschaft von einer ganz anderen Seite erleben. Da behindert kein Rebenlaub den Blick in die Ferne, da treten die Konturen der Pfälzerwaldberge im Winterlicht besonders deutlich zutage, da weiß man auch die befestigten Winzerwege zu schätzen. Eine kurzweilige Runde führt – immer mit der stolz auf einem Bergrücken thronenden Madenburg im Blickfeld – rund um das Weindorf Göcklingen. Der „360-Grad-Weg Göcklingen" ist durchgängig markiert und verbindet auf 6 km zehn Infostationen, an denen man einiges über die Weinlandschaft und die örtliche Geschichte erfährt.

Göcklingen, Kaiserberghalle am westlichen Ortseingang | Buslinie 540 ab Landau | Parken vor Ort | goecklingen.de Im Hochwinter bei Schnee (den gibt's hier selten), sonst Spätsommer und Herbst 49.163943, 8.029654
Download GPX-Track

Historische Weinpresse am Wein- und Steinlehrpfad

IN UND UM NEUSTADT/ WEINSTRASSE

Wein und Stein

14 Einfacher Spaziergang auf dem Wein- und Steinlehrpfad St. Martin, 2 km, 40 Min.

Welcher Boden tut welcher Rebe gut? Und welche Rolle spielt dabei das Gestein? Der Wein- und Steinlehrpfad St. Martin – wunderschön am Fuß der Kropsburg gelegen – geht dem Zusammenspiel von Geologie und Wein auf den Grund. Mit einer echten Besonderheit, denn an den Infoschildern zu 18 Rebsorten ist auch das dazu passende Mineral angebracht. Und so erfährst du z. B., dass Grauburgunder und Pfälzer Muschelkalk eines der typischen Geschwisterpaare im Weinbau sind, da Rebsorte und Boden hier besonders gut harmonieren. **Insider-Tipp** Als Weinstraßen-Genießer wirst du natürlich auch St. Martin besuchen, eines der schönsten pfälzischen Winzerdörfer, die Insel der Weinseligen.

Wein- und Steinlehrpfad St. Martin, St. Martin | Buslinie 501 vom Bahnhof Edenkoben nach St. Martin, dann 15 Min. Fußweg | Parkplatz in der Nähe der Flurkapelle Bildhäusel zwischen St. Martin und Rhodt | Sommer und Herbst | 49.296888, 8.108467 (Parkplatz), 49.295250, 8.109943 (Start Weinlehrpfad) | Download GPX-Track

Vesper mit Auerochsen

15 Spaziergang am St. Martiner Sandwiesenweiher, 2,7 km, 45 Min.

Was für ein hübscher Kontrast! Rings herum die strengen Höhen des Kalmit-Massivs, des mit 673 m höchsten Berges im Naturpark Pfälzerwald, und mittendrin dieses freundliche Hochtal mit dem künstlich angelegten Sandwiesenweiher. Oberhalb des von Schilf umsäumten Sees lebt auf einem eingezäunten Areal eine Herde von etwa einem Dutzend Auerochsen. Krümelsucher werden einzuwenden haben, dass es sich bei den auf eine Rückzüchtung der Gebrüder Heck zurückgehenden Tieren lediglich um eine Wildrind-Gattung handelt, die wegen ihrer großen Übereinstimmung mit dem Ur großzügig „Auerochse" genannt wird. Ausdiskutieren lässt sich das unweit des Weihers in der Waldgaststätte Sankt Martiner Grillhüt-

Auch im Winter charmant: Rhodt unter Rietburg

Picknick auf der Wolfsburg

te oder in der PWV-Hütte Haus an den Fichten. Für noch mehr Plaisir gibt es zudem einen Barfußpfad.
Sankt Martin | Buslinie 501 ab Neustadt | Parkplatz am Sandwiesenweiher an der Totenkopfstraße ca. 3 km oberhalb des Ortes | St. Martiner Grillhütte: grillhuette-pfalz.de | Haus an den Fichten: haus-an-den-fichten.de | Wanderkarte „Oberhaardt von Neustadt a.d.W.", LVermGeo Herbst, wenn rund um den Weiher die Blätter bunt sind 49.305883, 8.068323 Download GPX-Track

Durch den Garten des Bayernkönigs

16 Einfache Rundwanderung von Rhodt zur Villa Ludwigshöhe, 4,8 km, 1 Std. 20 Min.

Auf die Frage, weshalb er beim Bau seiner Sommerresidenz über den Weinbergen von Rhodt unter Rietburg auf einen Schlosspark verzichtet habe, soll der bayrische König Ludwig I. entgegnet haben: „Weil ich hier auf den schönsten Garten der Welt blicke." Ein genussreicher Weg führt durch diesen Garten hinauf zu seiner Villa Ludwigshöhe. Den Auftakt macht die Theresienstraße in Rhodt, für Pfalz-Neulinge fast ein Muss. Fachwerkhäuser, Winzerhöfe in typischer Haus-Hof-Bauweise, kunstvolle Torbögen, Blumenschmuck, Kastanienbäume – die Rhodter scheinen ihr Dorf seit jeher zu lieben. Benannt ist die gepflasterte Prachtgasse nach Ludwigs Gemahlin Therese, die auf ihrem sonntäglichen Kirchgang hier hindurchlief. Von der Theresienstraße sieht man hinauf zur Villa Ludwigshöhe. Auf Sicht kann man durch eine Mandelbaumallee hinaufspazieren, das Schloss besichtigen und den Gartenblick des Königs genießen.
Rhodt unter Rietburg | Buslinie 501 ab Bahnhof Edenkoben | Parkplatz Rieslingweg | schloss-villa-ludwigshoehe.de Sept.–Mitte Nov. zur Zeit der Weinlese 49.270498, 8.109107 Download GPX-Track

Über den Dächern der Weinstadt

17 Einfache Rundwanderung von Neustadt zur Wolfsburg, 6,2 km, 2 Std.

Von oben auf eine hübsche Stadt schauen – das hat immer etwas. In Neustadt an der Weinstraße ist es der Weg zur Wolfsburg, der einen solchen

Einzigartig in der Pfalz ist der Kratersee am Pechsteinkopf

Augenschmaus verspricht. **Insider-Tipp** Nicht den direkten, steilen Weg zur Wolfsburg nehmen, sondern bei erster Gelegenheit schilderlos rechts abbiegen, um auf dem Leopold-Reitz-Weg gemächlich zur Weinlage Vogelsang zu laufen. Dort lohnt ein Geradeaus-Abstecher zur Dr.-Welsch-Terrasse, einer Parkanlage mit mediterranen Pflanzen und exotischen Bäumen. Dann geht es zurück und weiter hinauf Richtung Burg. Fernblickfreunde machen noch einen zweiten Abstecher: zum Deidesheimer Tempel, den ein Neustädter Weingutbesitzer dieses Namens errichten ließ. Purer Wandergenuss ist dann der „Sonnenweg", der zwischen lichten Kastanien und Eichen fast eben zur Wolfsburg führt. Dort macht man es sich auf der Burgmauer bequem und schaut ganz gelassen hinunter in die betriebsame Welt.

Neustadt an der Weinstraße | Buslinie 515 ab Bahnhof | Parkplatz in der Sauterstraße am Fussballplatz | Wolfsburg frei zugänglich | Burgschänke: wolfsburg-neustadt.de | Wanderkarte „Oberhaardt von Neustadt a.d.W.", LVermGeo Ganzjährig, kurz nach Sonnenaufgang 49.354385, 8.118839 Download GPX-Track

Am Weinstraßen-Vulkan

18 **Mittelschwere Hin/zurück-Wanderung von Forst zu den Kraterseen am Pechsteinkopf, 6,1 km, 1 Std. 50 Min.**

Vor 35 Mio. Jahren war es im Rheingraben tektonisch vergleichsweise ruhig. Im ganzen Rheingraben? Nein! Unweit der Stelle, an der heute das Winzerdorf Forst liegt, war die Erdkruste ununterbrochen in Bewegung und ließ den einzigen Vulkan des Rheingrabens entstehen, den Pechsteinkopf. Das Gelände um den Vulkan, bis in die 1980er-Jahre intensiv als Basaltsteinbruch genutzt, ist die wohl bizarrste Landschaftsform im Einzugsgebiet der Deutschen Weinstraße. Höhepunkt sind zwei Kraterseen. Der erste – rechts des Weges – ist wegen gefährlicher Abgründe vollständig umzäunt, kann aber teilweise eingesehen werden. Der nur wenige Minuten oberhalb – diesmal links – inmitten eines in der Pfalz einzigartigen Felsenkessels gelegene zweite See kann ohne Probleme besucht werden.

Forst | Regionalbahn RB45 ab Neustadt oder Bad Dürkheim | Parkplatz an der Mehrzweckhalle | Wanderkarte „Mittel- und Unterhaardt", LVermGeo

Auf einem gut befestigten Wanderweg geht es hinauf zum Weinbiet

Auf dem Hambacher Schloss – erst die Besichtigung, dann die Burgschänke

Frühling und Herbst, im Sommer wird es im Talkessel oft sehr heiß *49.429533, 8.188120 (Forst), 49.427661, 8.177135 (Wanderparkplatz)* *Download GPX-Track*

Der Gipfel der Völlerei

19 Anspruchsvolle Rundwanderung zum Weinbiethaus und Weinbietturm bei Neustadt, 6,9 km, 2,5 Std., oder mittelschwere Hin/zurück-Wanderung, 8,2 km, 2 Std. 25 Min.

Was dem Münchener seine Weißwurst mit Brezn, ist dem Pfälzer seine Bratwurst mit Sauerkraut. Die ergänzt er dann gerne um einen Leberknödel – „Schiefer Sack" heißt das dann. Oder er nimmt gleich die ganze „Kombi" und packt noch eine Scheibe Saumagen obendrauf. Dass dies gerne auch mal als zweites Frühstück genommen wird, lässt sich bestens beobachten im Weinbiethaus, einer Hütte des Pfälzerwald-Vereins auf dem Gipfel des 554 m hohen Weinbiet. Die Einkehr ist es wohl vor allem, die Scharen von Wanderern, Mountainbikern und Batteriesportlern dort hinauflockt, denn die Aussicht in die Rheinebene ist bescheiden – es sei denn, das freundliche Hüttenpersonal schließt einem den Aufgang zum Weinbietturm auf. Reiner Sport ist der steile Aufstieg von Neustadt-Haardt, reiner Genuss der Abstieg durch wunderschöne Kiefern- und Zwergeichenwälder. Als bequemer Wanderer nimmt man eher den Weg vom Forsthaus Silbertal am Westrand des Massivs.

Neustadt-Haardt | Buslinie 512 ab Neustadt plus 10 Min. Fußweg | Wanderparkplatz im Meisental | Alternativer Startpunkt ist der Wanderparkplatz Forsthaus Silbertal bei Lindenberg | Weinbiethaus: pwv-gimmeldingen.de | Wanderkarte „Mittel- und Unterhaardt", LVermGeo *Frühjahr und Herbst* *49.363150, 8.130652 (ab Haardt), 49.401493, 8.100400 (ab Forsthaus Silbertal)* *Download GPX-Track*

Auf den Bergen wohnt die Freiheit

20 Anspruchsvolle Rundwanderung über das Hambacher Schloss zum Hohe-Loog-Haus, 11,5 km, 3,5 Std.

Auf einem Bergkegel über der Deutschen Weinstraße steht weithin sichtbar das Hambacher

Nicht verwirren lassen! Das Hambacher Schloss wird in der Pfalz auch Maxburg genannt

Schloss, wo beim Hambacher Fest 1832 die deutsche Demokratiebewegung ihren Anfang nahm. Menschen mit Sinn für Dramaturgie und Lust auf eine überaus abwechslungsreiche Wanderung gehen auf dem Freiheitspfad zu Fuß hoch, nehmen sich eine Dreiviertelstunde Zeit für eine Schlossführung und steigen dann auf der Route des Pfälzer Weinsteigs durch wunderschöne Kastanien- und Kiefernwälder hinauf zum Hohe-Loog-Haus, eine der schönstgelegenen Hütten der Pfalz. Weinhistorie dann an der Passhöhe Hahnenschritt, über die früher mit Ochsen- und Pferdefuhrwerken und sogar mit Schubkarren Weinfässer von den Winzerdörfern zu durstigen Pfälzerwäldern transportiert wurden. Mit der Markierung Blauer Punkt geht es dann durch ein stilles Waldtal hinunter zur Einkehr in der Klausentalhütte. Zum Abschluss ein Weinbergbummel unter dem Hambacher Schloss – das passt!

Neustadt-Diedesfeld | Buslinie 501 ab Neustadt | Parkplatz Andergasse (hinter Gästehaus Rebenhof) | Hambacher Schloss täglich geöffnet, hambacher-schloss.de, € | Hohe-Loog-Haus: pwv-hambach.de | Wanderkarte „Oberhaardt von Neustadt a.d.W.", LVermGeo | Herbst, wenn die Laubwälder bunt sind | 49.320355, 8.121530 | Download GPX-Track

Von Col zu Col

21 Anspruchsvolle Straßen-Radtour von Edesheim zum Forsthaus Heldenstein und zum Gipfel der Kalmit, 48,7 km, 2 Std. 45 Min., 985 hm

Der Col du Tourmalet in der Pfalz? Das dann doch nicht. Aber eine knackige Zwei-Pässe-Tour für sportliche Straßenradfahrer ist allemal drin, mit stolzen 1000 Höhenmetern in einer großartigen Landschaft. Die liebenswerten Details in den Winzerdörfern nimmt man als Radler eher aus den Augenwinkeln mit, an einigen Aussichtspunkten wird man aber doch vom Rad steigen. Vorbei an Rhodt unter Rietburg geht es über Weyher ins Modenbachtal und mit einem moderaten Anstieg hinauf zum ersten Pass an der Waldgaststätte Forsthaus Heldenstein. Eine kurvige Abfahrt durch das Edenkobener Tal, noch etwas Weinbergradeln, dann steil und schweißtreibend auf den höchsten Pfälzerwaldgipfel, die Große Kalmit. In einer rasenden

Mitten in den Weinbergen liegt das Deidesheimer Freibad

Ein Herzensanliegen ist vielen Pfälzern ihr Kuckucksbähnel

Fahrt hinunter nach St. Martin – Zwischenstopp am Sandwiesenweiher nicht auslassen! – und über Edenkoben zurück zum Startpunkt Edesheim.

Edesheim | Bahnhof, Bahnlinie RB51 von Landau | Parkplatz an der Gemeindehalle | Karte „Oberhaardt von Neustadt a.d.W.", LVermGeo oder Radkarte Pfalz (bestellen oder downloaden unter pfalz.de) Frühjahr und Herbst 49.263847, 8.139099 Download GPX-Track

Im Rebenpool

22 Schwimmen und Faulenzen im Freibad „Oase im Paradiesgarten" in Deidesheim

Neben Rebstöcken schwimmen, aus dem Pool zu Weinbergen und Haardtgipfeln blicken – das Freibad Deidesheim ist auch für verwöhnte Badegäste etwas ganz Besonderes. Verständlich, dass die Deidesheimer stolz auf ihr kleines, liebevoll mit Weinranken bepflanztes Bad sind und es vollmundig als „Oase im Paradiesgarten" bewerben. Seit 1885 ist die Anlage ununterbrochen in Betrieb und damit das älteste Freibad Deutschlands.

Insider-Tipp Wenn man schon einmal hier ist: Es käme einer Sünde gleich, nach dem Rebenbad nicht noch durch Deidesheim zu streifen, eines der schönsten Winzerdörfer an der Weinstraße.

Deidesheim, Schwimmbadstraße | Buslinie 510 von Neustadt oder Regionalzug RB45 plus 20 Min. Fußweg | Parken vor Ort | Infos zum Freibad: deidesheim.de | € Badesaison von Mitte Mai bis Mitte September 49.406659, 8.175631

Dampflok-Nostalgie

23 Fahrt mit dem Kuckucksbähnel von Neustadt nach Elmstein, 13 km einfache Streckenlänge, 1 Std. 15 Min. einfache Fahrtzeit

Mit einer historischen Dampflok in den Pfälzerwald hineinfahren – das hat schon was. Mit Pfeifen, Schnaufen und Stampfen, wenn sich das Kuckucksbähnel in vielen Windungen das Elmsteiner Tal hinaufarbeitet. „Kuckucke" nennt man die Elmsteiner, und wäre das Bähnel nicht so laut, könnte man den Kuckuck auch während der Fahrt hören. Die Anfang des 20. Jhs. erbaute Bahnlinie war nicht lange in Betrieb – der Personenverkehr wurde 1960 eingestellt, der Güterverkehr 1977. Seit 1984 wird das Kuckucksbähnel als Nostal-

Anziehungspunkt für Wanderer und Boulderer: das Felsenmeer

giebahn betrieben. Von Neustadt geht es über Lambrecht ins Elmsteiner Tal, wo die eigentliche Museumsbahnstrecke beginnt. Drei Haltestellen sind beliebte Ausgangspunkte für kleine Unternehmungen: Erfenstein für den Besuch der Burgruine Spangenberg, Breitenstein für eine Wanderung zur Wolfschluchthütte, Helmbach für einen Spaziergang zum Helmbacher Weiher.

Neustadt an der Weinstraße | Bahnhof, das Kuckucksbähnel fährt sonntags von Mai bis Sept. und zur Nikolauszeit, €€ | Fahrpläne und Infos zum Kuckucksbähnel: eisenbahnmuseum-neustadt.de | Parkplatz am Bahnhof | In einem alten Lokschuppen am Startpunkt ist das Eisenbahnmuseum der Deutschen Gesellschaft für Eisenbahngeschichte untergebracht, eisenbahnmuseum-neustadt.de, Mi–So geöffnet, € Mai–Sept. 49.349940, 8.142200 (Parkplatz)

Klimmzüge an Felstrümmern

24 Bouldern im Felsenmeer an der Kalmit, 2,8 km, 1 Std.

Einmal das Bouldern ausprobieren, jene Spielart des Kletterns, bei der man sich – meist mit Sturzmatte ausgerüstet – in Bodennähe an Zügen und Moves versucht? Für gestandene Boulderer wie für blutige Anfänger ist der Hüttenberg unweit der Großen Kalmit eine ideale Spielwiese. Auf seinem breiten Rücken liegt das sogenannte Felsenmeer, eine durch Frostsprengung entstandene Trümmerlandschaft, in der man an zahllosen Felsblöcken Boulderrouten aller Schwierigkeitsgrade vorfindet. Vom Kalmitparkplatz ist man auf einem gut beschilderten Weg zu Fuß in 20 Min. dort.

Falls du jemand dabeihast, der nicht bouldern möchte: **Insider-Tipp** Es lohnt sich auch, die Felstrümmer gehend und kraxelnd zu inspizieren und dann vor der Hüttenberghütte, einem einfachen Unterstand am Ende des Felsenmeers, ein Picknick zu machen und dabei den herrlichen Fernblick auf die Rheinebene zu genießen.

Maikammer | Palatina-Bus 503 bis Parkplatz auf der Kalmit (Mai–Okt.) | Parkplatz auf der Kalmit | Boulder-Details: thecrag.com | Wanderkarte „Oberhaardt von Neustadt a.d.W.", LVermGeo Mai–Okt., auch im Hochsommer – Schatten gibt's genug 49.320086, 8.078964

Download GPX-Track

Im Gimmeldinger Klettergarten haben Seilschaften die große Routenauswahl

Unverkennbar römisch, diese Säulen am Weingut Weilberg

Gut gesichert an Steinbruchwänden

25 Kletterspaß im Klettergarten Gimmeldingen, Zugang 1 km, 15 Min.

Mit mehr als 200 ausgewiesenen Kletterfelsen ist die Pfalz ein auch international renommiertes Kletterparadies. Für Anfänger allerdings sind die Pfälzer Buntsandsteinfelsen nicht ohne: Die klettertechnischen Schwierigkeiten sind relativ hoch, die Routen müssen teilweise mit Friends und Klemmkeilen selbst gesichert werden, der erste Sicherungsring ist meist erst 7 m über dem Boden angebracht. Gut, dass es den Klettergarten im Gimmeldinger Steinbruch gibt! Dort kann man in bestens abgesicherten Routen das Handwerk erlernen, bevor man sich an die anspruchsvolleren Ziele in den eigentlichen Klettergebieten um Dahn, Hauenstein und Annweiler wagt. „Sandmännchen" oder „Spielplatz" heißen die auch für Kinder geeigneten Routen. Etwas anspruchsvoller sind da schon „Bärenbauch" oder „Kleiner Feigling". Klettercracks können sich an „Treppenwitz" oder „Mani-Pullation" abarbeiten.

Neustadt-Gimmeldingen | Buslinie 512 ab Neustadt | Parkplatz in der Hainstraße am alten Sportplatz | Frei zugänglich | Kletter-Details: thecrag.com Mai–Okt. 49.376205, 8.145783 (Parkplatz), 49.374258, 8.144555 (Klettergarten) Download GPX-Track

IN DER REGION BAD DÜRKHEIM-GRÜNSTADT

Die Römer und die Reben

26 Spaziergang zum Römischen Weingut Weilberg, 0,7 km, 15 Min.

Wie überall ist man auch in der Pfalz stolz, wenn man auf Spuren der Römer verweisen kann. So auch in Ungstadt, wo römische Siedler schon zu Zeiten des Kaisers Augustus eine Villa Rustica, ein Landgut also, errichteten und den Germanen zeigten, was man mit Trauben so alles anstellen kann. Der Standort am Weilberg ist mit Bedacht ausgewählt, gibt es doch dort nicht nur ertragreiche Böden und das so wichtige Quantum Sonne, sondern auch den freien Blick über die Rheinebene. Aus Villa wurde im Lauf der Zeit „Wile", aus Wile „Weil" – der Weilberg hatte seinen jetzigen Namen weg. Das Weingut ist heute ein Freilichtmuseum

Neuleiningen – gerade löst sich der Morgennebel auf

Fast autofrei ist die Altstadt von Freinsheim

mit Resten der originalen Anlage sowie teilrekonstruierten Gebäuden, darunter ein Herrenhaus und ein Kelterhaus.

Bad Dürkheim, Ortsteil Ungstein | Buslinie 453 vom Bahnhof Bad Dürkheim | Parkplatz gegenüber dem Friedhof an der Straße nach Kallstadt | Außenanlage frei zugänglich, Innenräume nur im Rahmen einer Gästeführung: villa-rustica-wachenheim.de | € Frühjahr–Herbst 49.482162, 8.178253 Download GPX-Track

Der Zauber des Alten

27 Dorfbummel in Neuleiningen, Rundgang 1,6 km, 30 Min.

Das Alte, Ursprüngliche entwickelt nach wie vor gehörige Anziehungskraft. Dessen wird man sich bewusst, wenn man bei der Fahrt auf der Autobahn Mannheim-Kaiserslautern das malerisch gelegene Höhendorf Neuleiningen erblickt. Da müsste man doch mal hin! Gesagt … und irgendwann getan. Und tatsächlich hält Neuleiningen, was es verspricht: eine gut erhaltene Burgruine mit mächtigen Wehrtürmen, eine etwas überdimensionierte Burgkapelle und eine gepflegte Burgschänke. Im Dorf findet man zudem Reste einer historischen Stadtmauer, schnuckelige Häuschen und Gärtchen, Kunsthandwerk und Restaurants. Jahrhundertelang herrschte von hier aus das Adelsgeschlecht der Leininger über das Land um Bad Dürkheim und Grünstadt – die Alten wussten eben, was ein guter Platz ist. Nach dem Rundgang kannst du noch ein Stündchen auf der Sonnenterrasse des Hotel-Restaurants Zum Burggraf zubringen und den Blick in die Ferne schweifen lassen.

Neuleiningen | Buslinie 454 ab Grünstadt | Parkplatz neben der Burg | Burgschänke: burgschaenke-neuleingen.de | Hotel-Restaurant Zum Burggraf: zumburggraf.de Ganzjährig 49.542666, 8.140569 Download GPX-Track

Altstadtromantik

28 Bummel durch Freinsheim, ca. 2 km, 2 Std., auch mit Audio-/Videoguide

Darin sind sich alle Pfalzkenner einig: Freinsheim, ein etwas abseits der Deutschen Weinstraße gelegenes Weinbaustädtchen, hat die schönste Altstadt der Pfalz. Gute 2 Std. kann man einkalkulieren für einen Streifzug durch die historischen

Vom Felsenberg blickt man über das Berntal nach Leistadt und zum Petersberg

Gemäuer. Entweder streunt man zuerst ziellos durch verwinkelte Gässchen und hält sich dann für einen Rundgang an die gut erhaltene Stadtmauer. **Insider-Tipp** Oder du lässt dich gleich von einem Audio- und Video-Guide ans Händchen nehmen: Einfach YouTuben oder die „Rheinland-Pfalz erleben App" auf das Smartphone laden, Tour wählen, Kartenansicht aufrufen und los geht's. So oder so, verlieben in Freinsheim wird man sich auf der Stelle – in die Türmchen und Tordurchgänge, die weinumrankten Sandsteinmauern, die Bauerngärtchen, die stolzen Bürgerhäuser und die schnuckeligen Wohnhäuser mit ihren liebevoll gestalteten Fassaden. Ein gemütliches Restaurant oder Café zu finden – ein Kinderspiel.

Freinsheim | Start am Bahnhof oder einem der öffentlichen Parkplätze | Regionalzüge RB45 von Bad Dürkheim oder RB46 von Frankenthal | Audio-/Video-Guide: tourenplaner-rheinland-pfalz.de

Der frühe Morgen, wenn sich die Einheimischen ihre Brötchen holen 49.501606, 8.205153

Download GPX-Track

Insel im Weinberg

29 Einfache Spazierwanderung im Naturschutzgebiet Felsenberg-Berntal bei Leistadt, 4,5 km, 1 Std. 15 Min.

Durchaus belebt ist es in den Weinlagen des Leiningerlandes mit seinen schmucken Winzerdörfern, kein Wunder, die Rhein-Neckar-Metropolregion ist nicht weit entfernt. Mittendrin aber gibt es einen unvermutet stillen Rückzugsort, das wunderbare Naturschutzgebiet Felsenberg-Berntal. Wer hierherkommt, sucht nicht die große Attraktion, sondern ergötzt sich an der Pracht wildwachsender Blumen, lauscht dem Gesang der Vögel, studiert auf dem Weg durch das Berntal uralte Rebstöcke am Wegesrand und schaut hinauf zu den Kalkgebilden am Felsenberg. Am Ende des Tales läuft er unbeschildert links hoch auf einen Höhenrücken, setzt sich dort mit der Silhouette der Haardtberge vor Augen für eine lange Weile ohne Langeweile auf einen Beobachtungsstand und überlässt die Weinstraßen-Betriebsamkeit tiefenentspannt den anderen.

Immer noch ehrfurchtgebietend wirkt die Klosterruine Limburg

Ganze Arbeit haben die Römer im Dürkheimer Steinbruch geleistet – ohne Dynamit

ⓘ *Bad Dürkheim, Ortsteil Leistadt | Buslinie 453 ab Bad Dürkheim | Parkplatz am Weingut Friedhelm Neu | Wanderkarte „Mittel- und Unterhaardt", LVermGeo* ⏲ *Frühjahr und Frühsommer, wenn es sprießt und blüht* 📍 *49.496277, 8.156748* ↙ *Download GPX-Track*

Mauern für die Ewigkeit

30 🚶 Einfache Streckenwanderung zur Klosterruine Limburg und zur Hardenburg, 5 km, 1,5 Std.

Zwei Ehrfurcht gebietende Ruinen ziehen im Tal der Isenach am Rande von Bad Dürkheim die Aufmerksamkeit auf sich: die Klosterruine Limburg und die Hardenburg, beide gut erhalten und teilrestauriert. Sie lassen sich gut auf einer leichten Kurzwanderung verbinden. Einzige Anstrengung: der kurze, aber steile Aufstieg zur Limburg zu Beginn. Diese war Sitz einer Benediktinerabtei und erlebte ihre Blütezeit zwischen 1030 und 1470. Dann folgten Plünderung und Zerstörung – durch Truppen der Grafen von Leiningen, im Landshuter Erbfolgekrieg, zuletzt im Bauernkrieg durch Bockenheimer Bauern. Ähnlich erging es der fast uneinnehmbar erscheinenden Hardenburg, die über Jahrhunderte Wacht über das Isenachtal hielt. Falls keine zerstörerischen Horden mehr auftauchen: Gut vorstellbar, dass die wuchtigen Gemäuer der beiden Anlagen noch Jahrtausende überdauern.

ⓘ *Bad Dürkheim, Ortsteil Grethen | Bushaltestelle Grethen-Mitte, Buslinie 485 ab Ortszentrum, Rückkehr mit der gleichen Buslinie | Parkplatz an der Alten Schule | Klosterruine Limburg täglich frei zugänglich | Klosterschänke: klosterruine.de | Hardenburg im Sommer täglich außer montags, im Winter am Wochenende geöffnet, € | Wanderkarte „Mittel- und Unterhaardt mit Bad Dürkheim", LVermGeo* ⏲ *Frühjahr–Herbst* 📍 *49.457358, 8.152580* ↙ *Download GPX-Track*

Römer, Kelten und der Leibhaftige

31 🚶 Mittelschwere Rundwanderung zum Römersteinbruch Kriemhildenstuhl und zu einem keltischen Ringwall bei Bad Dürkheim, 5,8 km, 1 Std. 45 Min.

Rauf und runter geht es beim Radeln im Leiningerland

Wenn es irgendwo in der Pfalz richtig trubelig ist, dann in Bad Dürkheim, wo Salinen, ein Kurpark, ein Riesen-Weinfass und der Dürkheimer Wurstmarkt Busladungen voller Touristen anziehen. Schon zur Römerzeit war hier einiges los, denn auf einem Bergsporn über der Kleinstadt wurde Sandstein für die Römerstädte Worms und Mainz abgebaut. Noch heute sieht man Graffiti von Legionären am Kriemhildenstuhl, dem besterhaltenen römischen Steinbruch nördlich der Alpen. Direkt daneben liegt ein keltischer Ringwall aus der Zeit um 500 v. u. Z., die Heidenmauer. Und auch der Leibhaftige war hier zugange: Einer Legende zufolge schlug der Teufel zu Trainingszwecken fünf Stufen in einen heute nach ihm benannten Felsblock, bevor er sich ans Zerschmettern der Limburg gegenüber machen wollte. Ein als „Pfalz Pfade Weilach: Rundweg Teufelsstein-Kriemhildenstuhl" ausgeschilderter Wanderweg verbindet das alles. Nett einkehren kann man in der Waldgaststätte Schützenhaus.

ⓘ *Bad Dürkheim | Buslinie 489 vom Bahnhof | Wanderparkplatz Forsthaus Weilach | Wanderkarte „Mittel- und Unterhaardt", LVermGeo | Waldgaststätte Schützenhaus: schützenhaus-düw.de* ⏱ *Ganzjährig, zum Sonnenaufgang* 📍 *49.476720, 8.147668* ✓ *Download GPX-Track*

Auf und ab im Rebenmeer

32 🚲 Mittelschwere Rad-Rundtour zu den Weindörfern des Leiningerlandes, 25 km, 1 Std. 50 Min.

In langgezogenen Wellen fallen die Weinberge des Leiningerlandes zur Rheinebene hin ab – hier im Norden der Pfälzer Weinlandschaft passt der poetische Begriff „Rebenmeer" besonders gut. Als Radler kann man sich da auf einige kleine Anstiege und Abfahrten einstellen. Erster Höhepunkt ist das römische Weingut Villa Rustica Weilberg bei Ungstein. Dann geht es hinauf zu den Bilderbuch-Weindörfern Herxheim am Berg, Weisenheim am Berg und Bobenheim am Berg.

Insider-Tipp Lohn der kleinen Anstrengung sind höchst sinnliche Genüsse: eine Weinprobe in einem der urigen Weingüter, dann ein Winzersteak in Kombination mit einem Riesling aus der Premiumlage „Saumagen", und auf dem Weg von Großkarlbach nach Freinsheim ein Picknick im

Wer möchte da nicht verweilen, in Reibold's Pfälzer Weinbergsgarten?

malerischen Reibold's Pfälzer Weinbergsgarten. Zum Abschluss bummelt man durch die bestens erhaltene Altstadt von Freinsheim. Beim Radeln übt man noch etwas Pfälzisch: Weisenheim wird korrekt „Weisrem", Herxheim „Härxm" und Freinsheim „Fränsem" ausgesprochen.

Freinsheim | Start am Bahnhof oder einem der öffentlichen Parkplätze | Regionalzüge RB45 von Bad Dürkheim oder RB46 von Frankenthal | Wanderkarte „Mittel- und Unterhaardt", LVermGeo oder Radkarte Pfalz (bestellen oder downloaden unter pfalz.de) April–Nov., wenn die Weinreben Blätter tragen 49.501580, 8.205156 Download GPX-Track

Toskana-Feeling

33 Picknick in Reibold's Pfälzer Weinbergsgarten bei Freinsheim oder einfache Wanderung zum Weinbergsgarten, 6,3 km, 1,5 Std.

Auch wenn vielen Pfälzern der Vergleich der Pfalz mit der Toskana gehörig auf die Nerven geht: Er ist nun mal in der Welt. Und hier im Leininger Land gar nicht so abwegig – das leichte Lebensgefühl, die Rebenhänge, die pralle Vegetation, die pittoresken Dörfer, die Stein-auf-Stein-Bauweise der Weinberg-Trockenmauern. Bestens erleben lässt sich das Toskana-Feeling in Reibold's Pfälzer Weinbergsgarten, einem liebevoll angelegten Picknickplatz mit schattigen Tischen und Bänken. Inmitten von Kunstobjekten und mediterranen Pflanzen kann man hier sein Mitgebrachtes verzehren und den wunderschönen Blick auf Freinsheim und das Haardtgebirge genießen. **Insider-Tipp** Wer zu Fuß hingehen möchte, kann den Musikantenbuckelweg nehmen. Er erinnert an Nordpfälzer Wandermusikanten, die hier gerne eine Reisepause einlegten.

Freinsheim | Parkplätzchen an der Straße zwischen Freinsheim und Großkarlbach, Start für den Musikantenbuckelweg am Sportplatz an der L 522 | Wanderkarte „Mittel- und Unterhaardt", LVermGeo | für den Weinbergsgarten ist bei größeren Gruppen Anmeldung erforderlich: weingut-reibold.de Frühjahr und Herbst, im Sommer brennt in den Weinbergen oft zu sehr die Sonne 49.522840, 8.215366 (Weinbergsgarten), 49.511325, 8.204210 (Start Musikantenbuckelweg) Download GPX-Track

DER SCHÖNSTE SONNENUNTERGANG

Bergsilhouette im Abendlicht

34 **Sonnenuntergang auf der Kleinen Kalmit, Rundweg „Kleiner Kalmitweg", 2,3 km, 40 Min.**
Vielversprechend sieht das aus, wenn man von Ilbesheim hinaufschaut zur Kleinen Kalmit. Und in der Tat: Der 90 m aus der Rheinebene herausragende Hügel bietet einen einmaligen Blick auf die Rebhänge der südlichen Weinstraße. Besonders zur Abendstunde! Spannend zu beobachten, wie die Sonne zuerst die Weinberge in goldenes Licht taucht und dann hinter der Silhouette der markanten Pfälzerwaldgipfel verschwindet.

Ilbesheim, Rathaus | Buslinie 531 vom Hauptbahnhof Landau | Parken in der Ortsmitte *Ganzjährig* *49.182681, 8.054044* *Download GPX-Track*

LOKALE SPEZIALITÄTEN

*UND WO DU SIE PROBIEREN KANNST

Tief verwurzelter pfälzischer Glaube: Ein Leben ohne Weinschorle ist möglich, aber sinnlos

Vieles, aber nicht alles dreht sich hier um den Wein, der lange Zeit sogar Alltagsgetränk war – er war einfach billiger als Bier, Sprudel und Saft. Auch dreht sich nicht alles um den Saumagen. Wo Kastanien, Mandeln, Quitten, Feigen und Zitronen wachsen, lässt sich auch anderes Leckeres zaubern.

Das Kultgetränk

1 **Weinschorle**

Ganz wichtig: Schorle ist in der Pfalz männlich, also „der Schorle". Wenn Einheimische auf Hütten „e Pälzerwaldschorle" bestellen, erwarten sie ein Mischungsverhältnis von zwei oder gar drei Teilen Wein auf einen Teil Sprudel.

ℹ *Überall, z. B. im* **Hohe-Loog-Haus** *bei Maikammer, einer besonders schönen Hütte | 30 Min. Fußweg vom Wanderparkplatz Hahnenschritt an der Kalmit-Höhenstraße | pwv-hambach.de | €*

Saures zum Verfeinern

2 **Edelweinessig**

Wo Wein erzeugt wird, entstehen als leckere Nebenprodukte auch hochwertige Essige. Unverzichtbar zum Kochen, für die Vinaigrette, zum Würzen und Verfeinern. An der Weinstraße dient natürlich Wein als Grundlage. Feigen, Traubenmost, Honig, Kräuter und Gewürze sind die typischen Zutaten, die den Weinessigen ihre individuelle Note verleihen.

ℹ *In der Essigmanufaktur* **Doktorenhof** *findet man in einem reizvollen Ambiente die ganze Palette | Raiffeisenstr. 5, Venningen | doktorenhof.de | €€*

Vegetarisches mit Pfiff

3 **Handkees mit Mussig**

Mainzer Rollerkäse in Weißwein und Essig eingelegt, dazu reichlich Zwiebel, Salz, Pfeffer, mitunter etwas Lauch, nicht zu vergessen Kümmel. Dazu gibt es kräftiges Bauernbrot mit Butter. Wer sich schräge Blicke ersparen möchte, bestellt nicht „Handkäse mit Musik", sondern „Handkees mit Mussig", Letzteres mit Betonung auf der ersten Silbe.

ℹ *Zusammen mit einem traumhaften Blick gibt es den Handkees auf der* **Trifelsblickhütte** | *Auf dem Teufelsberg, 50 Min. zu Fuß von Burrweiler oder Gleisweiler* | *pwv-gleisweiler.de* | *€*

Ein leckeres Römererbe

4 **Kastanien**

Kastanien oder „Keschde", frisch gesammelt und gebacken. Kastanien als Beilage zu Ente, Gans und Wild. Kastanienbrot, Kastanienbratwurst, Kastanienkaffee, Kastanieneis, Kastanienkuchen. So sieht die Erfolgsgeschichte der Esskastanie in der Pfalz aus. Vor allem, aber nicht nur, bekommt man diese Leckereien zur Kastanienlese im Herbst.

ℹ *Im* **Konditoreicafé Bassler** *in Neustadt gibt es die süßen Keschdeprodukte* | *Hauptstr. 116* | *cafe-bassler.de* | *€–€€*

Hier findest du alles

6 **Wochenmärkte**

Lust auf frisches Obst und Gemüse aus regionalem Anbau? Feigen, Melonen und Kiwis, Tomaten, Kürbisse und Artischocken? Fast südländisch mutet das Angebot auf den Wochenmärkten an der Weinstraße an, 1800 Sonnenstunden im Jahr machen es möglich.

ℹ *Einer der ergiebigsten Wochenmärkte ist der in* **Landau** *– üppiges Angebot, tolles Ambiente. Di und Sa 7–14 Uhr auf dem zentral gelegenen Rathausplatz*

Mediterrane Früchte

5 **Feigen**

Nirgendwo in Deutschland wachsen mehr Feigen als an der Weinstraße – das milde Klima macht's möglich. Im Juli und Aug. ist Erntezeit. Und was man damit nicht alles machen kann: Feigenkonfitüre, Feigenpralinen, Feigentorten, in alten Rezepten findet man sogar Quiche mit Schinken und Feigen. *Bei* **PFALZ Feigen** *kann man nicht nur Feigenprodukte aus eigenem Anbau erwerben, sondern auch die Pflanzen selbst* | *Rhodter Str. 23B, Edesheim* | *pfalz-feigen.de* | *€–€€*

Von der Wegelnburg kann man einen großen Teil des Pfälzerwaldes überblicken

Pfälzerwald

BERGE UND WÄLDER, BURGEN UND FELSEN

Ein riesiges Wegenetz macht den Pfälzerwald zu einer Top-Wanderregion. Leichte und anspruchsvolle Rundwege mit und ohne Premiumsiegel, Weitwanderwege, Themenwege – alles da. Weniger wanderlustige Naturliebhaber können Burgen, Felsen, Aussichtstürme und Hütten auf Stippvisiten besuchen. Radler schätzen die ruhigen Radwege in den Tälern, die verkehrsarmen Waldstraßen und das große Mountainbike-Streckennetz. Baden kann man im weichen Moorwasser der Wooge, auf zwei größeren Badeseen kann man auch Paddeln – mit Boot oder Board. Wer gezielt etwas für seine Fitness tun möchte, kann sich in mehr als 50 Nordic-Walking-Parcours austoben. Auch für eher ausgefallene Sportarten gibt es im Pfälzerwald beste Bedingungen: Für Paraglider stehen sechs Startplätze zur Verfügung, für Kletterer zahllose Routen an über 200 ausgewiesenen Kletterfelsen.

AUF EINEN BLICK

*PFÄLZERWALD

MARCO POLO

OUTDOOR-HIGHLIGHTS ★

★ Dahner Burgen und Kletterwände
Abwechslungsreiche Runde im Herzen des Dahner Felsenlandes → S. 86

★ Raubrittertour im Dahner Felsenland
Mit dem Rad durch die pfälzische Buntsandsteinlandschaft → S. 88

★ Höhenrausch beim Burgenklassiker
Drei aussichtsreiche Burgen auf dem pfälzisch-elsässischen Grenzkamm → S. 90

★ Pfälzerwald für Anfänger
Leichte Hüttentour bei Hauenstein → S. 92

★ Barfuß auf dem Rötzenfels
Ein besonderes Sinnenerlebnis und zwei Premium-Aussichtspunkte → S. 94

★ 360-Grad-Panorama am Lindelbrunn
Kegelberge, so weit das Auge reicht → S. 96

★ Fernblickorgie auf dem Luitpoldturm
Die ultimative Pfälzerwaldschau → S. 98

★ Auf dem Annweilerer Burgenweg zum Trifels
Burgenzauber auf drei ebenmäßigen Bergkegeln → S. 100

★ Strandleben in Rostrot
Badespaß im nostalgischen Kaiserslauterer Strandbad → S. 102

★ Magische Momente auf dem Drachenfels
Auf Traumpfaden zu einem ganz besonderen Gipfel → S. 104

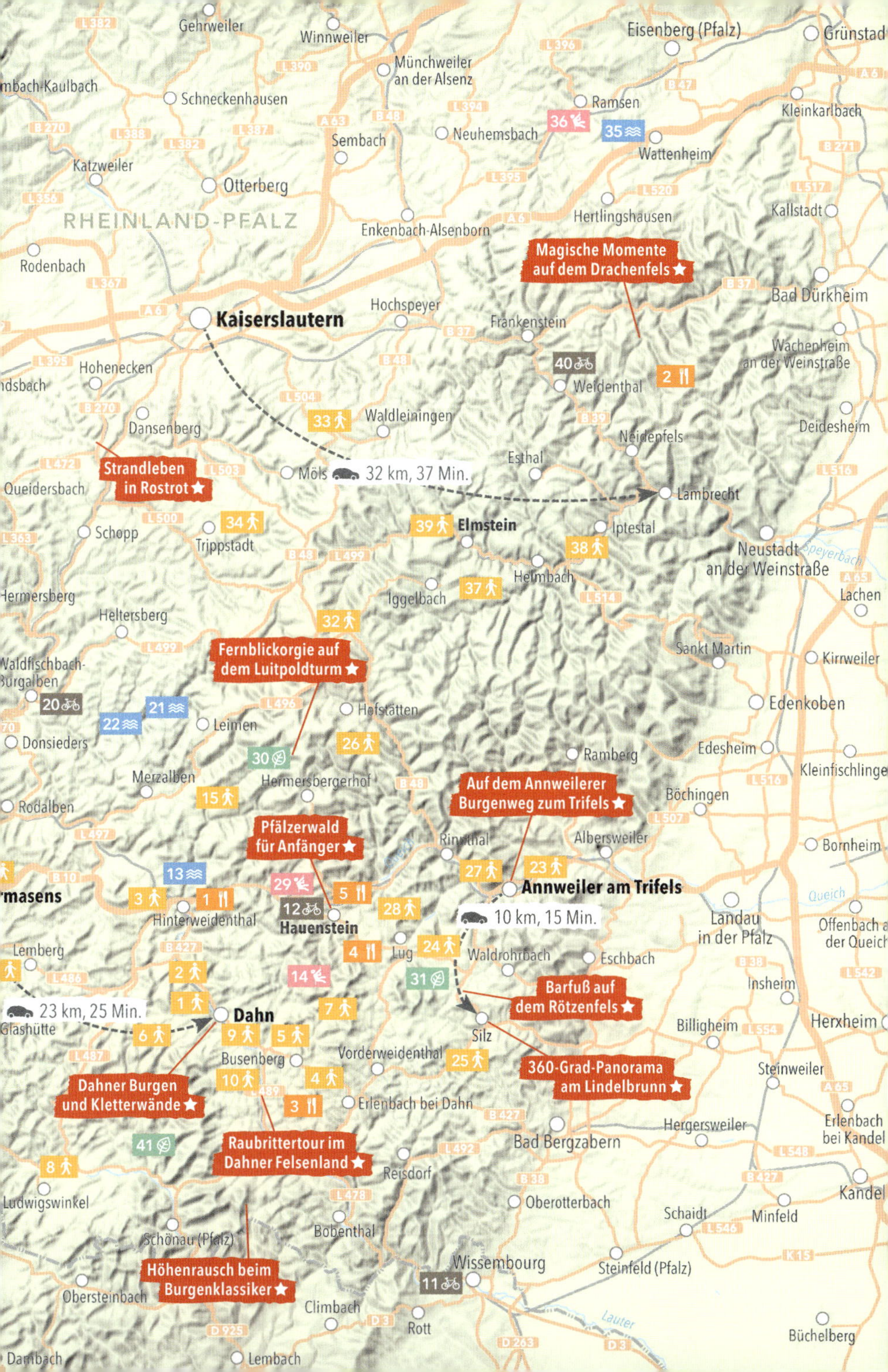
RHEINLAND-PFALZ
Kaiserslautern
Magische Momente auf dem Drachenfels
Strandleben in Rostrot
Fernblickorgie auf dem Luitpoldturm
Auf dem Annweilerer Burgenweg zum Trifels
Pfälzerwald für Anfänger
Barfuß auf dem Rötzenfels
360-Grad-Panorama am Lindelbrunn
Dahner Burgen und Kletterwände
Raubrittertour im Dahner Felsenland
Höhenrausch beim Burgenklassiker
32 km, 37 Min.
10 km, 15 Min.
23 km, 25 Min.
Gehrweiler
Winnweiler
Münchweiler an der Alsenz
Eisenberg (Pfalz)
Grünstadt
Schneckenhausen
Ramsen
Kleinkarlbach
Sembach
Neuhemsbach
Wattenheim
Katzweiler
Otterberg
Hertlingshausen
Kallstadt
Enkenbach-Alsenborn
Rodenbach
Bad Dürkheim
Hochspeyer
Frankenstein
Wachenheim an der Weinstraße
Hohenecken
Weidenthal
Dansenberg
Waldleiningen
Deidesheim
Neidenfels
Esthal
Möls
Lambrecht
Queidersbach
Schopp
Trippstadt
Elmstein
Iptestal
Neustadt an der Weinstraße
Helmbach
Lachen
Iggelbach
Hermersberg
Heltersberg
Sankt Martin
Kirrweiler
Edenkoben
Hofstätten
Leimen
Donsieders
Ramberg
Edesheim
Kleinfischlingen
Merzalben
Hermersbergerhof
Rodalben
Böchingen
Rinnthal
Albersweiler
Bornheim
Annweiler am Trifels
Hinterweidenthal
Hauenstein
Landau in der Pfalz
Offenbach a. der Queich
Lemberg
Lug
Waldrohrbach
Eschbach
Insheim
Glashütte
Dahn
Silz
Billigheim
Herxheim
Busenberg
Vorderweidenthal
Steinweiler
Erlenbach bei Dahn
Hergersweiler
Erlenbach bei Kandel
Bad Bergzabern
Reisdorf
Ludwigswinkel
Oberotterbach
Kandel
Schönau (Pfalz)
Bobenthal
Schaidt
Minfeld
Wissembourg
Steinfeld (Pfalz)
Obersteinbach
Climbach
Rott
Büchelberg
Dambach
Lembach
Speyerbach
Queich
Lauter

OUTDOOR-HIGHLIGHTS

*DIE BESTEN ERLEBNISSE DRAUSSEN

Dahner Burgen und Kletterwände ★

Viel Abwechslung für nur zwei Stunden Gehzeit: ein gepflegter Kurpark, ein freundliches Wiesental, die größte Burgruine des Pfälzerwaldes, ein aufregendes Felsmassiv, eine Kapelle und ein Soldatenfriedhof. Dazu traumhafte Ausblicke ins Dahner Felsenland und tiefe Einblicke in kultige Kletterrouten.

Der Pfälzerwald in allen Facetten

Auf diesem Rundweg gibt es jede Menge zu schauen und bestaunen. Das beginnt schon im Kurpark, an einer in Bronze gegossenen Ellwetritsch, dem Pfälzer Sagentier. Ohne auf Schilder zu achten, läuft man nun immer weiter talaufwärts, sieht in einem weiten Wiesental zum ersten Mal die Burg und steuert dann sich rechts haltend den Waldrand an. Dort folgt man dem blauen Logo des Premiumweges Hahnfels-Tour und steigt an einigen Felstürmen vorbei zur Dahner Burg auf.

Ein Leckerbissen für Burgenfreunde

Unter den vielen Attraktionen rund um Dahn belegt die aus den Teilburgen Altdahn, Grafendahn und Tanstein bestehende Burgengruppe einen Spitzenplatz. Aus den Tallagen gut zu sehen und nachts schaurig-schön angestrahlt, ist sie eine Visitenkarte des Wasgaustädtchens. Ein Prachtexemplar von Felsenburg – mit ihren in den Fels gehauenen Gängen, Treppen und Kammern, ihren Türmen und Plattformen. Den Imbiss zur Besichtigung gibt es in einer kleinen Burgschänke.

Hoch zum Felsenausguck

Zweiter Höhepunkt ist der Hochstein, ein lang gezogenes Felsmassiv mit formidabler Aussicht. Vom Burgenparkplatz geht es moderat ansteigend hinauf auf einen mit Krüppelkiefern, Zwergeichen, Heidekraut und Heidelbeergesträuch bewachsenen

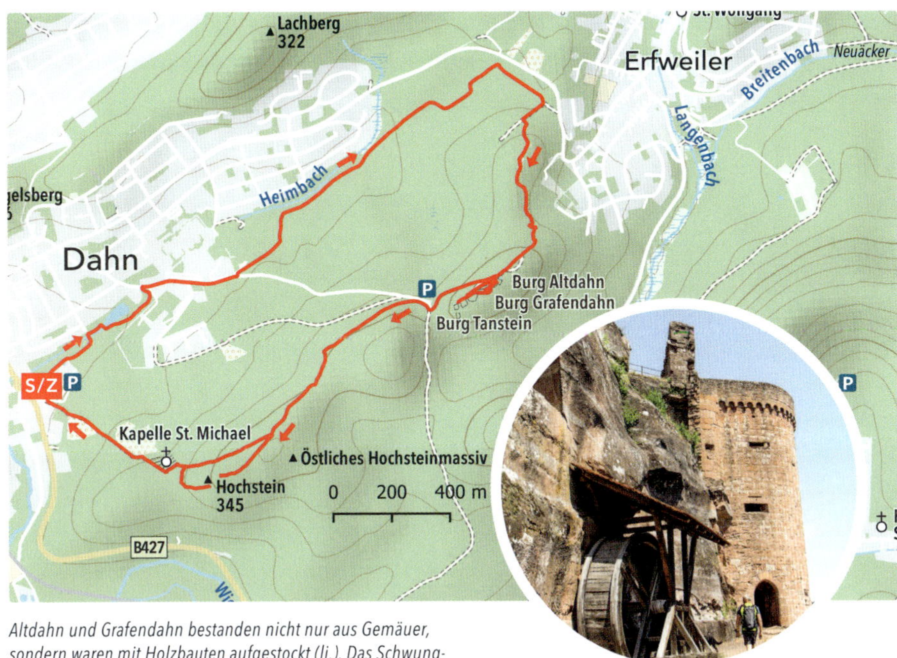

Altdahn und Grafendahn bestanden nicht nur aus Gemäuer, sondern waren mit Holzbauten aufgestockt (li.). Das Schwungrad nutzte man zum Hochhieven des Baumaterials (re.)

Bergkamm. Hinter der Soldatenhütte, einem offenen Felsloch, das in Kriegszeiten als Unterschlupf diente, liegt die gesicherte Aussichtsplattform des Hochsteins. Spektakulär die Szenerie des Dahner Felsenlandes, schwindelerregend der Tiefblick.

Felsakrobaten auf die Finger schauen

Weiter geht es nicht mehr für Wanderer. Also ein Stück zurück und links herum hinunter zur Michaelskapelle. Jetzt unbedingt einen kurzen Abstecher auf die Südseite des Hochsteins machen, vorbei an der etwas vom Massiv abgesetzten Hochsteinnadel. Dort sieht man am Wochenende viele Seilschaften in Aktion, an teilweise schwierigen Führen, von denen vor allem jene in der „Grauen Wand" Kultstatus genießen. Ein Kreuzweg und der Dahner Soldatenfriedhof bilden den Abschluss der Tour.

Die Tour im Überblick

Einfache Rundwanderung bei Dahn, 6,5 km, 2 Std.

Parkplatz am Kurpark in Dahn | Buslinie 252 von Hinterweidenthal, Mi und So auch Wieslauterbahn RB56 von Landau | Mit dem Auto von der B 10 zwischen Pirmasens und Landau nach Dahn und am zweiten Kreisel links | dahner-felsenland.net

Frühjahr–Spätherbst

Feste Schuhe, etwas Proviant, eventuell Wanderkarte „Westlicher Wasgau mit Dahn", LVermGeo

49.148330, 7.781938

DOWNLOAD GPX-Track

Raubrittertour im Dahner Felsenland ★

Mächtige Buntsandsteinfelsen, verwegene Felsenburgen, stille Wiesentäler, schmucke Fachwerkdörfer, ein tiefgrüner Badesee und das pfälzische Klettererdomizil Nummer eins – diese Radtour enthält alles, was den Wasgau ausmacht. „Raubrittertour" hat man die sportliche Runde genannt, ist man doch im Land des berüchtigten Hans Trapp unterwegs.

In der Ruhe liegt die Kraft

Nur Fitnessnarren radeln hier um des Radelns willen. Genießer machen aus dieser Tour ein tagesfüllendes Abenteuer, mit vielen Stopps zum Schauen, Besichtigen und Einkehren. In den Profi-Radelrhythmus wird man dabei nicht kommen – und das ist gut so. Also vertraut man sich dem Logo der Raubrittertour an, einer stilisierten Burg auf weißem Grund, und nutzt ganz ohne Zeitdruck jede Gelegenheit zu Abstechern und Radelpausen.

Die Kunst des Zwischenstopps

Das beginnt mit dem Drachenfels, einer der bekanntesten pfälzischen Felsenburgen, errichtet auf einem 150 m langen Felsenschiff. Besonders spektakulär: der Wasgaublick von der „Backenzahn" genannten höchsten Spitze. Kaum eine viertel Radstunde entfernt kommt schon der Berwartstein, die einzige dauerhaft bewohnte Burg der Pfalz. Hier lebte der als Hans Trapp bekannte Ritter Hans von Trotha. Mit seinen zwei Metern war er ein wahrer Riese und verbreitete vor allem während einer Fehde mit den Weißenburgern Angst und Schrecken. Unbedingt eine Burgführung mitmachen! Nach der Ritterstunde am Berwartstein stehen die Zeichen auf Abkühlung und Faulenzen am Seehofweiher. Durch stille Wasgautäler geht es dann hinauf zum dritten Burgen-Höhepunkt, der Ruine

Lindelbrunn. **Insider-Tipp** Der ultimative Platz, um sich einen 360-Grad-Überblick über das Dahner Felsenland und das Trifelsland zu verschaffen. In 15 Min. ist man oben – zu Fuß.

Weniger ist mehr

Was die Kulinarik auf dieser Tour betrifft: Man muss sich entscheiden, denn es gibt so vieles. Also ein erster Imbiss in der Drachenfelshütte des Pfälzerwald-Vereins oder in der Gaststätte Weissensteiner Hof um die Ecke? Vielleicht ein Eis im Kiosk am Seehofweiher – das Hundeeis mit Leberwurstgeschmack muss es ja nicht sein. Die große Zwischenmahlzeit im Kastanienschatten des Cramerhauses am Lindelbrunn? Kaffee und Kuchen auf der Bühlhofschänke, Blick zur Burgruine Lindelbrunn inklusive. Vollwertkost und Biowein zum Finale im Klettererdomizil Bärenbrunnerhof.

Die Tour im Überblick

Mittelschwere Radtour Dahner Felsenland, 40,6 km, 3 Std., 512 hm

Bruchweiler-Bärenbach, Wanderparkplatz am Sandbühlerhof | Buslinie 252 vom Bahnhof Hinterweidenthal nach Bruchweiler-Bärenbach | Mit dem Auto von der B 10 bei Hinterweidenthal nach Dahn-Reichenbach, am Kreisel Richtung Wissemburg und nach 1,1 km links

Frühjahr–Herbst
Tourenrad oder E-Bike, Proviant und Getränke, eventuell Badesachen
49.123711, 7.803718

DOWNLOAD GPX-Track

Erster Höhepunkt der Raubrittertour ist der Drachenfels, das Musterexemplar einer Felsenburg (li.). Zuvor: Radelgenuss im Wieslautertal (re.)

Höhenrausch beim Burgenklassiker ★

Hoch hinauf auf den pfälzisch-elsässischen Grenzkamm mit seinen drei berühmten Felsenburgen. Über jahrhundertealte Treppen und steile Leitern zu Burgmauern, Kammern und Fensterlöchern. Zu den Wohnplätzen von Rittern, Minnesängern und Räubern. Dazu großartige Fern- und Tiefblicke und zur Abrundung französische Küche.

Highlights wie am Schnürchen

Die Überschreitung des Burgentrios Wegelnburg-Hohenburg-Löwenstein ist eine der klassischen Unternehmungen im südlichen Pfälzerwald. Nirgendwo sonst erhält man auf einer so kurzen Wegstrecke so viele Einblicke in die Welt der Felsenburgen des Wasgaus.

An den Anfang haben die Götter …

Durchaus sportlich-schweißtreibend ist der 300-Höhenmeter-Aufstieg vom schmucken Fachwerkdorf Nothweiler zur Wegelnburg. Gut, dass der üppige Mischwald Schatten spendet! Wenn man erst einmal oben ist, wird aus der Bergsteigerei ein vergnüglicher Spaziergang, größere An- und Abstiege gibt es auf dem Burgenkamm nicht mehr. Aber Treppen und Leitern! Nur so kommt man auf die Aussichtsplattformen der Burgen hinauf.

Ein Lob der Vielfalt

Erstaunlich, wie sich die Nah- und Fernblicke auf den nur wenige Gehminuten voneinander entfernten Felsenburgen unterscheiden: Von der Wegelnburg, der höchstgelegenen Burgruine der Pfalz, reicht der Blick nordwärts weit über die Täler, Kegelberge und Hügelketten des Pfälzerwaldes. Die Hohenburg glänzt mit einem 360-Grad-Panorama, der Löwenstein bietet den Tiefblick auf die Almwiesen am Gimbelhof und auf die mächtige Nachbarburg Fleckenstein.

Erstaunlich auch, wie sich die Bauweise der Burgen unterscheidet: die erste eine lang gestreckte, großspurige Festung, die zweite eine himmelwärts strebende Trutzburg, die dritte ein verwegen auf zwei Felsen gepflanzter Adlerhorst.

Unter den Berühmtheiten, welche die Burgen bewohnten, ragen zwei heraus: Konrad Puller von Hohenburg, als Minnesänger ein Popstar seiner Zeit, und der berüchtigte Raubritter Lindenschmidt, der sein Leben in Hagenau am Galgen beendete.

Zwischen der Wegelnburg und der Hohenburg verläuft die deutsch-französische Grenze. Die Bäume sehen hüben aus wie drüben, die Pfade auch, die Menschen ebenso. Nur die Wegzeichen ändern sich. Und die Speisekarte, denn auf dem Gimbelhof wird elsässisch gekocht. Kein Saumagen, keine Leberknödel, dafür kultivierte mehrgängige Menüs.

Die Tour im Überblick

Mittelschwere Rundwanderung bei Nothweiler, 8,5 km, 2 Std. 45 Min.

Nothweiler | Buslinie 252 von Dahn und Wissembourg | Mit dem Auto von der L478 zwischen Dahn und Wissembourg beschildert abzweigen, Parkplatz in der Ortsmitte am Dorfbrunnen | Hotel Restaurant Gimbelhof: gimbelhof.com

Ganzjährig, aber nicht bei Schnee- oder Eisglätte, Sonnenaufgang für Fotos

Feste Schuhe und Wetterkleidung, etwas Proviant, Wanderkarte „Östlicher Wasgau mit Bad Bergzabern", LVermGeo

49.068712, 7.799007

DOWNLOAD GPX-Track

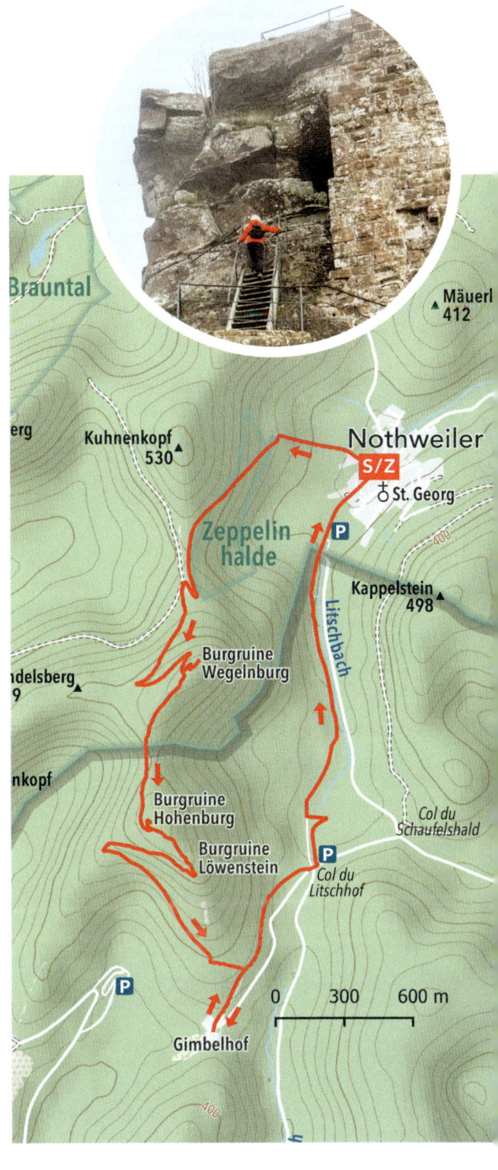

Auf der Wegelnburg hoffen Fotografen auf den ultimativen Schnappschuss (li.). Ohne Leitergekraxel ist die Hohenburg nicht zu haben (o.)

Pfälzerwald für Anfänger ★

Gemütlich durch ein Wiesental mit Fischteichen und Felsen bummeln. An einer lauschigen Quelle rasten. Zu einer Wanderhütte aufsteigen und Pfälzer Kost probieren. Auf einem viel begangenen Höhenweg zu einer Wallfahrtskapelle wandern. Wieder im Tal ein zweiter Hüttenbesuch. Ein ideales Programm für Pfälzerwald-Neulinge.

Durchs Stephanstal zur Queichquelle

Wer zum ersten Mal in eine Wanderregion kommt, möchte zunächst einmal auf der sicheren Seite sein: das „Typische" der Gegend kennenlernen, sich ohne Orientierungsprobleme auf das Gelände und die Wege einstellen. Da passt die Wanderregion Hauenstein mit ihrem gut markierten Wegenetz bestens. Schon bei der Anfahrt wird man staunen über die Felsenszenerie rund um das Schuhdorf. 5 Min. nach dem Beginn der Rundwanderung eine erste Verführung zum Faulenzen: die Paddelweiherhütte mit ihren schattigen Sitzplätzen. Aber jetzt wird erst einmal gelaufen, es geht durchs wiesenreiche Stephanstal. Links tauchen bald die ersten Felsen auf: der Stephansturm und der Platzturm, dem man den schönen Beinamen „Eben-fällt-er" verpasst hat – ein Kletterfels also. Eine Rast an der Queichqelle, dann erlebt man die zünftigen Seiten einer Pfälzerwald-Wanderung auf einem kurzen, aber schweißtreibenden Zickzack-Wurzelpfad hinauf zum Wanderheim Dicke Eiche.

Pfälzer Hüttenkultur

Saumagen, Leberknödel und Bratwurst, Gemütlichkeit drinnen, aussichtsreiche Sitzplätze draußen, manchmal auch Weinseligkeit und Gesang. **Insider-Tipp** Das viel besuchte Wanderheim ist genau der richtige Platz, um die Pfälzer Hüttenkultur kennenzulernen, die 2021 mit dem Segen der UNESCO als immaterielles Kulturerbe Deutschlands eingestuft wurde. Rund 100 Wandererstützpunkte betreibt allein der Pfälzerwald-Verein. Das Klischee stimmt also: Wanderhütten gehören zum Pfälzerwald wie Burgen und Buntsandsteinfelsen.

Auf Schuhmacherwegen

Zeit, einen ersten Premiumweg kennenzulernen! Sieben davon gibt es rund um Hauenstein, ein Dutzend gar im benachbarten Dahner Felsenland. Also nimmt man den Hauensteiner Schusterpfad, der hoch über dem Tal zur Wallfahrtskapelle Winterkirchel führt. Für den Abstieg ins Stephanstal wählt man einen historischen Schusterweg, auf dem einst Arbeiter aus Erfweiler und Dahn jeden Tag in die Hauensteiner Schuhfabriken liefen. Dann aber zur abschließenden Einkehr in die Paddelweiherhütte!

Die Tour im Überblick

Leichte Rundwanderung bei Hauenstein, 6,9 km, 2 Std. 5 Min.

Hauenstein, Wanderparkplatz Farrenwiese | Regionalbahn RB55 zum Bahnhof Hauenstein-Mitte, Buslinie 258 und 15 Min. Fußweg | Mit dem Auto von Landau über die B 10 und in Hauenstein rechts zum Paddelweiher abbiegen

Ganzjährig, lohnend auch im Winter

Leichte Wanderausrüstung, Wanderkarte „Östlicher Wasgau mit Bad Bergzabern", LVermGeo

49.185870, 7.842911

DOWNLOAD GPX-Track

Wanderheim Dicke Eiche (li.), Winterkirchel (re.) und die Überreste der Dicken Eiche (u.)

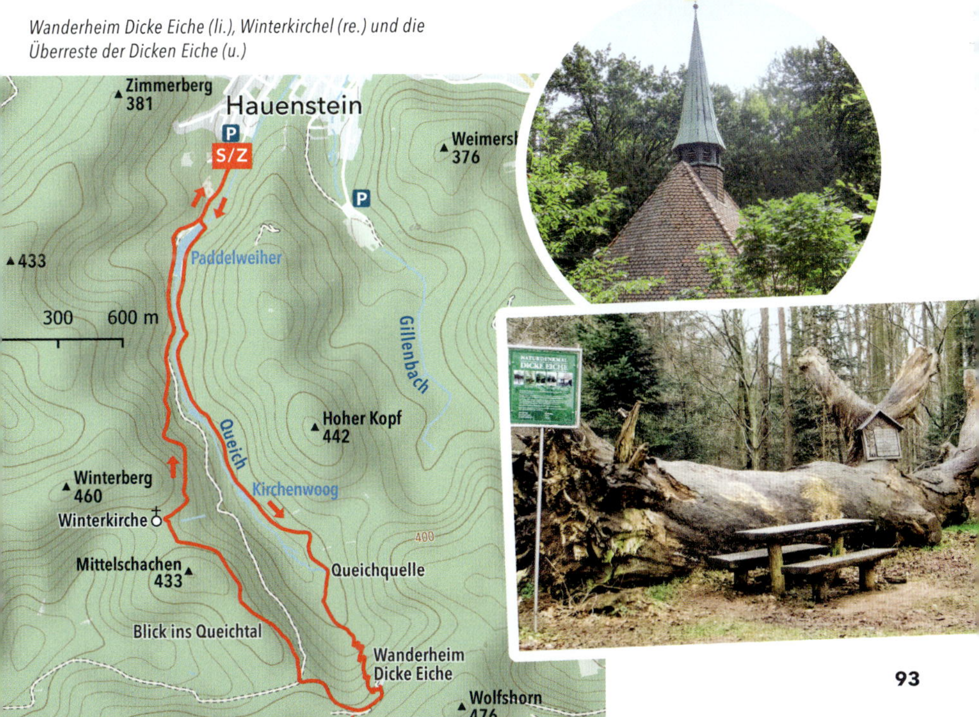

Barfuß auf dem Rötzenfels ★

Tiefgestaffelte Hügelketten, der Schwarzwald in der Ferne, endlose Wälder, kein Haus weit und breit – der Fernblick vom Rötzenfels ist einzigartig. Dazu dieser abenteuerliche Tiefblick: Die Aussichtsplattform liegt 45 m über dem Wandfuß. Ein absolut magischer Platz – besonders ohne Schuhe!

Ein Fest für die Sinne

Mit bloßen Füßen über sonnengewärmte Felsplatten, Wurzeln und Hutzeln, Sand und Laub – ein wunderbar leichtes Lebensgefühl. Der Pfälzerwald mit seinem federnden Sandboden, dem weichen Kiefernnadel-Teppich und den rund geschliffenen Steinplatten ist prädestiniert für das Barfußwandern.

Aber übertreiben sollte man es beim ersten Versuch nicht! Deshalb hängt man auch auf dieser kurzen Wanderung die Laufschuhe ans Rucksäckchen. Das sollte mit besonders liebevoll ausgewählten Leckereien gefüllt sein, denn der Rötzenfels, einer der Premium-Aussichtsbalkone des Pfälzerwaldes, verdient einen festlichen Imbiss. Manche Dauerbesucher pflegen ein fast religiöses Verhältnis zu diesem Felsen, der wie ein Schiff aus der Südflanke des Rötzenberges ragt. Aber auch ohne esoterische Neigungen spürt man, dass dies ein ganz besonderer Kraftort ist.

Auf Wurzelpfaden über den Rötzenberg

An einer Wegbiegung am Eingang zum alten Hartplatz der Gossersweilerer Fußballer findet man ein verwittertes Holzschild, das zum Vier-Burgen-Blick weist. Nach 10 Min. im Kastanienwald gut aufpassen: Der steile Wurzelpfad zu diesem ersten Aussichtspunkt zweigt etwas unvermittelt scharf rechts ab. An einem klaren Tag wird man im Rei-

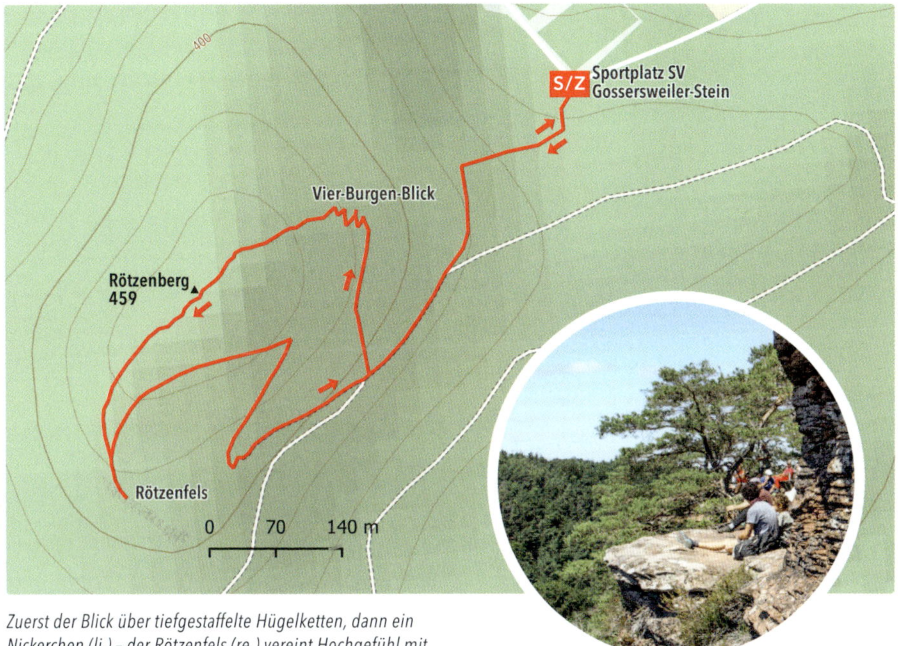

Zuerst der Blick über tiefgestaffelte Hügelketten, dann ein Nickerchen (li.) – der Rötzenfels (re.) vereint Hochgefühl mit Meditativem

gen der Kegelberge und Höhenzüge leicht die Ramburg, die Burgruine Neu-Scharfeneck, den Trifels und die Madenburg ausmachen.

Noch ein kleiner Aufstieg und der Gipfel des Rötzenberges ist erreicht. Das fühlt sich nach mehr als 459 m Meereshöhe an! Nach einem traumhaften Kammpfad öffnet sich plötzlich der Blick nach Süden. Auf ein sicherndes Geländer hat man auf dem geräumigen Plateau des Rötzenfelsens verzichtet. Pure Natur also, wäre da nicht das Kreuz auf der vordersten Spitze des Felsens. **Insider-Tipp** Wenn du schwindelfrei und trittsicher bist, kommst du auf einem ausgesetzten Pfädchen bis dorthin, unterwegs findest du einige fotografisch interessante Felslöcher. Für den Rückweg steigt man auf dem Dimbacher Buntsandstein-Höhenweg kurz auf einem Pfad bergab und nimmt in einer Wegkehre einen Waldweg nach links.

Die Tour im Überblick

Einfache Rundwanderung auf den Rötzenfels, 2,2 km, 1 Std.

Gossersweiler-Stein | Buslinie 531 vom Bahnhof Annweiler plus 15 Min. Fußweg zum Startpunkt | Mit dem Auto von der B 10 bei Annweiler Richtung Bad Bergzabern, in Gossersweiler den Sportplatz-Schildern folgen, Parken am Sportplatz

Ganzjährig, Mai–Okt. für Barfüßler

Leichte Laufschuhe, Picknick, Wanderkarte „Östlicher Wasgau mit Bad Bergzabern", LVermGeo Feste

49.161039, 7.916958

DOWNLOAD GPX-Track

360-Grad-Panorama am Lindelbrunn ★

Dank ihrer zentralen Lage bietet die Burgruine Lindelbrunn den ultimativen Rundblick über die Burgen-, Felsen- und Sagenlandschaft im Süden des Pfälzerwaldes. Zuerst in Ruhe schauen, dann erst Kamera oder Smartphone zücken, die Burg ist durchaus instagrammable. Vor allem aber ist sie eines: zeitlos schön.

Schauen, Kraxeln, Baden

Die Rundtour zur Burgruine Lindenbrunn startet am Silzer See, den man zum Abschluss dieser Wanderung noch besser kennenlernt. Idyllisch der Wegbeginn, wenn man auf einer Kirschbaumallee am linken Ufer des Sees entlangbummelt. Kurz hinter einer Schranke wendet man sich an einer Weggabelung nach links und steigt steil hinauf zum Schweinsfelsen. Eine luftige Himmelsleiter führt auf den 24 m hohen Felsturm. Fünf Burgen auf einen Blick – Lindelbrunn, Neu-Scharfeneck, Trifels, Madenburg und Landeck –, wo sonst gibt es das? Am Kellerfels vorbei geht es durch den Hochwald zur Höhensiedlung Lindelbrunn, wo es die meisten Wanderer vor dem 15-Minuten-Aufstieg zur gleichnamigen Burgruine zum Cramerhaus zieht, einer traditionsreichen Waldgaststätte mit großem Biergarten.

Zügig hinauf, lange verweilen

Dann aber entschlossen hinauf, ein solches Wasgau-Panorama gibt es kein zweites Mal. Als hätten die Erbauer der Burg schon im 12. Jh. geahnt, dass sich viele Generationen später die Menschen an spektakulären Fernblicken ergötzen würden, haben sie als Standort den Gipfelfelsen eines exponierten Kegelberges ausgewählt, auf dem kein Nachbargipfel die Sicht einschränkt. So kann man im Detail fast den gesamten Wasgau überblicken. Ortskenner erklären gerne die wichtigsten Punkte.

Die Burgruine selbst ist recht gut erhalten. Auch Burgen-Neulinge werden leicht den Kamin, den Aborterker, Reste der Heizungsanlage und die Fundamente der ehemaligen Nikolaus-Kapelle ausmachen. Prunkstück ist die teilrestaurierte zweistöckige Mauer des Palas.

Für den Rückweg vertraut man sich am Burgenparkplatz der Markierung Gelb-grüner Balken an, läuft hinunter ins Klingbachtal und erreicht bald wieder den Silzer See mit seinen Liegewiesen für Sonnenanbeter und Wassernarren. Vor dem Baden wird auf Schildern gewarnt – wegen „geringer Sichttiefe". Darum schert sich allerdings niemand.

Insider-Tipp Wer es gemütlicher angehen möchte, verzichtet auf die Wanderung und konzentriert seine Kräfte auf die Burgruine. Diese Stippvisite, die nicht mehr als 30 Min. in Anspruch nimmt, beginnt am Wanderparkplatz am Fuß der Ruine.

Die Tour im Überblick

Anspruchsvolle Wanderung am Lindelbrunn, 9,5 km, 3 Std.

Silzer See bei Silz | Buslinie 531 ab Annweiler nach Silz und 10 Min. Fußweg | Mit dem Auto über die B 10 bei Annweiler zum Wild- und Wanderpark Südliche Weinstraße und hinter Silz rechts zum See

Zu allen Jahreszeiten, im Sommer ein Top-Platz für einen langen Burgenabend

Feste Schuhe und Wetterkleidung, Wanderkarte „Östlicher Wasgau mit Bad Bergzabern", LVermGeo

49.144451, 7.938930

DOWNLOAD GPX-Track

Nach einem Regenguss verziehen sich die Nebelschwaden (li.). Am Ende der Tour lockt ein Bad im Silzer See (re.)

Fernblickorgie auf dem Luitpoldturm ★

Genau auf der Wasserscheide zwischen Mosel und Rhein ragt der Luitpoldturm aus dem 607 m hohen Weißenberg heraus, dem exponiertesten Gipfel des Zentralen Pfälzerwaldes. Mittendrin und hoch darüber – besser hätte man den Standort für diesen Aussichtsturm nicht wählen können. Er bietet die perfekte Rundschau über das größte zusammenhängende Waldgebiet Deutschlands.

Wald, so weit das Auge reicht

Ist das nun die Anstrengung oder ist es die spektakuläre Fernsicht? Tritt man nach 166 Treppenstufen auf die Aussichtsplattform des Luitpoldturms hinaus, bleibt einem erst mal die Luft weg. Schon beim Aufstieg auf der dunklen Wendeltreppe konnte man beim Blick durch vergitterte Fensterlöcher erahnen, was einen oben erwartet. Und ist dann doch überwältigt, wenn man ringsum außer den wenigen Häusern der Höhensiedlung Hermersbergerhof nichts sieht als Wälder, Wälder, Wälder. Oder aus einem anderen Blickwinkel: elegant gestaffelte Höhenzüge und formschöne Gipfel – über 300 haben fleißige Menschen einmal gezählt.

So kommst du hin

Von Hermersbergerhof, in schneereicheren Zeiten der bevorzugte pfälzische Platz für Winterfreuden, führt ein wenig befahrenes Höhensträßchen zum Wanderparkplatz am Luitpoldstein. Auf einem sandigen Weg geht es zügig hinauf zum Turmsockel. Spannender ist es natürlich, von Hermersbergerhof zu Fuß zu laufen und so die Vorfreude langsam zu steigern, während man mit schon beachtlichen Fernblicken über einen zünftigen Wurzelpfad stolpert. Links des Weges liegt die Biosphärenreservat-Kernzone „Quellgebiet der Wieslauter", ein riesiges, besonders geschütztes Areal, das sich zu einem Urwald entwickelt.

Insider-Tipp Im Untergeschoss des Turms gibt es eine Kammer, die sich bestens für eine Schlafsack-Übernachtung eignet – so kannst du noch vor dem Morgenkaffee oben sein, um den Sonnenaufgang hoch über dem Pfälzerwald zu erleben.

Bayern in der Pfalz

Manchmal ist es doch ganz gut, dass es einst mächtige Adelsgeschlechter gab und das Volk seinen Herrschern die mal mehr, mal weniger verdiente Verehrung entgegenbrachte. Zumindest gäbe es dann diese glänzendste Aussichtswarte des Pfälzerwaldes vielleicht nicht: Der 1909 fertiggestellte Luitpoldturm ist dem bayrischen Prinzregenten gewidmet. Luitpold war bei der Einweihung des 30 m hohen Buntsandsteinturms selbst zugegen, zusammen mit Hunderten pfälzischer Bürger und Honoratioren.

Die Tour im Überblick

Stippvisite am Luitpoldturm, 0,8 km, 10 Min., oder leichte Wanderung 4 km, 1 Std. 10 Min.

Wanderparkplatz südlich des Turmes bzw. Hermersbergerhof | Mit dem Auto von der B 10 zwischen Landau und Pirmasens zur Höhensiedlung Hermersbergerhof und noch 2 km (Stippvisite) oder Parken in Hermersbergerhof (Wanderung)

Zu allen Jahreszeiten, besonders spektakulär zum Sonnenauf- oder -untergang

Leichte Laufschuhe, warme Jacke

49.248578, 7.824729 (Stippvisite), 9.242175, 7.833681 (Wanderung)

DOWNLOAD GPX-Track

Auch wenn der Sonnenaufgang (li.) dort droben seinen besonderen Reiz hat: Der Luitpoldturm (o.) ist zu jeder Tageszeit ein Erlebnis, auch nachts!

Auf dem Annweilerer Burgenweg zum Trifels ★

Drei ebenmäßige, fast gleich hohe Bergkegel, in gleichmäßigem Abstand zueinander, ein jeder von einer Burg gekrönt – ein Muster an landschaftlicher Symmetrie. Das Annweilerer Burgentrio Trifels-Anebos-Münz zählt zweifellos zu den großen Attraktionen der Pfalz. Umsonst gibt's das nicht, ein wenig schwitzen muss man schon beim steilen Aufstieg.

Stippvisite oder Premiumweg?

Schnelle oder wenig wanderlustige Besucher können sich auf eine Stippvisite zur Reichsfeste Burg Trifels beschränken. In einer Viertelstunde ist man oben, nachdem man schon bei der kurvigen Anfahrt Höhenluft geschnuppert hat. Wanderer lassen sich Zeit, steigen auf dem Premiumweg „Annweilerer Burgenweg" ganz seriös aus dem Tal hinauf zu den Burgruinen Münz und Anebos, bevor es zum großen Finale „auf dem Trifels" kommt, wie die Pfälzer sagen.

Die „Münz", in Karten meist als Burgruine Scharfenberg verzeichnet, diente einst als Münzstätte der Staufer, in deren Herrschaftszeit das Burgentrio seine Blüte erlebte. Erhalten sind ein mächtiger Bergfried, der Burggraben und Teile der Ringmauer. Spärlich dagegen die Überreste der Burgruine Anebos, die als Schmiede der Reichsfeste Trifels genutzt wurde. Zwischen den Burgen: Staunen über bizarre Kletterfelsen – Jungturm, Münzfels und Kiefernfels liegen direkt am Weg.

Fakt oder Fake?

Auf der viel besuchten Burg Trifels erlebt man eine Lektion in Sachen Sein und Schein. Fakt ist, dass sich Kaiser Barbarossa auf seinen Reisen dort einzuquartieren pflegte und dass der englische Prinz Löwenherz in den Trifelsmauern gefangen gehal-

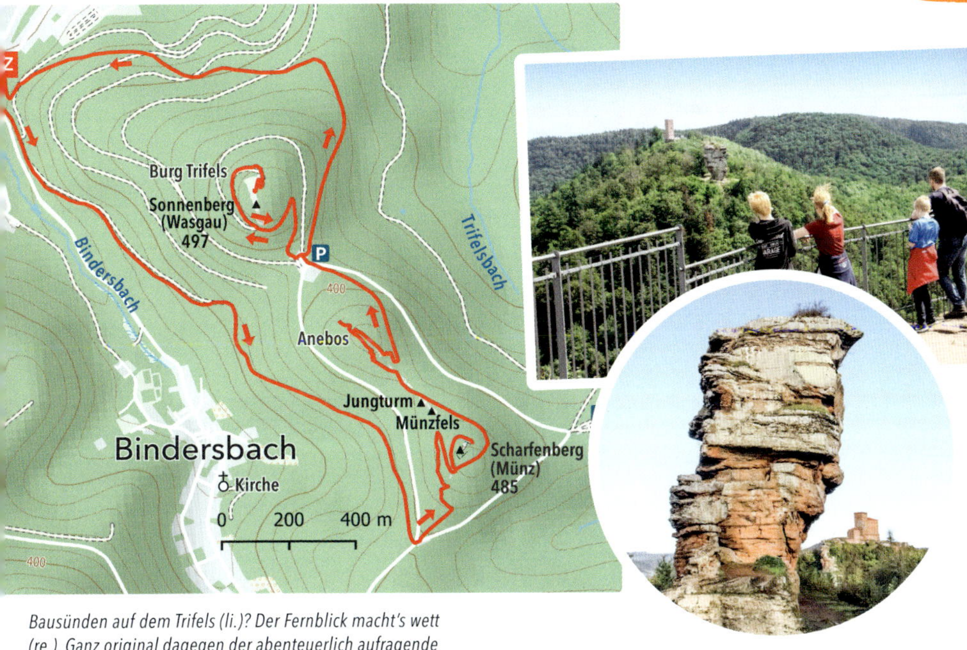

Bausünden auf dem Trifels (li.)? Der Fernblick macht's wett (re.). Ganz original dagegen der abenteuerlich aufragende Anebos-Burgfelsen (o.)

ten wurde, bis man ihn für ein stolzes Lösegeld freiließ. Das heutige Erscheinungsbild der Burg ist jedoch weitgehend eine Erfindung der Nazis, die aus der Feste ein nationales Vorzeigeprojekt machen wollten. An einem originalgetreuen Wiederaufbau bestand da kein Interesse – protzig musste es sein, wie der prunkvolle Kaisersaal beweist, den es im Mittelalter nie gegeben hat. Was hier Fakt und was Fake ist, erfährt man in einem SWR-Film, der im Hauptturm gezeigt wird. Der Blick aber von der luftigen Burgterrasse, die Gipfelparade des Pfälzerwaldes, die Schwarzwaldhöhen in der Ferne: garantiert echt!

Insider-Tipp Wenn du mehr über den Trifels, Barbarossa und Löwenherz erfahren möchtest, besuchst du das schnuckelige Museum unterm Trifels in Annweiler – Fachwerkbummel am Flüsschen Queich inklusive.

Die Tour im Überblick

Mittelschwerer Premium-Rundweg Annweilerer Burgenweg, 7,9 km, 3 Std.

Annweiler, Wanderparkplatz am Kurpark im Bindersbacher Tal | Regionalbahn RB55 von Landau oder Pirmasens-Nord plus 15 Min. Fußweg | Mit dem Auto von Landau oder Pirmasens über die B 10 bis Abfahrt Annweiler-Ost und den Schildern nach Bindersbach folgen | annweiler.de

Mitte März–Okt.
Feste Schuhe und Wetterkleidung
49.194575, 7.980150

DOWNLOAD GPX-Track

Strandleben in Rostrot ★

Kaiserslautern: Barbarossastadt, Fussballstadt – und Amistadt. Denn auch heute noch, nach dem Abzug vieler der einst hier stationierten Soldaten, spürt man den Einfluss der Amerikaner. So wird denn der Strand des Gelterswooges, des Badesees vor den Toren der Stadt, mitunter kurz und knackig „K-Town Beach" genannt. Geschadet hat's ihm nicht.

Durchs weiche Moorwasser gleiten

Große Seen sucht man im Pfälzerwald vergebens. Dafür gibt es eine ganze Reihe badetauglicher „Wooge", wie man stehende Gewässer hier nennt. Ihr größter, der Gelterswoog, hat sogar ein richtiges Strandbad: mit einem 150 m langen Strand, dessen rostroter Sand reizvoll mit dem Dunkelbraun des Moorwassers kontrastiert. Apropos Moorwasser: Wer zum ersten Mal in einem Pfälzerwald-Woog schwimmt, wird darüber staunen, wie leicht und sanft es sich dort dahingleiten lässt!

Treffpunkt der Badefreunde ist das Strandbad am Nordufer. Wohl steht dort Relaxen und Herumlümmeln im Vordergrund, doch auch das Sportliche kommt nicht zu kurz: Auf einer großen Wiese kann man Fußball und Volleyball spielen, daneben auf einer Slackline balancieren. Natürlich gibt es auch einen Strandkiosk und einen Kanu-, Ruder- und Tretbootverleih – alles, was zu einem richtigen Freizeitsee so dazugehört.

Kurioses und Nostalgisches

An den heutigen Badespaß hat sicher niemand gedacht, als im Mittelalter rund um Kaiserslautern ein ganzes Netz von Woogen angelegt wurde. Damals ging es ausschließlich um die Fischzucht. Als die Fischerei später an Bedeutung verlor, wurden viele Weiher trockengelegt, das frei gewordene

Land nutzte man meist als Viehweide. Der Gelterswoog blieb glücklicherweise davon verschont. Baden war allerdings bis in die Nachkriegszeit hinein am Gelterswoog verboten. Geistliche oder Forstleute trieben ertappte Sünder unbarmherzig aus dem Wasser, nicht ohne zuvor deren Kleider konfisziert zu haben. Die Abschreckung fruchtete allerdings wenig. Heute bietet das Strandbad ganz nebenbei ein Nostalgie-Erlebnis, denn seit der Mitte des vergangenen Jahrhunderts hat sich hier kaum etwas verändert. Umkleiden, Duschen, das Imbissgebäude – alles atmet den Charme der Fünfzigerjahre.

Insider-Tipp Wenn du die Morgenstimmung am Gelterswoog genießen möchtest, kannst du einen Rundgang um den See machen und dabei auch die naturgeschützten Winkel des Gelterswooges kennenlernen.

Die Tour im Überblick

Badespaß im Strandbad Gelterswoog, eventuell Spaziergang um den See, 3,1 km, 45 Min.

Buslinie SWK 104 vom Bahnhof Hohenecken | Mit dem Auto 2 km südlich von Kaiserslautern-Hohenecken an der B 270 | gelterswoog-kl.de, € | Gepflegt am Wasser sitzen und speisen kann man im Seehotel Gelterswoog, seehotel-gelterswoog.de

Mai–Sept.

Badesachen, eventuell SUP oder Schlauchboot

49.397841, 7.696139

DOWNLOAD GPX-Track

Am Gelterswoog verbinden sich Badespaß, Strandbad-Nostalgie und Naturerlebnis (li., re., u.)

Magische Momente auf dem Drachenfels ★

Weit oben im Norden des Pfälzerwaldes überragt der 571 m hohe Drachenfels seine Umgebung, ein wuchtiger Bergstock zwischen den Tälern der Isenach und des Hochspeyerbachs. Ein sagenhafter Platz, auf dem der Drache der Nibelungensage seinen Unterschlupf gehabt haben soll und auf dem die Römer eine Festung unterhielten.

Verwechslungsgefahr

Etwas gewöhnungsbedürftig: Drachenfels ist sowohl der Name des Berges als auch der beiden Gipfelfelsen, die einzigen großen Felsen in diesem Teil des Naturparks Pfälzerwald. Mit der gleichnamigen Burgruine im Wasgau hat dieser Drachenfels jedoch nichts zu tun. Davon abgesehen: Der Berg glänzt mit außergewöhnlicher Aussicht und ebenso außergewöhnlicher Magie

Auf samtweichen Pfaden hinauf

Am weltfernen ehemaligen Gasthaus Saupferch beginnt der etwa einstündige Aufstieg. Schon der ist ein Erlebnis. So muss ein Pfad auf einen großen Pfälzer Berg beschaffen sein! Interessant gewunden, mit samtweichem Untergrund, entschieden ansteigend, aber nicht allzu steil. Ganz oben ein erster Paukenschlag: Der Westfels bietet eine herrliche Aussicht zu den großen Nordpfälzer Bergen Donnersberg und Potzberg, bei gutem Wetter sieht man sogar bis zum Hunsrück. Und sonst: Pfälzerwald pur.

Römerfestung und Lindwurmversteck

Auf dem Weiterweg über das naturgeschützte Gipfelplateau sind schwache Spuren eines Ringwalls zu entdecken, der eine im 3. Jh. angelegte Römerfestung umschloss. Dann der zweite Paukenschlag, der lang gestreckte, über 25 m hohe Südfels. Abermals ein atemberaubender Blick, dieses Mal südwärts über die Gipfelparade des Pfälzerwaldes und in die Rheinebene. **Insider-Tipp** Ganz vorne an der Felsspitze kann man hinunterkraxeln zur Durchblickkammer, einer nach beiden Seiten des Felsens offenen Höhle. Jetzt wieder hinauf und ostseitig bergab. Auf keinen Fall den gesicherten Felsenpfad zur Drachenhöhle verpassen! Dort nämlich soll einst der Lindwurm gehaust haben, den Siegfried in der Nibelungensage erschlug. An einem Passübergang im Süden des Drachenfels stößt man auf die Wegspinne Sieben Wege. Jetzt ist es noch eine halbe Stunde bis zur Lambertskreuzhütte, einem trotz seiner abgeschiedenen Lage viel besuchten Stützpunkt des Pfälzerwald-Vereins mit allen dazugehörigen Leckereien. Der Abstieg ins Dreibrunnental und weiter zum Saupferch verwöhnt abermals mit einem Traumpfad.

Die Tour im Überblick

Anspruchsvolle Rundwanderung zum Drachenfels, 10,5 km, 3 Std. 20 Min.

Bad Dürkheim-Jägerthal, Wanderparkplatz Saupferch | Ruftaxi 4971 von Bad Dürkheim plus 30 Min. Fußweg | Mit dem Auto von Bad Dürkheim auf der L 37 Richtung Kaiserslautern und nach etwa 10 km links zum Saupferch

Ganzjährig, nicht bei Schnee und Eis
Feste Wanderschuhe und Wetterschutz, Wanderkarte „Östlicher Wasgau mit Bad Bergzabern", LVermGeo
49.439382, 8.051376

DOWNLOAD GPX-Track

Hat man den langen Aufstieg erst einmal hinter sich, lässt sich's auf dem Südfels bestens relaxen (li.). Innen wie außen gemütlich: die Lambertskreuzhütte (o.)

MEHR ERLEBEN

*WEITERE ABENTEUER & AUSFLÜGE

Der Lämmerfels ist das spektakulärste Massiv im Dahner Felsenland

Was auch immer du im Pfälzerwald unternimmst: Dieses Naturerlebnis vergisst du nie. Also los! Durch Wiesentäler radeln, in endlose Wälder eintauchen, die Wunder des Buntsandsteins bestaunen. Kletterern zuschauen oder selbst Hand an den Fels legen. Auf Burgen und Aussichtstürmen, luftigen Felsen und eleganten Gipfeln den Fernblick genießen. Und natürlich: die Pfälzer Hüttenkultur lieben lernen.

RUND UM DAHN

Felsenblick in der Abendsonne

1 Hin/zurück-Spaziergang zum Aussichtspunkt Pfaffenfelsen bei Dahn, 2,2 km, 40 Min.

Kurz vor Sonnenuntergang stiehlt der Pfaffenfelsen, ein vergleichsweise unscheinbares Massiv am Rande des Dahner Ortsteils Büttelwoog, vielen anderen Aussichtspunkten die Schau. Hier bürstet man den Sonnenuntergang gegen den Strich – statt in die Sonne zu schauen, setzt man sich mit dem Rücken zu ihr und schaut zu, wie ihre letzten Strahlen die Bergkegel des Wasgaus und die Felsmassive gegenüber in ein warmes Licht tauchen. Mit etwas Glück erlebt man das Felsenglühen, dann leuchten Hochstein, Büttelfels und Lämmerfels für wenige Minuten in Rostrot. Vor dem kurzen Aufstieg kannst du in der schicken FelsenGraf Wanderhütte schlemmen, wo der beschilderte Pfaffenfelsen-Pfad beginnt.

Dahn | Buslinie 545 von Dahn bis Felsland Badeparadies, Mi und So auch Wieslauterbahn RB56 von Landau | Parkplatz am Felsland-Badeparadies | FelsenGraf Wanderhütte: felsengraf.de | Wanderkarte „Westlicher Wasgau mit Dahn", LVermGeo Ganzjährig, kurz vor Sonnenuntergang 49.143173, 7.770274 Download GPX-Track

Felsenland-Crashkurs

2 Einfache Rundwanderung zur Dahner Hütte, 5,6 km, 1 h 40 min

Zauberhafte Mischwälder, eine Burgruine, Felsenwunder, Seerosenwooge, ein naturgeschütztes Wiesental, dazu eine gemütliche Hütte – diese

Charmanter Auftakt der Wanderung über die Burgruine Neudahn zur Dahner Hütte

Wanderung ist der ideale Einstieg in das Dahner Felsenland. Kurzes Aufwärmen auf dem Wieslautertal-Radweg, dann geht es mit dem Logo der Burg-Neudahn-Tour scharf rechts zu einem Felsentor und hinauf zur Burgruine Neudahn. Die hat alles, was eine pfälzische Felsenburg ausmacht: Burgfelsen, Ober- und Unterburg, Batterietürme mit Schießscharten, Reste einer Wehrmauer. Dann auf dem Bergrücken des Kauert zu Hexenpilz und Satansbrocken, zwei besonders bizarren Felsgestalten, und zum Aussichtspunkt Ellwetritschefels. Belebt wird es an der Dahner Hütte, sie zählt zu den meistfrequentierten der Pfalz. Der Rückweg durch das Moosbachtal: pure Entspannung in üppiger Natur. *Neudahner Weiher | Buslinie 252 vom Bahnhof Hinterweidenthal, Mi und So auch Wieslauterbahn RB56 vom Bahnhof Hinterweidenthal-Ost | Parkplatz am Neudahner Weiher | Wanderkarte „Westlicher Wasgau mit Dahn", LVermGeo | Dahner Hütte: pwv-dahn.de Ganzjährig 49.164164, 7.753650 Download GPX-Track*

Wunder der Statik

3 Einfache Spazierwanderung zum Teufelstisch bei Hinterweidenthal, 3,2 km, 1 Std.

Eines der Wahrzeichen der Pfalz: der Teufelstisch. Unbedingt aus der Nähe anschauen!

Den Teufelstisch muss man einmal aus der Nähe gesehen haben – eine bizarre Felsgestalt, die zu den Top Ten der deutschen Naturwunder zählt. Unter dem weit überhängenden Felsentisch fragt man sich unwillkürlich, wie die fast 300 t schwere Tischplatte auf den viel schmaleren Sockel gelangte. Antwort weiß die Teufelstisch-Sage: Der Gehörnte habe einst auf einem seiner Streifzüge keinen Rastplatz gefunden, daraufhin voller Wut zwei Felsen gepackt und zu einem Tisch aufgetürmt. Wer der Stabilität des Bauwerks nicht traut, setzt sich für seine Vesper auf einen Felsblock etwas abseits. **Insider-Tipp** Pfiffig ist es, nicht den direkten Weg zu nehmen, sondern vom Parkplatz erst noch ein kleines Stück bergab zu laufen und gleich links an der Wieslauter und ihrem Nebenfluss Salzbach entlangzustromern, bevor es beschildert hinaufgeht. Mit einem kurzen Abstecher kannst du dir noch die kleineren Felsenwunder Teufelsschmiede und Teufelsküche anschauen. *Hinterweidenthal | Regionalbahn RB55 von Landau | Parkplatz am Erlebnispark Teufelstisch Ganzjährig 49.195606, 7.746120 (Parkplatz) Download GPX-Track*

Vom Sprinzelfels reicht der Blick bis zum pfälzisch-elsässischen Grenzkamm

Genau hier auf dem Heidenpfeiler stand der Stutzflügel von Alexander Huber

Der Huberbua und der Debussy

4 Einfache Rundwanderung zum Heidenpfeiler (Schlüsselfels) bei Busenberg, 3,2 km, 1 Std.

Ideen muss man haben: Auf einer „Himmelsleiter" genannten Traditionsroute, der mit 58 m längsten Führe des Pfälzerwaldes, an einer senkrechten und teilweise überhängenden Kante auf den Heidenpfeiler hinaufklettern, sich oben an einen Stutzflügel setzen und zusammen mit einem Cello spielenden Seilpartner Debussy's „Claire de Lune" aufführen. So umgesetzt hat das 2022 die Kletterlegende Alexander Huber, der jüngere der beiden Huberbuam, mit dem pfälzischen Musiker Burkard Maria Weber. Der Landauer Regisseur Marco Küster hat das Ganze im Film „Concerto vertical" festgehalten. Da möchte man doch auch mal hin! Kein Problem, denn auf den Heidenpfeiler führt ein gut markierter Steig, der Busenberger Rundwanderweg Nummer 3.

Busenberg | Buslinie 545 von Dahn | Wanderparkplatz am Weisensteinerhof | Wanderkarte „Östlicher Wasgau mit Bad Bergzabern", LVermGeo
Ganzjährig, nicht bei Schnee- und Eisglätte
49.120420, 7.841269 Download GPX-Track

Über Streuobstwiesen zum Felsentor

5 Einfache Rundwanderung von Schindhard zum Sprinzelfels, 4,8 km, 1 Std. 30 Min.

Typisch Dahner Felsenland: Streuobstwiesen, ein freundliches Tälchen und ein Felsen, der mit seinen Wandfluchten, seinen Sandstein-Miniaturwelten und seiner von Bonsaikiefern gekrönten Aussichtsplattform begeistert. Vom Ortseingang von Schindhard geht es frei Schnauze zwischen Apfel-, Birn- und Kirschbäumen bergauf, dann links an einem waldigen Hügel vorbei, durch ein Wiesental und mit dem Logo des Premiumweges Busenberger Holzschuhpfad hinauf zum Sprinzelfels. **Insider-Tipp** Unbedingt links an der Wand entlanglaufen, wo ein mit Seilen abgesicherter Pfad zu einem Felsentor führt! Dann im Zickzack hinauf zur Schaustunde auf dem ungesicherten Felsplateau mit Blick auf Busenberg, die Burgruine Drachenfels und die Felstürme der Bruchweiler Geiersteine. Auf

Ob zu Fuß oder mit dem Rad, der Kranzwoog ist einfach zauberhaft

dem Rückweg folgt man dem Kamm des Dickenberges und bummelt dann – mit der Burgruine Altdahn und dem Hochsteinmassiv vor Augen – durch Streuobstwiesen hinunter nach Schindhard.

Schindhard | Buslinien 252 vom Bahnhof Hinterweidenthal oder 545 von Dahn | Parkplatz am Ortseingang | Wanderkarte „Östlicher Wasgau mit Bad Bergzabern", LVermGeo Ganzjährig, nicht bei Schnee- und Eisglätte 49.141607, 7.816820 Download GPX-Track

Seerosenzauber

6 **Einfache Hin/zurück-Wanderung zum Kranzwoog bei Dahn, 7,8 km, 2 Std.**

Mehr als 1000 Wooge gibt es im Pfälzerwald, künstlich aufgestaute Teiche, oft mitten im Wald versteckt. Ursprünglich dienten sie der Versorgung der Bevölkerung mit Fischen oder der Sägewerke und Mühlen mit Wasserenergie. Heute steht das Vergnügen von Spaziergängern, Wanderern und Radlern im Vordergrund. Im Hochsommer kann man an einigen von ihnen einen Farbenrausch in Gelb, Weiß und Rosa erleben, wenn sich die Blüten der Seerosen öffnen. Der Kranzwoog weit hinten im Naturschutzgebiet Moosalbtal ist einer jener Seerosenwooge, die Gebietsneulingen besonders lange Uh's und Ah's entlocken. Was für ein friedlicher Platz! Schwer vorstellbar, dass auf den Bergen hinter dem See während des Kalten Krieges zwei Anlagen der US-Army lagen. **Insider-Tipp** Fast ein Muss ist die abschließende Vesper in der Dahner Hütte.

Moosbachtal bei Dahn | Buslinie 252 vom Bahnhof Hinterweidenthal, Mi und So auch Wieslauterbahn RB56 vom Bahnhof Hinterweidenthal-Ost | Wanderparkplatz Moosbachtal 2 km hinter dem Neudahner Weiher | Wanderkarte „Westlicher Wasgau mit Dahn", LVermGeo | Dahner Hütte: pwv-dahn.de Hochsommer zur Blütezeit der Seerosen oder Frühjahr für Froschkonzerte 49.151996, 7.756553 Download GPX-Track

Steinmann, Steinfrau, Steinkind

7 **Mittelschwere Rundwanderung über den Löffelsberg zum Buhlstein, 6,1 km, 2 Std.**

Was werden wohl Archäologen in einigen Tausend Jahren von den kunstvoll zu Pyramiden aufgeschichteten Steinen halten, die den Gipfel des

Übersät mit Steinpyramiden ist das Gipfelplateau des Löffelsbergs

Der Pfälzerwoog ist der perfekte Platz zum Träumen

Löffelsberges überziehen? Handelt es sich um Zeugnisse eines religiösen Kults? Um Orientierungsmarken für Außerirdische? Um verschlüsselte militärische Informationen? Heute weiß man noch, dass in den Nuller Jahren junge Einheimische damit begannen, auf dem Löffelsberg einen regelrechten Steinmännchen-Park zu errichten. Aber was hat sie dazu bewogen? Vergleichsweise einfache Fragen stellen sich 1 Std. später auf dem Buhlstein. Wie heißt diese Burg da unten? Und der Felsen dort drüben? Ob die Kegelberge wohl alle einen Namen tragen? Gut, dass es noch Papier-Wanderkarten gibt – für den Überblick.

Oberschlettenbach, Bühlhof | Buslinie 545 vom Bahnhof Bad Bergzabern | Parken am Bühlhof | Wanderkarte „Östlicher Wasgau mit Bad Bergzabern", LVermGeo | Bühlhofschänke: buehlhof.de Ganzjährig, sehr schön an kaltklaren Wintertagen 49.141348, 7.858621
Download GPX-Track

Von Woog zu Woog

8 Mittelschwere Rundwanderung in den Talauen von Fischbach und Ludwigswinkel, 11,6 km, 3 Std.

Im Tal der Sauer bei Fischbach und Ludwigswinkel gehen die Uhren anders, der Tag hat hier mindestens 30 Stunden. Also gleich gar nicht auf die Uhr schauen – die Zeit einfach vergessen und gemächlich von See zu See bummeln. Dabei folgt man dem Logo des Premiumweges Wasgau-Seen-Tour bis zum Pfälzerwoog. Von dort kehrt man durch das Tal der Sauer direkt zum Ausgangspunkt zurück – auf dem Premiumweg kämen nämlich noch 10 km hinzu. Kalorien gibt es am Kiosk des Barfußpfades Ludwigswinkel, in einem Restaurant in der Dorfstraße oder beim Picknick am weltabgeschiedenen Rösselsweiher. **Insider-Tipp** Frisches Quellwasser zapft man an der Rösselsquelle. Schwimmen kann man im Mühlweiher, den die Einheimischen Saarbacher Hammer nennen, und im Sägmühlweiher. Besonders angenehm ist ein Badeplatz an seinem rechten Ufer.

Ludwigswinkel | Buslinie 251 von Dahn | Parkplatz am Badesee Saarbacher Hammer | Wanderkarte „Westlicher Wasgau mit Dahn", LVermGeo

So sieht man die Burgruine Altdahn nur vom Römerfelsen

Ganzjährig, Sommer für Badelustige
49.084885, 7.687437 *Download GPX-Track*

Im Ellwetritscheland

9 Anspruchsvolle Rundwanderung in der Welt des Pfälzer Sagentiers auf dem Dahner Ellwetritscheweg, 9,5 km, 3 Std.

Erstaunlich viel Halbgares wird über das Pfälzer Sagentier, die Ellwetritsch, verbreitet. Wenn man den Dingen auf den Grund gehen möchte, sollte man sich den durchgängig markierten Ellwetritscheweg vorknöpfen. Eine Bronzefigur im Dahner Kurpark verschafft einen ersten Eindruck vom Aussehen des Tiers. Ein höchst merkwürdiges Wesen! Dann geht es in den bevorzugten Lebensraum der Tritsche hoch droben im Dahner Felsenrund. Zu einer Nistanlage, einem Balzritual-Platz, dem Tritsche-Versammlungsplatz auf dem Römerfelsen, einer Landeanflug-Schneise und einer fossilen Eiablagestelle. Unten im Tal haben sich die Dahner von einem ehemaligen Tritsche-Badeplatz, der für Spritzgussbäder und Ganzwaschungen genutzt wurde (wird?), dazu inspirieren lassen, an Ort und Stelle ein Kneipp-Becken einzurichten. Auch jenseits der Welt der Ellwetritsche ist diese Wanderung über federnde Schlängelpfade und felsgekrönte Bergkämme zu grandiosen Aussichtspunkten großes Erleben.

Dahn | Buslinie 252 vom Bahnhof Hinterweidenthal, mittwochs und sonntags auch Wieslauterbahn RB56 vom Bahnhof Hinterweidenthal-Ost | Parkplatz am Kurpark | Wanderkarte „Westlicher Wasgau mit Dahn", LVermGeo *Frühjahr oder Herbst* *49.149144, 7.782789* *Download GPX-Track*

Buntsandsteinwunder

10 Anspruchsvolle Rundwanderung auf dem Premiumweg Napoleon-Steig, 11,4 km, 3,5 Std.

Das Dahner Felsenland, mit seinem Kontrast zwischen stillen Wiesentälern und eleganten Kegelbergen, seinen Buntsandsteinkolossen und seinen bizarren Felsenburgen die spektakulärste

Radler- und Wanderertreff Bruchweiler Hütte: Öffnungszeiten beachten!

Vollständig restauriert ist die Burg Berwartstein

Landschaft des Pfälzerwaldes, lockt Wanderfreunde mit einem Dutzend zertifizierter Premiumwege – mit Logo komplett durchmarkierte Routen, die Höhepunkt an Höhepunkt reihen. **Insider-Tipp** Als Fotograf packst du die Kamera erst gar nicht weg, lohnende Motive gibt es hier im Minutentakt. Einer der schönsten Wege ist der Napoleon-Steig, der auf luftigen Naturpfaden mit tollen Fernblicken und überraschenden Szeneriewechseln durch die Buntsandsteinwelt des Wasgaus führt. Abwechslung ist hier Programm: Am Weg liegen der in seiner Silhouette dem Franzosenkaiser ähnelnde Napoleonsfels, vier weitere Felsmassive, ein wiesenreicher Talkessel, die Bruchweiler Hütte und eine Blumenwiesen-Hochebene.

Bruchweiler-Bärenbach | Buslinie 252 vom Bahnhof Hinterweidenthal, Mi und So auch Wieslauterbahn RB56 von Landau, plus 10 Min. Fußweg | Wanderparkplatz am Ende der Fabrikstraße | Bruchweiler Hütte: pwv-ogbruchweiler.de | Wanderkarte „Westlicher Wasgau mit Dahn", LVermGeo Ganzjährig, nicht bei Schnee- und Eisglätte 49.119976, 7.795011 Download GPX-Track

Flussradeln zur Raubritterburg

11 Radtour von Wissembourg zur Burg Berwartstein, Streckentour mit einer Schleife, 32,3 km, 2 Std.

Am quellklaren Flüsschen Wieslauter entlang führt diese Radtour vom Rand der Rheinebene in den Pfälzerwald und in die Welt des Raubritters Hans Trapp. Startpunkt ist das elsässische Städtchen Wissembourg. Ein Sprung über die Grenze gehört zu einem Pfalz-Urlaub einfach dazu! Dann geht es auf einem idealen Radweg durch das Wieslautertal. In einem Seitental steht auf einem Hügel der Berwartstein, die einzige dauerhaft bewohnte Burg der Pfalz. **Insider-Tipp** Unbedingt eine Führung mitmachen, die örtlichen Guides wissen eine Menge Schaurig-Schönes zu erzählen und zu zeigen! Hier also hauste der legendäre Hans Trapp, der berühmteste Raubritter der Pfalz. Kaum zwei Kilometer entfernt dann eine andere Welt, der Seehofweiher: Schwimmen, sonnenbaden und faulenzen, bevor man es talabwärts rollen lässt und noch eine ausgiebige Schlenderei durch das malerische Wissembourg anhängt.

Über Stock und Stein geht es im Mountainbikepark Pfälzerwald

Rauf aufs Boogie Board, rein in die kühle Wieslauter!

ⓘ *Wissembourg (Frankreich), Bahnhof | Regionalbahn RB53 ab Landau | Parken vor Ort | Radwanderkarte Südpfalz (zu bestellen unter suedliche weinstrasse.de) oder SÜW-App | Burg Berwartstein: burgberwartstein.de, € (Eintritt und Führung)*
März–Okt. *49.031625, 7.950355*
Download GPX-Track

Rauf mit dem Puls!

12 Mittelschwere Mountainbike-Rundtour durch den zentralen Pfälzerwald und den nördlichen Wasgau, 39,7 km, 4,5 Std., 800 hm (kann abgekürzt weden)

Knackige Uphills, anspruchsvolle Querungen, rasante Downhills, aufregende Single Trails – der Mountainbikepark Pfälzerwald bietet genau das, was anspruchsvolle Touren-Mountainbiker mögen. Rund 900 km durchmarkierte Trails gibt es hier, verteilt auf 20 Touren aller Schwierigkeitsgrade. Appetithappen gefällig? Dann auf zur Mountainbiketour 11, die sich zunächst die abgelegenen Berge um die Höhensiedlung Hermersbergerhof vorknöpft und dann die Felsenlandschaft im Süden von Hauenstein. Ein herrlicher Kontrast! Wenn du die Tour nicht ganz radeln möchtest, kannst du von Wilgartswiesen oder Spirkelbach auf ausgeschilderten Radwegen nach Hauenstein zurückkehren.

ⓘ *Hauenstein, Bahnhof Hauenstein-Mitte | Regionalbahn RB55 von Landau | Parken vor Ort | Infos zum Mountainbikepark und Streckenpläne zum Download: mountainbikepark-pfaelzerwald.de*
Frühjahr–Herbst *49.199093, 7.849603* *Download GPX-Track*

Mit Forellen um die Wette paddeln

13 Boogieboarden oder Luftmatratzeln auf der Wieslauter bei Hinterweidenthal

Bis vor einigen Jahren war die aus dem zentralen Pfälzerwald zum Rhein strömende Wieslauter ein respektabler, wenn auch nur Insidern bekannter Kanufluss. Seitdem jedoch ins Wasser gestürzte Bäume das Vorwärtskommen erschweren, ist es vorbei mit Paddeln. Da heißt es kleinere Brötchen backen: Findige Menschen schnappern sich ein Boogie Board, ein eigentlich für das Spiel mit Ozeanwellen designtes Sportgerät, und lassen sich damit stromabwärts treiben – die fast in Vergessenheit geratene Luftmatratze tut's auch. Ein völlig neuer Blick auf die Welt, wenn man mit

Beim Klettertreffen auf dem Bärenbrunnerhof wird viel geboten

Libellen vor der Nase unter Trauerweiden durchs quellklare, kühle Wasser gleitet – natürlich in Gesellschaft von Bachforellen. Ein guter Einstieg liegt an der Zufahrt zum Teufelstisch in Hinterweidenthal, bequem aussteigen kann man einige Hundert Meter weiter zur rechten Seite hin. Um die Ecke liegt der Spielpark Teufelstisch. Noch mehr kindliches Vergnügen.

Hinterweidenthal | Badeplatz am Parkplatz neben dem alten Bahnhofsgebäude in der Bahnhofstraße | Regionalbahn RB55 von Landau plus 5 Min. Fußweg | Spielpark Teufelstisch: am-teufelstisch.de ⏲ Hochsommer 📍 49.196961, 7.750753

Bei Klettermaxen und -mäxinnen

14 Ausflug zum Klettertreff Bärenbrunnerhof bei Schindhard

Seine rostroten, bis zu 60 m hohen Felsen machen den südlichen Pfälzerwald zu einem Traumrevier für anspruchsvolle Kletterer. Ein idealer Platz, um in die Welt der Felsakrobaten reinzuschnuppern, ist der Bärenbrunnerhof, ein malerisch in einen weiten Talkessel eingebettetes Gehöft. Dort treffen sich Kletterer aus vielen Nationen, versuchen sich an der Klosterwand, am Nonnenfels, am Honigfels oder am Stern. Am Spätnachmittag trudeln sie dann im Bio-Gasthof Bärenbrunnerhof ein und tauschen auf der wunderschön gelegenen Terrasse ihre Erlebnisse aus. Ihre Ausrüstung können sie direkt daneben in der Bärenhöhle, einem Lädchen für Kletter- und Outdoor-Bedarf, auf den neuesten Stand bringen, gesundes Futter holen sie sich im Bioladen im Innenhof.

Schindhard | Buslinien 252 vom Bahnhof Hinterweidenthal oder 545 von Dahn bis Schindhard plus 30 Min. Fußweg | Parkplatz am Bärenbrunnerhof | Bio-Gasthof: baerenbrunnerhof.de ⏲ Mai–Oktober 📍 49.154065, 7.852290

Download GPX-Track

BEI PIRMASENS

Am Rande des Urwalds

15 Einfacher Hin/zurück-Spaziergang zum Winschertfels, 2,2 km, 40 Min., und Aufstieg zur Burgruine Gräfenstein, 1 km, 20 Min.

Ab und zu hat es doch noch Schnee im Pfälzerwald. Dann wirkt die Luft besonders rein, die Aussicht ist

Den Winschertfels hat man oft ganz für sich, im Winter sowieso

Fantasieanregend: die Bärenhöhle

besonders klar. Zeit für einen Höhenausflug zum Aussichtspunkt Winschertfels und zur Burgruine Gräfenstein, beide mit kurzen Aufstiegen leicht zu erreichen.

Von der Aussichtsplattform des Winschertfelsens schaut man weit in alle Himmelsrichtungen. Unten lugt der Gräfenstein aus dem Wald heraus, das Musterexemplar einer pfälzischen Felsenburg: im 12. Jh. auf der Spitze eines Kegelberges angelegt, mit einem wuchtigen Felssockel, einer gewaltigen Außenmauer und einem mehrstöckigen Palas. Einzigartig in Deutschland: der siebeneckige Bergfried – Burgenjargon für den Hauptturm und letzten Zufluchtsort bei Belagerungen. Auf einer düsteren Wendeltreppe kann man den 17 m hohen Turm ersteigen und in das streng naturgeschützte Quellgebiet der Wieslauter schauen, wo der Wald ganz sich selbst überlassen wird.

Merzalben | Wanderparkplatz unterhalb der Burg, Ruftaxi 2571 ab Pirmasens | Burgruine frei zugänglich | Wanderkarte „Vom Johanniskreuz bis Pirmasens", LVermGeo In den Abendstunden, besonders im Winter bei Schnee 49.242987, 7.758150 Download GPX-Track

Höhlenforschung

16 Hin/zurück-Spaziergang zur Bärenhöhle bei Pirmasens, 2 km, 40 Min.

Im Buchenwald vor den Toren der Schuhstadt Pirmasens liegt die Bärenhöhle, die größte natürliche Sandsteinhöhle der Pfalz. Am nördlichen Ortsausgang beginnt der kürzeste Zugang, auch vom Talort Rodalben kommt man leicht hin. Ambitionierte Wanderer kennen die Bärenhöhle als einen Höhepunkt des Rodalber Felsenwanderweges, der auf einer Marathondistanz das Städtchen Rodalben umrundet.

Eigentlich handelt es sich bei der Bärenhöhle um zwei übereinanderliegende Felsen, den dschungelig überhängenden Unteren Bärenfelsen mit einem kleinen Wasserfall und den Oberen Bärenfelsen mit der mehr als 15 m tiefen und von einem Bächlein durchflossenen Höhle. Wenn du dich zu einer kleinen Höhlenforschung in den letzten Winkel vorwagst, wirst du nicht mehr daran zweifeln, dass hier einst Bären Unterschlupf fanden. Taschenlampe mitnehmen!

Walking-Pause am Stüdenwoog, dem schönsten Weiher des Stüdenbachtals

Seit Generationen ist das Waldhaus Drei Buchen ein beliebtes Ausflugsziel

Pirmasens | Buslinie SWPS 211 | Parkplatz hinter dem Ortsausgang Richtung Rodalben | Wanderkarte „Vom Johanniskreuz bis Pirmasens", LVermGeo Mai bei frischem Buchenlaub, nicht bei Schnee- und Eisglätte 49.219783, 7.613784 Download GPX-Track

Buchengrün-Wellness

17 Einfacher Spaziergang zum Waldhaus Drei Buchen bei Pirmasens, 3,2 km, 1 Std., oder anspruchsvolle Rundwanderung auf dem Premiumweg Rothenberg-Weg, 9,8 km, 3 Std.

Wie wohltuend, wenn man nach wintergrau-tristen Monaten endlich durch einen frisch ergrünten Buchenwald streifen kann! Wellness der natürlichen Art. Wunderbar erleben lässt sich das am Waldhaus Drei Buchen, denn die aus rostrotem Buntsandstein gemauerte Hütte des Pfälzerwald-Vereins liegt – nomen est omen – inmitten besonders üppiger Buchenwälder. Für eine kurze Stippvisite startet man am Wanderparkplatz Drei Buchen beim Weiler Kettrichhof. Etwas länger, dafür abwechslungsreicher ist der Zugang vom Sportplatz Erlenbrunn. **Insider-Tipp** Wer gerne Kilometer macht, nimmt den am Sportplatz Lemberg beginnenden Rothenberg-Weg, einen Premiumweg, der auf 10 km Länge einen ergiebigen Aussichtspunkt, ein prächtiges Felsmassiv und ein stilles Wiesental berührt.

Wanderparkplatz Drei Buchen bei Kettrichhof | Ruftaxi 2563 ab Pirmasens oder Sportplatz in Lemberg, Ruftaxi 2561 ab Pirmasens | Waldhaus Drei Buchen: waldhausdreibuchenlemberg.de | Wanderkarte „Westlicher Wasgau mit Dahn", LVermGeo Ende April–Ende Mai, wenn die Buchen frisch ausgetrieben haben 49.145447, 7.597303 (Spaziergang), 49.165473, 7.656237 (Rothenberg-Weg) Download GPX-Track

Nordisch im Südwesten

18 Leichte Nordic-Walking-Runde im Stüdenbachtal, 3,9 km, 40 Min.

Sich fit halten, ausgerüstet nur mit guten Laufschuhen und zwei Stöcken: Der Pfälzerwald mit seinem weichen Sandboden und seiner reinen

An den Altschlossfelsen reiht sich Felsenwunder an Felsenwunder

Luft ist wie geschaffen für Nordic Walking. An etwa 50 Startpunkten weisen Infotafeln auf Nordic-Walking-Parcours hin. Wie Skipisten markiert sind die Rundstrecken: Blau steht für leichte Touren, Rot für mittelschwere und Schwarz für schwere.

Einer der schönsten Nordic-Walking-Parcours liegt bei Eppenbrunn im Südwestzipfel des Pfälzerwaldes. Dort breitet sich das Stüdenbachtal mit seinen Seitentälern aus, eine idyllische Seelenlandschaft mit stillen Woogen, weitläufigen Wiesen und traumhaften Waldsäumen. Auf der blauen Runde geht es vom Spießweiher am ehemaligen Forsthaus Stüdenbach und dem Sägeweiher vorbei zum Stüdenwoog. Dort kann man auf Ruhebänken besonders gut eine weltabgeschiedene Rast am Wasser einlegen.

Eppenbrunn | Buslinie 255 von Pirmasens plus 20 Min. Fußweg | Wanderparkplatz Spießweiher, von der Ortsmitte Richtung Fischbach und nach 1 km rechts ab | Wanderkarte „Westlicher Wasgau mit Dahn", LVermGeo Ganzjährig, besonders schön im Herbst 49.106790, 7.560977

Download GPX-Track

Buntsandstein-Exkursion

19 Anspruchsvolle Rundwanderung zu den Altschlossfelsen bei Eppenbrunn, 9,4 km, 3 Std.

Im äußersten Zipfel des Pfälzerwaldes, unmittelbar an der französischen Grenze, liegen die Eppenbrunner Altschlossfelsen, eines der größten Naturwunder Südwestdeutschlands. Ein 1,5 km langes Massiv mit allem, was der pfälzische Buntsandstein zu bieten hat: Türme, Überhänge, Höhlen, Kamine, Felsentore, Kugelsteine, Luftwurzeln. Dazu diese Farbschattierungen an den Felswänden! Dramaturgisch geschickt, wie sich der Premiumweg Altschlosspfad dem Höhepunkt nähert: erst ein Bummel durch den Freizeitpark von Eppenbrunn, dann ein Uferpfad am Dorfweiher und ein Waldweg mit den Hohlen Felsen als Appetithappen. Endlich der große Paukenschlag, wenn man zu vier bizarren Felstürmen am östlichen Ende der Altschlossfelsen emporschaut. Auf einem gewundenen Pfad läuft man nun hart an den Felsen entlang, durchschreitet ein Felsentor, spaziert unter Überhängen hindurch und staunt über die Vielfalt der Felsformen.

Entspanntes Straßenradeln – in den Wäldern bei Johanniskreuz geht das

Exquisit: ein Bachspaziergang im oberen Schwarzbachtal

Eppenbrunn | Buslinie 255 von Pirmasens | Parkplatz in der Neudorfstraße neben dem Restaurant Waldesruh | Wanderkarte „Westlicher Wasgau mit Dahn“, LVermGeo Frühjahr oder Herbst, wenn das frischgrüne oder indianersommerlich gefärbte Laub mit dem Rostrot der Felsen kontrastiert 49.115260, 7.554051 Download GPX-Track

Im Trainingsrevier der Rad-Asse

20 Rad-Rundtour Waldfischbach-Johanniskreuz-Schwarzbachtal, 39 km, 3 Std. 10 Min.

Lust, einmal auf den Spuren der Radasse Hartmut und Udo Bölts zu radeln, Vizeweltmeister der eine, zwölffacher Tour-de-France-Teilnehmer der andere? Dann auf ins Holzland, wo die beiden gerne in den abgelegenen Wäldern rund um ihr Heimatdorf Heltersberg trainierten. Dorthin kommt man von Waldfischbach mit einem lang gezogenen Anstieg, dann geht es auf einem ashaltierten Radweg fast eben weiter zur Höhensiedlung Johanniskreuz – fünf Häuser, darunter zwei Gaststätten. Hier wurde 1843 der Pfälzerwald „erfunden“, als sich Forstleute auf diesen Begriff für den pfälzischen Teil der Nordvogesen verständigten. **Insider-Tipp** Wenn du mit dem Rennrad unterwegs bist, fährst du von Johanniskreuz nach Leimen und dann in einer kurvenreichen Abfahrt ins Schwarzbachtal – alles auf Asphalt. Alle anderen fahren ein kurzes Stück zurück und nehmen den befestigten Forstweg hinunter ins Schwarzbachtal. Der verträumte Ramschelweiher und der Badeweiher Clausensee geben hier ideale Zwischenstopps ab.

Waldfischbach-Burgalben, Start am Bahnhof | Regionalzug RB64 von Kaiserslautern | Parken vor Ort | Radkarte Pfalz (bestellen oder downloaden unter pfalz.de) Mai–Okt., auch im Hochsommer reizvoll wegen viel Schatten und der Bademöglichkeit im Clausensee 49.288215, 7.652407 Download GPX-Track

Bachspaziergang

21 Einfacher Hin/zurück-Spaziergang am oberen Schwarzbach mit Bachwaten und Pritscheln, 2,7 km, 45 Min.

Dank der abgelegenen Lage ist es am Clausensee kaum je überlaufen

Über 20 km lang ist der Oberlauf des Schwarzbachs zwischen der Rhein-Mosel-Wasserscheide und Waldfischbach-Burgalben. Eine fast unbewohnte Gegend, lediglich am Badeweiher Clausensee gibt es ein paar Häuser und einen Campingplatz. Weiter oben im Schwarzbachtal ist man auf einem Forststräßchen meist alleine, lauscht dem Bach, verfolgt das Kreiseln der Bussarde und schaut den Libellen zu. Dort, wo sich das Tal zu einem weiten Wiesental weitet, kann man sich ein ausgefallenes Vergnügen gönnen: einen Spaziergang im Bach. Rein ins kristallklare kühle Wasser und auf einem weichen Buntsandsteinbett genüsslich gegen den Strom waten – solange man's aushält! Etwas weiter flussaufwärts liegt ein Picknickplatz, ideal um die Füße ins Wasser baumeln zu lassen oder um zu pritscheln.

Waldfischbach-Burgalben | Parkplatz an der Brücke 2 km oberhalb des Clausensees | Wanderkarte „Vom Johanniskreuz bis Pirmasens", LVermGeo Sommer 49.283308, 7.740177 Download GPX-Track

Wasserspaß im Holzland

22 Baden, Tretbooteln und Stehpaddeln am Clausensee bei Waldfischbach-Burgalben

Ausgesprochen abgelegen und dennoch belebt ist der Clausensee, neben dem Gelterswoog bei Kaiserslautern das einzige größere Badegewässer des nördlichen Pfälzerwaldes. „Holzland" wird die menschenarme Gegend um den See treffend genannt, floriert hier doch seit Jahrhunderten die Holzwirtschaft, dank prächtiger Mischwälder und reichlich Wasser für die Lagerung und das Triften des wertvollen Rohstoffs. Gespeist wird der in den 1970er-Jahren angelegte Freizeitsee vom kristallklaren Schwarzbach, dessen Ursprung etwa 10 km entfernt ist. Ein Biergarten, eine Liegewiese mit Mini-Strand, ein Tretboot- und Stehpaddel-Verleih – was braucht es mehr für einen runden Sommertag?

Waldfischbach-Burgalben, zwischen Burgalben und Leimen | Parken am Nordufer | Ausleihe von Tretboot und SUP: campingclausensee.de | Biergarten Fischerhaus: fischerhaus-clausensee.de Sommer 49.275463, 7.720438

Ein Spaziergang an der Queich – Auftakt für größere Taten im Trifelsland

RUND UM ANNWEILER-HAUENSTEIN

Fachwerk am Fluss

23 Bummel durch die Altstadt von Annweiler, etwa 1 Std.

Zu Füßen der auf einem Kegelberg thronenden Reichsfeste Burg Trifels liegt das schmucke Städtchen Annweiler. Prunkstück seiner historischen Altstadt ist die Gerbergasse, ein Fachwerk-Traum am Ufer des Flüsschens Queich. Zwei Mühlräder schließen die Gerbergasse ab. Während das obere in ein Restaurant integriert ist, dient die weiter unten gelegene Stadtmühle heute einem Schaubetrieb, in dem die Umwandlung von Wasserkraft in Strom gezeigt wird. Direkt daneben erfährt man im kleinen Museum unterm Trifels einiges über die Burg Trifels, über Kaiser Barbarossa, der sich auf seinen Reisen oft dort aufhielt, und über Prinz Löwenherz, der auf dem Trifels gefangen gehalten wurde. Das Eis danach gibt's in der Wassergasse weiter flussabwärts oder am Marktplatz.

Annweiler | Regionalbahn RB55 von Landau | Parkplatz an der Zweibrücker Straße | Museum unterm Trifels Mi–So, annweiler.de, € Ganzjährig 49.204370, 7.959998 Download GPX-Track

Den Kletterern vorbehalten sind die Türme des Luger Geiersteins

Nervenkitzel am Foto-Hotspot

24 Einfache Wanderung zum Luger Geierstein, 2 km, 40 Min.

Für Hobbyfotografen zählt der Luger Geierstein, ein keck in den Himmel ragendes Felsmassiv, zu den absoluten Hotspots. Noch vor Tagesbeginn parken sie am Straßenrand zwischen Völkersweiler und Lug ihre Fahrzeuge, überqueren die Straße, steigen in einer Links-Rechts-Links-Kombination zum Felsfuß und unter dramatisch überhängenden Felswänden ganz hinauf. Dort stehen sie ungesichert hoch über dem Abgrund, schrauben an ihren Stativen herum, fachsimpeln über Objektive, Brennweiten und Belichtungszeiten. Und hoffen auf den ultimativen Schnappschuss: im Vordergrund ein Tischfelsen, dahinter eine oft von Morgennebel bedeckte Hochfläche, noch weiter hinten geschwungene Bergsilhouetten und ganz weit hinten die aufgehende Sonne über der Rheinebene. Am Wochenende kannst du hier prima Kletterer beobachten – die haben mit den schwierigen Routen ihre liebe Mühe.

Beiderseitige Neugier im Wild- und Wanderpark bei Silz

Unter wertvollen Eichen verläuft der Weg zum Kirschfels

ⓘ Lug | Ruftaxi 2556 vom Bahnhof Wilgartswiesen bis Lug plus 45 Min. Fußweg auf der Luger Geiersteine-Tour | Parkplatz rechts der Straße zwischen Lug und Völkersweiler | Wanderkarte „Östlicher Wasgau mit Bad Bergzabern", LVermGeo ⏲ Aug.–Okt. zum Sonnenaufgang, dann steht für Fotografen die Sonne „richtig" ⚲ 49.176677, 7.914254 ✓ Download GPX-Track

Mitten unter Hirschen

25 Spaziergang durch den Wild- und Wanderpark Südliche Weinstraße, ca. 2,5 km, 2 Std.

Je größer und dichter die Wälder, desto geringer die Chance, das dort lebende Wild in natura sehen zu können. In den Weiten des Pfälzerwaldes finden die Tiere genügend Rückzugsorte, um den Menschen aus dem Weg zu gehen. Gut, dass es den Wild- und Wanderpark Südliche Weinstraße gibt. Dort kann man in einem weitläufigen Gelände aus nächster Nähe die in der Pfalz heimischen Tiere – und einige mehr – beobachten. Große Rotwild- und Damwildrudel streifen über Streuobstwiesen oder suchen Schatten im Kastanienwald. Besucher können auf ausgewiesenen, aber nicht besonders geschützten Wegen zwischen den Tieren hindurchspazieren. Weniger gesellige Tiere wie Wildschweine, Wisente und Wölfe leben in geräumigen Gehegen. **Insider-Tipp** Für Kinder gibt es einen Streichelzoo und einen Abenteuerspielplatz, für die Verpflegung ein Parkrestaurant. Nur einen Kilometer entfernt liegt der Silzer See: baden, faulenzen, spazieren.

ⓘ Silz | Buslinie 531 ab Bahnhof Annweiler | Großer Parkplatz vor Ort | Wildpark täglich geöffnet: wildpark-silz.de, € ⏲ Sept.–Anf. Okt. zur Zeit der Hirschbrunft ⚲ 49.135648, 7.932301

Durchs Wildschwein-Schlaraffenland

26 Einfache Wanderung zum Annweiler Forsthaus, 4,3 km, 1 Std. 10 Min.

Er hat einiges mitgemacht, dieser Kirschfels-Aussichtspunkt. Erst war dort nichts als ein Felsplateau, dann kam ein Holzturm hinzu, 2010 wurde eine spektakuläre Holztribüne mit mehreren Rängen errichtet – und schon neun Jahre später wieder abgerissen. Die Baubehörde hatte Sicherheitsbedenken, eine Schutzhütte immerhin durfte stehen bleiben. Die Aussicht indessen blieb unverändert: ein unvergessliches 240-Grad-Panorama,

Auf dem Rehbergturm zieht die Burg Trifels die Aufmerksamkeit auf sich

das von den Haardtgipfeln über das Trifelsland bis zum Schwarzwald und ins Elsass reicht. Der gut beschilderte Weg zum Kirschfels führt zwischen wertvollen Traubeneichen hindurch, die bis zu 40 m hoch und bis 800 Jahre alt werden. Ihre Eicheln machen den fast ebenen Höhenrücken zum Schlaraffenland für Wildschweine. Wanderer finden ihr Schlaraffenland am Start- und Endpunkt des Höhenspaziergangs im ehemaligen Annweiler Forsthaus, einer exquisit gelegenen Ausflugsgaststätte, die heute als „Schwarzer Fuchs" firmiert.

Annweiler Forsthaus, Wanderparkplatz am Forsthaus | Wanderkarte „Vom Johanniskreuz bis Pirmasens", LVermGeo | Waldgaststätte Schwarzer Fuchs: schwarzer-fuchs.de Ganzjährig, besonders bei Schnee 49.262759, 7.871587

Download GPX-Track

Glänzende Aussichten

27 Mittelschwere Rundwanderung zum Rehbergturm bei Annweiler, 3,6 km, 1 Std. 15 Min.

Darüber können Pfälzer trefflich streiten: welchem der beiden Stars unter den Aussichtstürmen des Pfälzerwaldes, dem Luitpoldturm oder dem Rehbergturm, der erste Rang gebührt. Während der Luitpoldturm mit seiner zentralen Lage und dem Blick über schier unendliche Wälder glänzt, kann der Rehbergturm spektakuläre Tiefblicke, den Fernblick über die Rheinebene und den Nahblick auf das Burgentrio Trifels-Anebos-Münz für sich verbuchen. Und den 577 m hohen Rehberg selbst, der sich wie eine ebenmäßige Pyramide mehr als 400 m über dem Trifelsstädtchen Annweiler erhebt. **Insider-Tipp** Besonders aufregend ist es auf dem Rehbergturm an manchen Herbst- und Wintertagen, wenn nur die Spitzen der eleganten Kegelberge aus dem Morgennebel herausragen. Unbedingt noch mitnehmen solltest du eine Runde um den massigen Asselstein und die Einkehr in der benachbarten Klettererhütte.

Annweiler | Buslinie oder Ruftaxi 527 ab Bahnhof Annweiler | Parkplatz an der Klettererhütte an dem zum Trifels führenden Waldsträßchen | Wanderkarte „Östlicher Wasgau mit Bad Bergzabern", LVermGeo Ganzjährig, besonders bei Talnebel 49.187433, 7.964388

Download GPX-Track

Der Raufelspfeiler – nur für Schwindelfreie

Klettern im Buntsandstein will gelernt sein

Schwindelerregende Tiefblicke

28 Mittelschwere Rundwanderung zum Spirkelbacher Raufels – mit Staunen, Kraxeln und Krabbeln, 4,6 km, 1,5 Std.

Eine lange Wandflucht mit Überhängen, Simsen und Kaminen. Rostrotes Gestein, da und dort graugrüne Flechten, auf den obersten Zinnen wettergebeugte Kiefern und Zwergeichen. Furchterregende Wände, ein wie abgesägt erscheinender Turm, etwas abgesetzt ein luftiger Pfeiler – das ist der Spirkelbacher Raufels. Mit dem Logo der Raufels-Tour kommt man rasch zum Wandfuß. Dann bestaunt man die bis zu 50 m langen Kletterrouten der Südwand, schlüpft unter einer Felsplatte hindurch und kraxelt auf die weit aus dem Berghang ragende Rampe des Raufelspfeilers. Ganz oben auf dem Rauberg ein weiterer Nervenkitzel, wenn man sich auf einem Felsband gebückt zur Spitze des Massivs vortastet und in die Ferne und in die furchterregende Tiefe schaut. Eine Passage nur für Schwindelfreie mit gutem Schuhwerk!

Spirkelbach | Ruftaxi 2556 ab Bahnhof Wilgartswiesen | Parkplatz nahe der Dorfkirche | Wanderkarte „Östlicher Wasgau mit Bad Bergzabern", LVermGeo *Ganzjährig, nicht bei Schnee- und Eisglätte* *49.197491, 7.884968* *Download GPX-Track*

Ran an den Buntsandstein!

29 Klettern am Nedingfelsen bei Hauenstein, Zugang 0,7 km, 15 Min.

Wo anfangen, wenn man bisher nur in der Halle geklettert ist oder zum ersten Mal zum Klettern in die Pfalz kommt? Ein idealer Fels zum Einsteigen ist der Nedingfelsen am nördlichen Ortsrand von Hauenstein: ganz nah am Bahnhof gelegen, sonnige Südlage, 16 m maximale Felshöhe. Über 30 versicherte Routen gibt es an der lang gestreckten Wand, darunter acht in den niedrigen Schwierigkeitsgraden bis III. Anfänger finden gut abgesicherte Routen mit ausgeprägten Tritten und festen Griffen. Das Seil lässt sich überall von oben einhängen, es kann also leicht toprope gesichert werden. Dennoch: Die Pfälzer Sandsteinfelsen haben so ihre Eigenarten, deshalb auch mit etwas

Lamas auf Pfälzer Felsen, wer hätte das gedacht?

Im Urwald westlich vom Hermersbergerhof kann sich das Rotwild sicher fühlen

Klettererfahrung erst mal einen Kurs belegen! Der schönste Platz für eine Kletterpause ist das leicht zu erreichende Felsplateau: toller Blick auf das Felsendorf Hauenstein, vielleicht sogar mit Fußball – das Stadion liegt direkt unter dem Neding.
Hauenstein | Regionalbahn RB55 von Landau | Parkplatz am Bahnhof Hauenstein-Mitte | Kletterkurse: pfälzische Sektionen des Deutschen Alpenvereins oder pfalzklettern.com Frühjahr–Herbst 49.199008, 7.849216 Download GPX-Track

Röhrende Hirsche

30 Hirschbrunft am Hermersbergerhof

In den abgeschiedenen Tälern rund um die Höhensiedlung Hermersbergerhof gibt es das größte Rotwild-Vorkommen der Pfalz. Zur Brunftzeit im September kann man dort von einem barrierefreien Aussichtspunkt an einem wenig befahrenen Waldsträßchen das Röhren der Hirsche belauschen. Schon bald nach Einbruch der Dunkelheit geht es los: Der erste Hirsch stößt seinen Brunftruf aus. Bald röhrt auch ein zweiter, dann ein dritter. Und wenn einmal keine Hirsche zu hören sind: Auch der Sternenhimmel hier oben, wo es keine Lichtverschmutzung gibt, hat es in sich. **Insider-Tipp** Auch außerhalb der Brunftzeit lohnt sich das Kommen – der Blick über die besonders geschützte Biosphären-Reservat-Kernzone „Quellgebiet der Wieslauter" ist spektakulär. Dort darf weder gebaut noch gejagt noch Holz geschlagen werden. So wird hier ein 2400 ha großer Urwald entstehen.
Hermersbergerhof, Parken ca. 0,5 km hinter der Siedlung Richtung Johanniskreuz/Leimen | Wanderkarte „Vom Johanniskreuz bis Pirmasens", LVermGeo Für die Hirschbrunft Sept., für die Aussicht das ganze Jahr 49.243240, 7.827823

Wandern mit Benito, Lotte und Goliath

31 Lamawandern bei Völkersweiler, etwa 2 Std.

Offene Hochflächen, umgeben von waldigen Kegelbergen – so zeigt sich der Pfälzerwald rund um Völkersweiler. Ein ideales Gelände, um einmal mit einem Lama an der Leine über Blumenwiesen zu ziehen, vorbei an bizarren Felsen und netten Dör-

„Ich seh' den Sternenhimmel" – Sommernacht am Eschkopfturm

fern. Kaum unterwegs, wird man schon von der Ausgeglichenheit der Tiere angesteckt – kein Wunder, dass Lamas auch gerne in der tiergestützten Therapie eingesetzt werden. Und wenn man Benito, Lotte oder Goliath schon einmal lieben gelernt hat, gehört nach der Lamawanderung das Füttern der Tiere einfach dazu. Als Andenken gibt es den Lama-Führerschein, als Mitbringsel Lamawolle.

ⓘ *Völkersweiler, am Radweg Richtung Lug; wenn man angemeldet ist, kann man auf einem asphaltierten Rad- und Wirtschaftsweg bis zum Lama-Gehege fahren | Buslinie 531 ab Annweiler | pfalz-lamas.de, der Anbieter hat auch Stützpunkte in Annweiler und Waldhambach, €€€ Mai–Okt. 49.172754, 7.915435*

BEI KAISERSLAUTERN

Sternennacht

32 Sternegucken am Eschkopfturm bei Johanniskreuz, einfacher Hin/zurück-Spaziergang, 1 km, 20 Min.

Im dünn besiedelten Pfälzerwald gibt es noch echte Nachtlandschaften ohne die andernorts übliche Lichtverschmutzung. Besonders attraktiv für Sternegucker ist der zentrale Pfälzerwald. Dort steht auf 608 m Höhe der 1902 erbaute Eschkopfturm, in dessen Umkreis es fast keine Lichtquellen gibt. So geht das Beobachten des Sternenhimmels: Wetter und Mondphase klären – am besten leuchten die Sterne bei Neumond. Etwa 1 Std. nach Sonnenuntergang von einer Schutzhütte am Wanderparkplatz aufbrechen, 10 Min. aufsteigen und 98 Treppenstufen hinaufwendeln. Oben Stirnlampe aus und den Augen etwa 15 Min. für die Dunkeladaption gönnen. Jetzt kann das große Erlebnis beginnen! Viel Ausrüstung braucht man dafür nicht: Schon mit bloßem Auge wird man die großen Sternbilder des nördlichen Himmels entdecken – Großer und Kleiner Wagen, Orion und Kassiopeia, dazu fünf Planeten unseres Sonnensystems.

ⓘ *Johanniskreuz | Wanderparkplatz an der Straße Richtung Annweiler, Abzweigung Iggelbach | Turm frei zugänglich | Wanderkarte „Vom Johanniskreuz bis Pirmasens", LVermGeo Ganzjährig, am besten bei Neumond 49.314491, 7.855793*

Download GPX-Track

Hier und nirgendwo sonst liegt die Weltachse

Kein Zweifel, das Karlstal ist die schönste Klamm des Pfälzerwaldes

Um diese Achse dreht sich die Welt

33 Hin/zurück-Spaziergang zur Pälzer Weltachs auf dem Kleinen Roßruck bei Waldleiningen, 1,6 km, 30 Min.

Ein kleiner Geniestreich, der dem Dichter Paul Münch da gelungen ist: Mit einigen wenigen Zeilen machte er einen zuvor kaum beachteten Felsblock auf einer Bergkuppe im tiefsten Pfälzerwald zur Weltachse.

Wann jemand uf de Infall käm,
Die Achs vun unserem Weltsyschtem
Genaa un dipplich auszurechne
Un in die Landkart inzuzeechne,
Do käms eraus, daß akkurat
Im Mittelpunkt vum Pälzer Staat
Der Punkt leit, der wo ganz gewiß
Die Hauptsach uf'em Weltall is
Der Punkt, wo alles sich drum dreht,
Was uf der weite Welt besteht.

Insider-Tipp Jeder, der hier heraufkommt, ist ermächtigt, die Pälzer Weltachs zu schmieren, indem er ein paar Tropfen seines Rucksack-Getränks an den Felsen gießt.

Waldleiningen | Parkplatz Stall an der Straße zwischen Hochspeyer und Johanniskreuz, Abzweigung Mölschbach | Wanderkarte „Kaiserslautern und Umgebung", LVermGeo Mai, bei frischem Buchenlaub 49.399529, 7.846815 Download GPX-Track

Eisenwasser

34 Einfacher Hin/zurück-Spaziergang in der Karlstalschlucht, 3,2 km, 1 Std., oder auf einem anspruchsvollen Premium-Rundweg in die Schlucht, 10,1 km, 3 Std.

Wollte man zehn Muss-man-gemacht-haben-Ziele im Pfälzerwald zusammenstellen, dürfte das Karlstal nicht fehlen. Es liegt am Oberlauf der Moosalbe, die ihren Ursprung bei Johanniskreuz hat und nach 26 km bei Waldfischbach-Burgalben in den Schwarzbach mündet. Glanzstück des Tals ist die Karlstalschlucht, wo sich die Moosalbe inmitten wilder Felstrümmer ihren Weg zwischen Felsblöcken und umgestürzten Bäumen bahnt. Was man hier kaum erahnt: Im 18. und 19. Jh. trieben die

Daran hatten die Leininger Grafen nicht gedacht: ihr Burggraben als Pool

Moosalbwasser die Gebläse und Schmiedehämmer der Trippstadter Eisenwerke weiter unten im Tal an. Für eine „richtige" Wanderung zur Klamm nimmst du am besten den Karlstal-Premiumweg mit Trippstadt als Startpunkt.

Trippstadt | Buslinie 170 von Kaiserslautern | Parkplatz an der Klug'schen Mühle im Karlstal (Spaziergang) oder in der Hauptstraße an der Evangelischen Kirche (Premiumweg) | Wanderkarte „Kaiserslautern und Umgebung", LVermGeo
Frühjahr–Herbst 49.354273, 7.751885 (Spaziergang), 49.355475, 7.770102 (Rundweg)
Download GPX-Track

Bahnen ziehen im Burggraben

35 Schwimmen im Freibad auf der Burg Altleiningen

Schwimmen zwischen fast eintausend Jahre alten Burgmauern? Die Burg Altleiningen macht's möglich. Dort hat man ein blitzsauberes 25-Meter-Becken kurzerhand in den ehemaligen Burggraben hineingebaut. Am schönsten ist es, früh am Morgen seine Bahnen zu ziehen, wenn man das Wasser fast für sich hat. Danach geht's für ein zweites Frühstück hinüber in das Bistro der architektonisch umstrittenen Jugendherberge, die den Großteil des Burgareals einnimmt. Erbaut wurde die Burg Altleiningen wie so viele pfälzische Burgen im 12. Jh. auf einem Felsen. Und wie so viele wurde auch sie im Pfälzischen Erbfolgekrieg 1690 zerstört. Dazwischen aber bildete die Burg unter der Herrschaft der Grafen von Leiningen mit den Nachbarburgen Neuleiningen und Battenberg einen soliden Verteidigungsgürtel für das Leininger Tal.

Altleiningen | Buslinie 454 von Grünstadt | Parkplatz an der Burg | Während der Badesaison täglich geöffnet | vg-l.de | € Frühmorgens
49.511654, 8.081667

Mit Volldampf zum Badesee

36 Fahrt mit der historischen Stumpfwaldbahn, Badespaß am Eiswoog, Rundweg um den See 2,3 km, 40 Min.

Sieben Quellen speisen den am nördlichen Rand des Pfälzerwaldes gelegenen Eiswoog. Malerisch eingebettet zwischen üppigen Bäumen und

Am Helmbachweiher beginnt ein romantischer Wanderpfad durch das Kohlbachtal

einem wuchtigen Eisenbahnviadukt bietet er ein rundes Tagesprogramm: baden, kneippen, die Zeit vergessen beim Aufs-Wasser-Schauen. Dann auf einem Naturerlebnispfad den See umrunden und im Restaurant auf dem Weiherdamm eine Forelle aus eigener Zucht genießen. Und falls man an einem Sonn- oder Feiertag hierherkommt, winkt noch ein nostalgisches Zusatzvergnügen: die Fahrt mit der Stumpfwaldbahn, einer Museumsbahn mit 600 mm Spurweite, von Ramsen zum Eiswoog. Wenn keine Waldbrandgefahr besteht, zieht eine Mini-Dampflok die Waggons, sonst eine Diesellok.

Ramsen | Regionalbahn RB46 oder Buslinie 457 vom Bahnhof Enkenbach | Parkplatz am Eistalviadukt oder am Startpunkt der Stumpfwaldbahn in der Mühlstraße in Ramsen | Stumpfwaldbahn, 4 km, eine Strecke ca. 20 Min., Mai–Okt. an Sonn- und Feiertagen in Betrieb | stumpfwaldbahn.de, € | Seehaus Forelle: seehaus-forelle.de Sommer 49.515186, 7.981535 (Eiswoog), 49.534512, 8.003949 (Bahnhöfchen in Ramsen) Download GPX-Track

RUND UM ELMSTEIN

Wassermusik

37 Einfache Hin/zurück-Wanderung vom Helmbachweiher zum Lambrechter Naturfreundehaus, 5,4 km, 1 Std. 20 Min.

Wasser geht immer! Bei dieser leichten Wanderung im Zentralen Pfälzerwald beginnt das schon bei der Anfahrt: Der Speyerbach ist Begleiter im Elmsteiner Tal, der Helmbach ab dem gleichnamigen Haltepunkt des Kuckucksbähnels, einer bei Ausflüglern beliebten Dampflok-Nostalgiebahn. Pure Wasserromantik gibt es am Helmbachweiher, einem lauschigen kleinen Badegewässer mit Holzsteg, Liegewiese, Abenteuerspielplatz und Grillplatz, auch der obligatorische Kiosk mit Frikadellen und Currywurst fehlt nicht. Dort beginnt ein Traumpfad, der sich zwischen steilen Berghängen am plätschernden Kohlbach zum Lambrechter Naturfreundehaus schlängelt. Kopfhörer runter, hier macht das Wasser die Musik! **Insider-Tipp** Achte auf den richtigen Wegbeginn, um nicht auf dem Hütten-Fahrweg zu landen – also gleich am Zufluss des Kohlbachs die rechte Talseite nehmen.

Viele Ausflügler zieht es zum Rittermahl auf die Burg Spangenberg

Auch der Elmsteiner Trifterlebnispfad hat seine lauschigen Rastplätze

Elmstein-Helmbach | Buslinie 517 ab Bahnhof Lambrecht, So auch mit dem Kuckucksbähnel ab Neustadt plus 30 Min. Fußweg | Parkplatz am Helmbachweiher | Naturfreundehaus Lambrecht: naturfreunde-lambrecht.de | Kuckucksbähnel: eisenbahnmuseum-neustadt.de | Wanderkarte „Oberhaardt von Neustadt bis zum Queichtal", LVermGeo Ganzjährig, Sommer für Badelustige 49.333682, 7.978259 Download GPX-Track

Burgen und Legenden

38 Mittelschwere Rundwanderung auf dem Drei-Burgen-Weg im Elmsteiner Tal, 7,3 km, 2 Std. 35 Min.

Drei-Burgen-Wege scheinen eine Spezialität des Pfälzerwaldes zu sein: Trifels-Anebos-Münz bei Annweiler, Wegelnburg-Hohenburg-Löwenstein bei Nothweiler, Neu-Scharfeneck-Meistersel-Ramburg bei Ramberg. Und Erfenstein-Breitenstein-Spangenberg im Elmsteiner Tal. Ein markierter Wanderweg verbindet diese im 13. Jh. erbauten Burgen. Die beiden erstgenannten sind weitgehend verfallen, die wie ein Adlerhorst über dem Tal thronende Burg Spangenberg dagegen ist gut erhalten und lockt mit einer mittelalterlichen Burgschänke. Einer Legende zufolge soll einst eine lederne Brücke Spangenberg mit der gegenüberliegenden Burg Erfenstein verbunden haben, damit sich die Burgbewohner gegenseitig besuchen konnten, ohne durch das sumpfige Tal gehen zu müssen. Bei einem Streit habe der Burgherr von Spangenberg die Brücke durchtrennt, wodurch der Erfensteiner zu Tode kam. **Insider-Tipp** Einkehren auf der Hälfte des Weges kannst du im Forsthaus Breitenstein.

Erfenstein | Buslinie 517 ab Bahnhof Lambrecht, So auch Kuckucksbähnel ab Neustadt | Parkplatz an der Bushaltestelle | Burgschänke Spangenberg: burg-spangenberg.de | Forsthaus Breitenstein: forsthausbreitenstein.de Ganzjährig 49.353080, 8.016349 Download GPX-Track

Wald, nichts als Wald

39 Anspruchsvolle Rundwanderung auf dem Trifterlebnispfad bei Elmstein, 8,7 km, 2 Std. 40 Min.

Der Trifterlebnispfad bei Elmstein ist wie geschaffen dafür, einmal in die tiefsten Tiefen des

Reine Luft, kaum Verkehr: Radeln im zentralen Pfälzerwald

Pfälzerwaldes einzutauchen: Nirgendwo ist er dünner besiedelt als hier zwischen Elmstein, Johanniskreuz und Waldleiningen. Die Attraktion dieses Weges ist – wenn man so will – die Abwesenheit von Attraktionen, denn die Überreste der im 19. Jh. am Legelbach angelegten Holztriftanlagen sind eher bescheiden. Gelegenheit also, den Wald einmal für sich sprechen zu lassen. Sich vom Kiefernduft benebeln zu lassen, Hutzelpfade zu genießen, sich auf die Einsamkeit einzulassen. Ohne immer genau zu wissen, wo man eigentlich ist – keine Burg, kein Fels, kein Aussichtsturm hilft hier bei der Orientierung. Doch keine Angst: Der Weg ist gut durchmarkiert.

Trifterlebnispfad Elmstein, Elmstein | Buslinie 507 ab Bahnhof Frankeneck nach Elmstein, Haltestelle Bahnhofstraße, plus 30 Min. Fußweg zum Startpunkt | Parkplatz Alte Schmelz an der Abzweigung von der L 499 nach Waldleiningen | Wanderkarte „Oberhaardt von Neustadt a.d.W.", LVermGeo Ganzjährig, wegen des Nadelwaldes auch im Winter 49.358675, 7.924747 Download GPX-Track

Die große pfälzische Waldeinsamkeit

40 Rad-Rundtour Weidenthal-Waldleiningen-Schwarzsohl, 32,3 km, 2 Std. 15 Min., 416 hm
Einmal für 2 Std. ohne störende Autos durch duftende Wälder radeln? Das geht: Im zentralen Pfälzerwald, zwischen dem Hochspeyerbachtal und dem Elmsteiner Tal, liegt das dazu passende, völlig abgeschiedene Waldgebiet. Ein echter Leckerbissen für E-Biker und konditionsstarke Tourenradler, **Insider-Tipp** und Rennradfahrer, die eine kurze Schotterstrecke im Leinbachtal nicht scheuen. Auf Radwegen und kurvenreichen Sträßchen geht es durch das vom Autoverkehr befreite Leinbachtal nach Waldleiningen und dann mit zwei kräftigen Anstiegen und ebenso vielen flotten Abfahrten zurück nach Weidenthal. Radgenuss pur!

Weidenthal, Bahnhof | S-Bahn S2 oder Regionalzug RE1e von Neustadt oder Kaiserslautern | Parken vor Ort | Radkarte Pfalz (downloaden unter pfalz.de) Frühjahr–Herbst, auch im Hochsommer – die Route ist waldschattig 49.418082, 7.993818 Download GPX-Track

DER SCHÖNSTE SONNENAUFGANG

Der Wasgau im ersten Tageslicht

41 **Sonnenaufgang am Aussichtspunkt „Schöne Aussicht" auf dem Großen Eyberg bei Dahn**

Dorthin gelangt man (fast) mit dem Auto. Oben angekommen streckt man sich auf einer geschwungenen Sinnenbank aus und folgt dem Wechsel der Himmelsfarben, bis endlich die Sonne hinter einem der typischen Kegelberge erscheint und Felsen und Burgen, Berge und Täler Gestalt annehmen.

Wanderparkplatz auf dem Großen Eyberg (vom Felsland Badeparadies auf Schotterpiste 3 km bergauf) | Der Aussichtspunkt ist barrierefrei Herbst, Winter oder frühes Frühjahr, da sonst die Sonne zu weit links aufgeht 49.126236, 7.753716

LOKALE SPEZIALITÄTEN

*UND WO DU SIE PROBIEREN KANNST

Saumagen ist fester Bestandteil der pfälzischen Folklore

Der Pfälzerwald, historisch ein Waldbauernland – Ackerbau lohnt sich auf den kargen Sandböden kaum – hat weniger als die anderen Regionen eine eigenständige Küche entwickelt. Vielmehr wurden Einflüsse aus den angrenzenden Gebieten aufgenommen, sodass sich gerade im Pfälzerwald die „typische" Pfälzer Küche zeigt.

Frisches vom Rot-, Reh- und Schwarzwild

1 Wildbret

Wenn schon Fleisch, dann qualitativ hochwertiges. Am besten nicht von Zuchttieren, sondern von freilebendem Wild. Und wenn dieses von Profis geschossen wurde – umso besser. Es hat sich mittlerweile herumgesprochen, dass viele Forstämter frisches Wildbret anbieten. Wer ambitioniert kocht, versucht sich an einer Hirsch-, Reh- oder Wildschweinkeule. Bequemere nehmen küchenfertige Wildbratwürste, Wildburger oder Wildsteaks.

ⓘ *Beim* **Forstamt Hinterweidenthal** *gibt es das Wildbret in besonders ehrwürdigen Gebäuden | Hauptstr. 3 | wald-rlp.de | €€–€€€*

Berühmt zu Recht, berüchtigt zu Unrecht

2 Saumagen

Helmut Kohl ließ ihn seinen Staatsgästen servieren und machte ihn damit weltweit bekannt. Ein Machtspielchen? Wer weiß. Saumagen zu essen wirkt für sensible Gemüter zunächst befremdlich. Doch der leere und gesäuberte Saumagen dient nur als Behältnis. Gefüllt wird er mit magerem Schweinefleisch, Bratwurstbrät, Kartoffeln und Zwiebeln, traditionell gewürzt mit Muskat, Pfeffer und Majoran. Mittlerweile ist der Saumagen so sehr Kult, dass sogar Metzger und Köche mit ausgetüftelten Saumagen-Varianten in Wettbewerben gegeneinander antreten.

ⓘ *Im* **Waldhaus Lambertskreuz** *genießt man den Saumagen in der ältesten Hütte des Pfälzer-*

wald-Vereins | 1 Gehstunde von Lambrecht oder vom Forsthaus Rotsteig | lambertskreuz.eu | €

Pfälzischer Humor auf dem Teller

3 Schiefer Sack

Bratwurst, Leberknödel und Saumagen, begleitet von Sauerkraut, sind die geheiligten Grundpfeiler der pfälzischen Hüttenkost. Gerne wird auch kombiniert: Alles zusammen nennt man „Pälzer Dreifaltigkeit" oder einfach „Kombi". Wünscht man eine Bratwurst und einen Leberknödel, bestellt man „E Schiefer Sack". Viel Fantasie braucht man nicht, um beim Blick auf den Teller die Herkunft dieser seltsamen Speisebezeichnung zu erahnen – der pfälzische Humor ist mitunter ein derber.

ℹ *Berühmt für ihre pfälzischen Spezialitäten ist die* **Drachenfelshütte bei Busenberg.** *Wenn man zuvor die Burgruine Drachenfels bestiegen hat, schmeckt der Schiefe Sack noch mal so gut | pwv-busenberg | €*

Hier findest du alles

5 Alles vom Hof

In einem liebevoll gestalteten Hofladen in aller Ruhe schauen und auswählen: Aprikosenkernöl, Senf, Säfte, Bio-Ziegenkäse, Edelbrände, Pestos – meist aus heimischer Produktion. Wem läuft da nicht das Wasser im Mund zusammen?

ℹ *Im* **Hofladen Hollerbusch in Hauenstein** *findest du fast alles, was die Pfalz zu bieten hat | Di–Sa | hollerbusch-pfalz.de*

Fleischlos glücklich

4 Weißer Kees

Ein Traditionsgericht, das früher jede Woche auf dem Speiseplan der Armen stand. Heute ist „Weißer Kees" etwas für Leute, die das Einfache und Klare zu genießen wissen. Speisequark, „gut angemacht", also sämig, dazu Bauernbrot mit Butter oder Bratkartoffeln. Zwiebeln oder Schnittlauch mischt man je nach Geschmack selbst unter.

ℹ *Im Klettererdomizil* **Bärenbrunnerhof** *kommt der Quark vom Biobauern | Am Ende des Bärenbrunnertals bei Schindhard | baerenbrunnerhof.de | €*

Die Rheinauen sind ein Platz für Müßiggänger, Entdecker und Naturliebhaber

Rheinebene

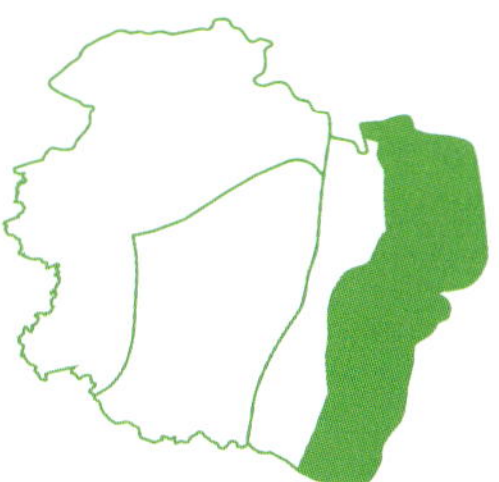

FLACHES LAND, AUENWÄLDER UND BADESTRÄNDE

In der Rheinebene konzentrieren sich Outdoor-Aktivitäten auf Naturerlebnisse sowie Radel- und Sommerfreuden. Naturgemäß steht Radfahren in dieser brettebenen Landschaft ganz vorne. Für Einheimische ist das Rad alltägliches Verkehrsmittel, für Gäste gibt es gut ausgebaute und beschilderte Radrouten wie den Rhein-Radweg, den Salier-Radweg und den Kraut-und-Rüben-Radweg. Näher zum Rhein hin liegt das Revier der Wassersportler und Müßiggänger: Zahlreiche renaturierte Baggerseen mit Sandstränden und Kiesbuchten werden zum Schwimmen, Bootfahren und Stehpaddeln genutzt – oder zum Faulenzen, Angeln und Vögel-Beobachten. Gewandert wird hier weniger, eher spaziert man am Rhein entlang, streift durch den Dschungel der Auwälder, durch den Bienwald und den Gäuwald.

AUF EINEN BLICK

*RHEINEBENE

MARCO POLO OUTDOOR-HIGHLIGHTS ★

★ Pralles Leben im Hördter Auenwald
Durch ein geheimnisvolles Vogelparadies zu einem Rhein-Treidelpfad → S. 138

★ Festungen und Savoir-vivre in Germersheim
Friedliche Runde durch die militärisch geprägte Stadt am Rhein → S. 140

★ Baggersee-Tag im Binsfeld
So geht Baden in den Rheinauen! → S. 142

★ Aus der Domstadt zum Altrhein
Radtour der Kontraste durch Speyer und die Auenwälder → S. 144

★ Mit dem Kanu auf dem Otterstädter Altrhein
Hinein in eine ganz eigene Welt, dazwischen baden und faulenzen → S. 146

Lampertheim
Hüttenfeld
Hemsbach
Obrigheim (Pfalz)
Kleinniedesheim
Silbersee
21
HESSEN
Reisen
Grünstadt
A 6
23
Weinheim
Viernheim
Großkarlbach
Frankenthal (Pfalz)
Kleinkarlbach
Rittenweier
Heddesheim
Lambsheim
Kallstadt
Isenach
Maxdorf
Ludwigshafen am Rhein
Mannheim
Schriesheim
Ilvesheim
Ladenburg
Bad Dürkheim
Dossenheim
17 km, 17 Min.
Wachenheim an der Weinstraße
20
Altrip
Dannstadt
Neuhofen
Heidelberg
Mit dem Kanu auf dem Otterstädter Altrhein
22
Rhein
Brühl
Eppelheim
Meckenheim
Schifferstadt
27 km, 26 Min.
18
Otterstadt
Schwetzingen
Iggelheim
Ketsch
Leimen
Haßloch
Neustadt an der Weinstraße
Rehbach
Baggersee-Tag im Binsfeld
14
5
Speyerbach
Lachen
Hanhofen
19
Speyer
1
Walldorf
Wiesloch
Geinsheim
16
Aus der Domstadt zum Altrhein
15
Edenkoben
Römerberg
Schwegenheim
Rauenberg
Kleinfischlingen
Festungen und Savoir-vivre in Germersheim
4
Böchingen
4
24
Zeiskam
2
Östringen
Bornheim
Germersheim
Landau in der Pfalz
Queich
14 km, 12 Min.
17
Bad Langenbrücken
11
Bellheim
Hambrücken
5
Dettenheim
Graben-Neudorf
Insheim
7
Ubstadt
Herxheim
Pralles Leben im Hördter Auenwald
Pfinz
Kuhardt
Unteröwisheim
2
Karlsdorf
Steinweiler
Linkenheim-Hochstetten
Bruchsal
Neupotz
Rhein
Friedrichstal
Heidelsheim
1
3
6
Untergrombach
12
Eggenstein-Leopoldshafen
Kandel
6
13
BADEN-WÜRTTEMBERG
Schaidt
Wörth am Rhein
Büchig
Weingarten
Maximiliansau
Bretten
Büchelberg
Karlsruhe
Wössingen
Berghausen
Lauterbourg
Neuburg am Rhein
10
Bauschlott
Rheinstetten
Singen
Stein

Pralles Leben im Hördter Auenwald ★

Ausgesprochen geheimnisvoll, diese Dschungelatmosphäre der Rheinauenwälder! Lianenumrankte Baumriesen, eine vielfältige Vogelwelt, tiefgrüne Seen, Tümpel, Bäche und Kanäle. Aber auch Schleusen, Dämme und Treidelpfade. Der Premiumweg „Auf den Spuren der Treidler" verbindet ursprüngliche Natur mit Menschengemachtem.

Start im Klosterdorf

Ausgangspunkt der Rundwanderung durch den großartigen Auenwald ist das Klosterdorf Hördt, gerade einmal 99 m hoch gelegen. Höher hinauf geht es nur zu Beginn, wenn man sich das Klostergelände auf einem kleinen Hügel anschaut. Eine Tour für Flachland-Wanderer also – und natürlich für Entdecker, Naturfreunde und Familien mit Kindern. Insider-Tipp Unbedingt ein Insektenschutzmittel mitnehmen! Obwohl es in den letzten Jahrzehnten mit großem Aufwand gelungen ist, die Schnakenplage am Rhein in den Griff zu bekommen: Ganz unbehelligt von den Plagegeistern bleibt man hier kaum.

Vogelkonzert unter Baumriesen

Der Premiumweg führt mitten durch das Naturschutzgebiet Hördter Rheinaue, eine weit verzweigte Flusslandschaft voller Sümpfe, Inseln und Halbinseln, die einen daran erinnert, wie es im Oberrheintal vor der Begradigung des Rheins im 19. Jh. aussah. Man tritt in eine ganz eigene Welt ein. Bestaunt zunächst mächtige Eschen, Eichen und Bergahorne, die in der feuchten Umgebung prächtig gedeihen. Inspiziert mit Blumen und Kriechpflanzen bedeckte Sumpfböden, träge Fließgewässer, dunkle Tümpel und undurchdringliche Schilfsenken. Lauscht den Vögeln – da gurren die Wildtauben, da pfeift der Pirol, da klopft der Specht.

Auf einem Treidelpfad am Rhein entlang

An einer Schleuse an der Mündung des Michelbachs in den Sondernheimer Altrhein trifft man auf den Rhein-Hochwasserdamm. Dort geht es mitunter recht belebt zu, da der beliebte Rhein-Radweg hier vorbeiführt. Die Gaststätte Schleusenhaus tut ein Übriges. Zeit für eine Einkehr – sofern die Öffnungszeit gerade passt.

Bald aber ist man wieder vom Auenwald umgeben. Großer Szeneriewechsel am Hauptrhein: Von Lastkähnen begleitet läuft man jetzt eine Dreiviertelstunde flussaufwärts am Strom entlang, auf einem früheren Treidelpfad, der für das Ziehen von Lastkähnen angelegt wurde. Ein letztes Mal hinein in den Auenwald, dann passiert man einen Vogelparadies-Baggersee und kehrt zwischen Tabakfeldern zurück nach Hördt.

Die Tour im Überblick

Mittelschwere Rundwanderung auf einem Premiumweg im Hördter Auenwald, 12,9 km, 3 Std.

Von Germersheim mit der S-Bahn S51 und der Buslinie 552 oder mit der Buslinie 595 | Mit dem Auto von Germersheim oder Wörth am Rhein über die B 9 nach Rülzheim und weiter nach Hördt

Immer, jede Jahreszeit hat hier ihren ganz eigenen Reiz

Leichte Wanderschuhe, Insektenschutzmittel

49.162584, 8.327807

✓ DOWNLOAD GPX-Track

Allein das Beobachten der Vogelwelt ist einen Streifzug durch den Auenwald wert (li., re.)

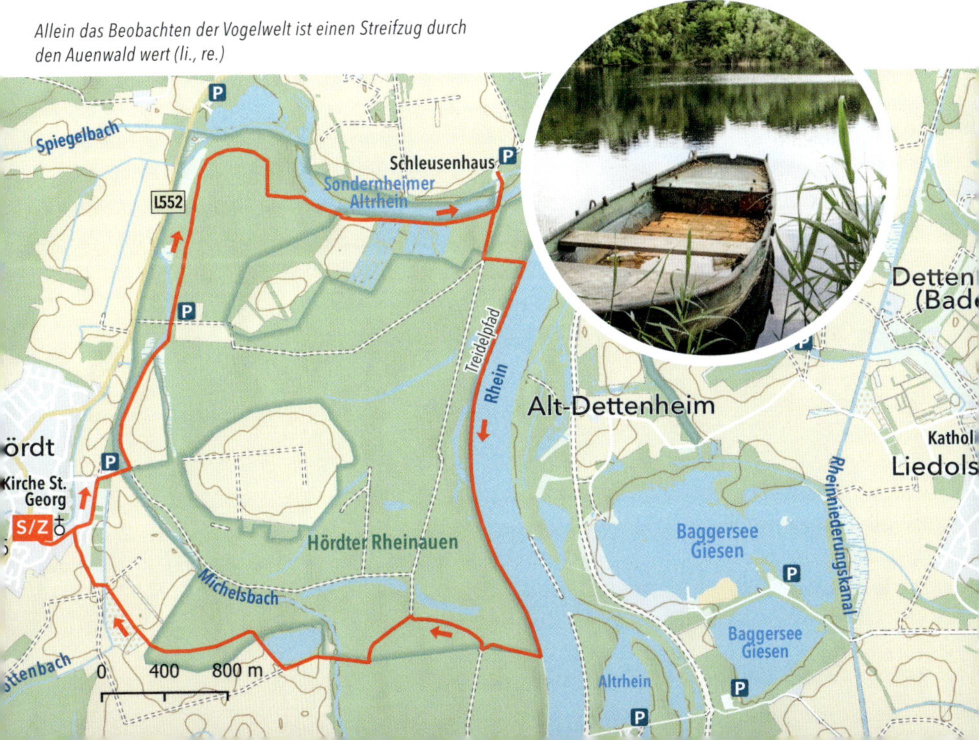

Festungen und Savoir-vivre in Germersheim ★

In einer Stadt einem vorgegebenen Rundweg folgen, macht das Sinn? In Germersheim schon, denn dort verbindet der Rundweg „Festung und Natur" auf pfiffige Weise sehenswerte Festungsanlagen, Plätze und Parks miteinander. So lernt man ganz ohne Stadtführung die harten und weichen Seiten der hübschen 20 000-Einwohner-Stadt am Rhein kennen.

Friedliches in wehrhaften Mauern

Knarrende Kasernenhofstimmen, zusammengeschlagene Hacken, Säbelrasseln – man glaubt es fast zu hören, wenn man das Glanzstück der Festung Germersheim vor sich sieht, die Fronte Lamotte mit dem Weißenburger Tor. Und so geht es auch weiter: ein Paradeplatz, ein früheres Arrestgebäude, riesige Kasernen, immer wieder gewaltige Festungswälle, Mauern, Toranlagen. Auf Schritt und Tritt also Militärisches – und dennoch wirkt das alles ganz friedlich. In den ehemaligen Festungsgebäuden hat die Kultur Einzug gehalten, mit Musikschule, Ateliers, Konzert- und Theatersälen. Im Zeughaus ist das Deutsche Straßenmuseum untergebracht, im Ludwigstor das Stadt- und Festungsmuseum. Verwaltungen, Vereine, Dienstleister und ein Fachbereich der Uni Mainz nutzen die Gebäude.

Auf den Straßen trifft man auf geschäftiges, aber gelassenes Leben. Savoir-vivre. Dazwischen prunkvoll-strenge wie dörflich-lauschige Plätze mit vielen Läden, Cafés und Restaurants. Dank des ausgeschilderten Rundweges „Festung und Natur" kommt auch das Grüne nicht zu kurz: ein Parkbummel entlang des aus dem Pfälzerwald kommenden Flüsschens Queich, Parkbänke am Schwanenweiher und – nicht zu vergessen – der Stadtgarten.

Bauen und einreißen

Schon im Mittelalter wurden in Germersheim Festungsanlagen errichtet, wiederabgebaut, neu errichtet und abermals abgebaut – je nachdem, wohin sich das angespannte französisch-deutsche Verhältnis gerade entwickelte. Ihre Glanzzeit hatte die Festung im 19. Jh., als eine 3,2 km lange Stadtumwallung errichtet wurde, mit zahlreichen Festungswerken, in denen das Königlich-Bayrische Infanterie-Regiment stationiert war. Im Gefolge des Versailler Vertrags wurde die Anlage 1920–1922 teilweise geschleift. Dass nicht alle Anlagen zerstört wurden, hatte einen einfachen Grund: Germersheim war militärisch bedeutungslos geworden, neue Waffengattungen hatten die alte Festungsbauweise überholt. Doch noch immer zeigt Germersheim exemplarisch, was „Festungsstadt" einst bedeutete.

Die Tour im Überblick

Einfacher Spaziergang durch Germersheim, 6 km, 1 Std. 25 Min.

Germersheim | S-Bahn S3 von Speyer oder S-Bahn S51 von Wörth am Rhein, 3 Min. Fußweg zum Wegeinstieg am Schwanenweiher | Mit dem Auto von Speyer oder Wörth am Rhein über die B 9, Parkplatz am Weißenburger Tor, August-Keller-Straße | pwv-germersheim.de, deutsches-strassenmuseum.de

Frühjahr–Herbst
Laufschuhe
49.216161, 8.378494

DOWNLOAD GPX-Track

Am Weißenburger Tor (li.) beginnt der Stadtspaziergang, dann kommt gleich der Paradeplatz (re.)

Baggersee-Tag im Binsfeld ★

Zugegeben, etwas verwirrend ist das schon, wenn man zum ersten Mal zur Seenplatte im Binsfeld kommt. Nicht weniger als acht Seen sind hier versammelt, drei davon bilden das größte Badegebiet der Pfalz. Am besten erschließt sich das Gelände, wenn man den zentralen Strand am Binsfeldsee zum Basislager macht und von dort auf Erkundungstour geht.

Von Kiesgruben zur Seenplatte

Schnell wird man erkennen, dass die zwischen Speyer und Otterstadt gelegene Seenplatte sauber aufgeteilt ist: Der Binsfeldsee gehört der badenden Mehrheit, der Gänsedrecksee und der Kuhuntersee den Anglern und Tauchern, der Silbersee den Windsurfern, während sich an den westwärts gelegenen kleineren Seen die Besitzer von Wochenendgrundstücken und die Anwohner der neuen Siedlung Binsfeld wohlfühlen.

Die drei größten Seen – Binsfeldsee, Gänsedreck- und Kuhuntersee – sind miteinander verbunden. Diese sind gemeint, wenn Einheimische sagen „Mir gehe ins Binsfeld". Warum Binsfeld? Sehr simpel: Mit Binsen bewachsene Sumpfwiesen prägten lange Zeit das Gebiet der heutigen Seenplatte. Dann kamen die Kiesbagger und legten bis zu 20 m tiefe Gruben frei. Ende des 20. Jhs. stellte man den Kiesabbau weitgehend ein, die Gruben wurden geflutet, das Binsfeld in das Landschaftsschutzgebiet „Pfälzische Rheinauen" aufgenommen und zum Badeparadies ausgestaltet.

Badefreuden am Binsfeldsee

Zentrum der Seenplatte ist der Binsfeldsee, denn an seinem Nordufer liegt, vom Parkplatz in 10 Fußminuten zu erreichen, ein großer Sandstrand mit Liegewiese, Strandbar, Toiletten und SUP-Ver-

leih – was man eben so braucht für einen langen Badetag. Am Westufer gibt es kieselige Buchten für Badegäste, die gerne ihre Ruhe haben. Das Ostufer an einer langen Halbinsel, die den Binsfeldsee vom Gänsedrecksee trennt, ist offizielles FKK-Gelände. Auch am Südufer kann man baden, dort allerdings stört die Geräuschkulisse der A 61, die über den Rhein Richtung Heilbronn führt. Eine Holzbrücke führt auf die Hundeinsel, die von Amts wegen als Vierbeinerstrand ausgewiesen ist.
Badegäste, Angler und Hundeausführer treffen sich im wenige Minuten entfernten Restaurant Anglerstubb am Südufer des Kuhuntersees. **Insider-Tipp** Wer mehrere Tage hier verbringen möchte, findet gepflegt Unterkunft im Lindner Hotel Speyer, einem Spa-Hotel, das im Gelände des früheren Binshofes untergebracht ist, eine viertel Gehstunde vom großen Strand entfernt.

Die Tour im Überblick

Hin/zurück-Spaziergang (Strandbad) 1,2 km, 20 Min., oder einfacher Rundweg (um die Seen, auch mit dem Rad), 5,9 km, 1 Std. 30 Min.

Otterstadt | Buslinie 572 von Speyer nach Otterstadt plus 20 Min. Fußweg | Mit dem Auto von Speyer über die K23 Richtung Otterstadt, Parkplatz an der K23 zwischen Speyer und Otterstadt

Sommer, Trubelempfindliche meiden das Wochenende
Badesachen
49.364010, 8.460470

✔ DOWNLOAD GPX-Track

Kanadagänse (li.) und Badegäste teilen sich die Strände im Binsfeld (re.)

Aus der Domstadt zum Altrhein ★

Der Blick auf die Karte verrät es: Im Norden der Domstadt Speyer dominiert das Wasser. Schnelles Wasser am Rhein, träges an den Altrheinarmen, stehendes an den vielen Seen. Am besten lassen sich die Gewässer der Rheinauen auf dem Rad erkunden. Gezielte Abstecher sowie ein Streifzug durch Speyer machen aus dieser Tour ein Ganztagesvergnügen.

Zuerst die Badeseen …

Orientierung gibt der Rhein-Radweg, der deutsche Teil des Radweges EuroVelo 15, der dem Rhein von seinem Oberlauf in der Schweiz bis zur Nordsee folgt. Zu beiden Seiten der Radroute liegen renaturierte Baggerseen. Einige geben mit ihren Sandstränden und ihrem klaren Wasser vorzügliche Badeplätze ab. An Sommerwochenenden wird es an den Badeseen belebt, während der Woche aber findet man dort immer noch ein ruhiges Plätzchen. Doch zunächst einmal geht es am Rhein entlang. Den bekommt man allerdings kaum zu Gesicht, da der Radweg auf der Landseite des Rhein-Hochwasserdamms bleibt. Also auf zu kleinen Rhein-Abstechern! Der erste größere Abstecher führt ins Binsfeld, zu einer Seenplatte mit Strandbad und verschwiegenen Buchten. Auf keinen Fall auslassen sollte man den landschaftlich besonders schönen Kollersee, zu dem man auf einem Landsträßchen in Richtung Rheinfähre Brühl gelangt. Die schönsten Badeplätze gibt es am Inselcamping, mit Blick zu den Leberwurstinseln.

Die nächsten Badegelegenheiten finden sich am Otterstädter Altrhein neben der Altrheinklause Waldsee und kurz darauf am Marxweiher links des Radweges. Segelboote gucken und einkehren kann man am Umkehrpunkt, dem Yachthafen Waldsee.

... dann die Domstadt

Was für ein Kontrast zu den Altrheinwassern, wenn man am Ende der Tour auf die Domtürme von Speyer zuradelt und dann das Rad durch die historische Innenstadt schiebt! Wer zum ersten Mal nach Speyer kommt, eine der ältesten Städte Deutschlands, wird zunächst einmal von der Fülle der Kirchenbauten beeindruckt sein, unter denen natürlich der Kaiserdom mit dem Domgarten herausragt. Beim Bummel durch die Prachtstraße der Stadt, die auf das Stadttor Altpörtel zulaufende Maximilianstraße, wird aber doch schnell das Weltliche in den Vordergrund rücken – das internationale Publikum, die Geschäfte, Restaurants und Cafés, das historische Rathaus. Wer Lust auf mehr hat, radelt noch durch die verträumte Speyerer Altstadt.

Erst der Kaiserdom (li.) und der Rhein (o.), dann geht es zu Altrheinarmen, Seen und Auenwäldern

Die Tour im Überblick

Hin/zurück-Radtour ab Speyer mit Abstechern, 36,2 km, 2 Std. 25 Min.

Speyer, Parkplatz an der Schiffsanlegestelle, Geibstraße | S-Bahn S1 von Neustadt an der Weinstraße, S-Bahn S3 von Germersheim plus 10 Min. zum Startpunkt | Mit dem Auto in Speyer den Schildern zur Schiffsanlegestelle folgen

Frühjahr, Spätsommer und Herbst, für Badelustige Hochsommer

Tourenrad oder E-Bike, Radkarte Pfalz (bestellen oder downloaden unter pfalz.de), Badesachen, Kopfbedeckung und Sonnenschutz

49.313240, 8.425505

✓ DOWNLOAD GPX-Track

Mit dem Kanu auf dem Otterstädter Altrhein ★

Tiefgrünes Wasser. Dicht mit Silberweiden, Espen und Eschen bewachsene Ufer. Reiher, Kormorane und Schwäne. Das Gefühl von Weltferne. Auf dem Altrhein kann man die perfekte Illusion intakter Natur erleben. Das Leihkanu dazu gibt es am Kollersee, der fast übergangslos in den Otterstädter Altrhein übergeht. Ein herrlich entspanntes Unterfangen.

Landschaftsgenuss im Anthropozän

Das Gefühl, am Altrhein in der reinen Natur unterwegs zu sein, trügt: Die heutige Landschaft am Rhein ist – zumindest teilweise – das Resultat eines gigantischen menschlichen Eingriffs. Noch vor zwei Jahrhunderten war das Oberrheintal eine sumpfige Auenwaldlandschaft, der Rhein mäanderte weit verzeigt durch ein 2–3 km breites Abflussgebiet.

Um den häufigen Überflutungen und dem Sumpffieber zu begegnen, den Fluss besser schiffbar zu machen und landwirtschaftlich nutzbares Gelände zu gewinnen, wurde 1817 nach Plänen des Karlsruher Ingenieurs Johann Gottfried Tulla mit der Begradigung des Oberrheins begonnen. Der Fluss wurde in ein 200–300 m breites Bett gezwängt, einige größere Auenwälder mit Rheinarmen allerdings blieben bestehen. Eine dieser Rheinschlingen ist der etwa 5 km lange, durch die Kollerinsel vom Hauptrhein getrennte Otterstädter Altrhein, ein wahres Paradies für Wassersportler.

Vom Kollersee zum Altrhein

Natürlich wird man dort im Kanu nicht sklavisch einer vorgegebenen Route folgen, zu groß sind die Verführungen durch Inseln und Seitenarme. Als Gerüst könnte eine klassische, auch für Anfänger geeignete Tour dienen, die vom Kollersee zum

Yachthafen Waldsee führt. Nicht weit von diesem entfernt mündet der Otterstädter Altrhein in den Hauptrhein. **Insider-Tipp** In den Einzugsbereich des Stroms sollten sich nur erfahrene Kanuten wagen, also rechtzeitig umkehren!

Am großen Sandstrand vor der Ausleihstation am Inselcamping bringt man das Kanu zu Wasser, passiert einen Yachthafen und fährt am rechten Ufer zum Altrhein. Treiben lassen kann man sich dort nicht, die Strömung ist nur zu erahnen. Umkehrpunkt ist der Yachthafen Waldsee am anderen Ufer, wo man im Restaurant Rheinblick eine Paddelpause einlegen kann. Auch auf dem Rückweg gibt es eine Pausenstation: die Altrheinklause Waldsee mit griechischer Küche – genau richtig für heiße Tage. Je nach Gusto fährt man dann links oder rechts an den Leberwurstinseln vorbei zurück zum Startpunkt.

Die Tour im Überblick

Leichte Kanu-Rundtour vom Kollersee über den Otterstädter Altrhein zum Yachthafen Waldsee, 10–11 km, 2–3 Std.

Brühl | Buslinie 572 vom Bahnhof Speyer bis Otterstadt plus 1 Std. 15 Min. Fußmarsch | Mit dem Auto von Speyer über die B 9 nach Otterstadt, auf der L 535 Richtung Rheinfähre Brühl und links zum Inselcamping Kollersee

Frühjahr–Frühherbst
Badesachen, Kopfschutz
49.380055, 8.477757

DOWNLOAD GPX-Track

Eine Fahrt mit dem Kanu – ideal zum Erkunden der Rheingewässer (li., re.)

MEHR ERLEBEN

*WEITERE ABENTEUER & AUSFLÜGE

Das „Hinnerstädel" von Jockgrim ist der romantische Auftakt einer Radtour nach Germersheim

Am Rhein hast du Wassererlebnisse: Baden in Baggerseen, Naturbeobachtungen an Altrheinarmen, Ausflüge mit dem Kanu, Römerschiff oder Nachen. Das Bauernland neben den Rheinauen dagegen ist das Revier für Genuss-Radtouren. Verpasse bei allem aber nicht die Städte Landau, Speyer und Germersheim!

BEI GERMERSHEIM

Vom Altrhein zur Festungsstadt

1 🚲 Strecken-Radtour von Jockgrim nach Germersheim (Rückkehr mit der S-Bahn), 25,9 km, 1 Std. 45 Min.

Immer wieder erstaunlich, wie schnell man von manchen Ballungsgebieten in eine völlig andere Welt geraten kann. So wie auf dieser Radtour am Rhein, nur wenige Autominuten entfernt von Karlsruhe und den Automobilwerken von Wörth. Schon der Startpunkt Jockgrim, ein zunächst unscheinbar wirkendes Dorf, bietet mit dem „Hinnerstädel", seinem auf einem Hügel in der Rheinebene errichteten historischen Ortskern, Romantik pur. Nur einen Katzensprung entfernt liegt das Naherholungsgebiet Johanneswiesen mit Naturschutzgebiet und Angelrevier am Nordufer eines Baggersees, Badestrand und Kiosk am Südufer. Am Neupotzer Polder trifft die Route auf den Rhein-Radweg, der zunächst einen Altrheinarm passiert, dann den Auenwald von Hördt durchquert und zuletzt hart am Rhein entlangführt. Den Abschluss macht ein Radbummel durch Germersheim, zu Festungsanlagen, Parks und Cafés.

ℹ *Jockgrim, Bahnhof | S-Bahn S51 vom Bahnhof Wörth | Parken vor Ort | Radwanderkarte Südpfalz (zu bestellen unter suedlicheweinstrasse.de) oder SÜW-App* ◷ *April–Okt., am Morgen oder Spätnachmittag* ⚙ *Schatten hat man auf dieser Tour selten: Kopfbedeckung und Sonnenschutzmittel mitnehmen* 📍 *49.091773, 8.272230*
✔ *Download GPX-Track*

Havelland am Altrhein

2 ≋ Nachenfahrt auf dem Altrhein bei Germersheim, 2 Std.

Ob einen der kleine Etikettenschwindel stört, wenn bei einer Nachenfahrt ein kleiner Motor

Bequemer Naturgenuss: eine Nachenfahrt auf dem Lingenfelder Altrhein

Die Peter Pan ist eine der vier pfälzisch-badischen Rheinfähren

tuckert? Puristen werden einwenden, dass ein Nachen eigentlich händisch von Schiffsmann oder -frau durch Stochern oder Staken, seltener auch durch Rudern vorwärtsbewegt wird. Die Form des Bootes, auf dem man sich da gemächlich durch den Lingenfelder Altrhein schippern lässt, ist allerdings historisch korrekt: ein langes Flachboot, wie es schon seit Jahrhunderten in ruhigen Gewässern zum Einsatz kommt – Handkahn sagt man dazu im Havelland. Der Landschaftsgenuss während der zweistündigen Bootsfahrt jedenfalls ist auch mit Motor großartig. Tiefgrünes Wasser, undurchdringliche, dicht bewachsene Ufer, Lianen, Vogelgeräusche, manchmal leider auch lästige Schnaken – hier werden Dschungelgefühle wach. Kaum zu glauben, dass sich nur einige Steinwürfe entfernt ein riesiges Automobilwerk befindet.

Germersheim, Mercedes-Benz-Straße auf der Insel Grün | Buslinie 595 ab Bahnhof Germersheim bis Daimler Tor 1 plus 30 Min. Fußweg | Parken vor Ort | Öffentliche Fahrten So und feiertags, weitere Termine von Mitte März bis Mitte Okt. auf Anfrage, germersheim-erleben.eu, Buchung: tourist-info@germersheim.eu, € Frühjah–Herbst Insektenschutz mitnehmen!
49.255053, 8.366804

Einmal quer über den Fluss und zurück

3 Fahrt mit der Rheinfähre Leimersheim

Für einheimische Berufspendler der normale Arbeitsweg, für Touristen ein ungewöhnlicher Spaß: die Fahrt mit einer der Rheinfähren, welche die Pfalz mit Nordbaden verbinden. Hier in Leimersheim heißt die Fähre „Peter Pan", ist 52 m lang und bietet Platz für 22 Pkw. Da sie im Viertelstundentakt verkehrt, gibt es Wartezeiten allenfalls zu Berufsverkehr-Stoßzeiten. **Insider-Tipp** Auf der badischen Seite kann man in einer beliebten Ausflugsgaststätte einkehren und ganz in Ruhe dem Treiben auf dem Strom zuschauen. Falls einen bei aller Freude am Müßiggang doch noch der Bewegungsteufel reiten sollte: Schön am Rhein entlanglaufen kann man auch hier.

Leimersheim | Buslinie 552 vom Bahnhof Rheinzabern bis zur Haltestelle Festplatz plus 30 Min. Fußweg | Parken am Fähranleger | Alternativ Abfahrt in Eggenstein-Leopoldshafen (badische Rheinseite) | S-Bahn S1 von Karlsruhe plus 1 Std. Fußmarsch | Parken am Fähranleger | Fahrten der

Florida? Nein, das Strandbad Moby Dick macht auf international

Noch hat die Badesaison am Mechtersheimer Weiher nicht begonnen

Rheinfähre täglich, rheinfähre-leimersheim.de, € | Ausflugsgaststätte Rheinblick in Leopoldshafen: rheinblick-leopoldshafen.de Frühjahr–Herbst 49.115849, 8.361712 (Leimersheim), 49.115035, 8.365467 (Leopoldshafen)

Relaxen in der Strandbar

4 Baden und Loungen am Mechtersheimer Weiher

Auf halber Strecke zwischen Germershein und Speyer liegen die beiden Mechtersheimer Baggerseen, der Große und der Kleine Weiher. Gebadet wird vor allem im Großen Weiher. An seinem Ostufer findet man alles, was relaxtes Strandleben ausmacht: einen kieselig-sandigen Strand, Sonnenliegen, Palmen und eine coole Beachbar mit dem pfiffigen Namen SunSeeBar. Insider-Tipp Wer es lieber etwas weniger trendy hat, bringt seinen Badetag im nur 10 Min. entfernten Traditionsstrand direkt am Rhein-Radweg zu. So urlaubsmäßig-unschuldig diese pfälzischen Baggerseen heute auch wirken, ihr historischer Hintergrund ist ein dunkler: Große Mengen des Kieses, den der Rhein in Jahrmillionen aus den Alpen hierhertransportiert hatte, wurden in den Jahren 1936–1940 für den Bau des Westwalls benötigt.

Römerberg-Mechtersheim | Buslinie 568 ab Bahnhof Speyer plus 30 Min. Fußweg | Parkplatz am Großen Weiher | Strandbar: sunseebar.de Sommer 49.260635, 8.389435 (Parkplatz)

Vamos a la Playa

5 Im Strandbad Moby Dick in Rülzheim

Wer in der Rheinebene klassisches Strandfeeling genießen möchte, liegt mit dem Strandbad Moby Dick goldrichtig: mit zwei langen Sandstränden, Palmwedel-Sonnenschirmen, Beachvolleyballplätzen, Tretboot- und Sonnenliegenverleih, aufblasbarer Rutsche, Liegewiese mit vielen Schattenplätzen sowie Restaurant mit Sonnenterrasse. Am Wochenende wird's hier rappelvoll – dann ist das Strandfeeling für manche noch perfekter.

Rülzheim, Freizeitzentrum | S-Bahn S51 von Germersheim oder Wörth bis Haltestelle Rülzheim-Freizeitzentrum | Parken vor Ort | € So für

Schön im Takt bleiben, dann wird das was mit dem Galeerenrudern

Fitness-Spaß bieten die Alla-hopp!-Anlagen wie hier in Rülzheim

Trubelfreunde, vormittags an Wochentagen für Ruhesucher 49.151309, 8.272871
Download GPX-Track

Wie die Galeerensträflinge

6 Rudern auf dem Römerschiff „Lusoria Rhenana" bei Neupotz, etwa 2 Std.

Spannend, einmal aktiv Geschichte nachzuerleben! Auf dem Setzfeldsee kann man für 2 Std. in die Rolle von Soldaten und Galeerensträflingen schlüpfen und sich am Ruder eines originalgetreu nachgebauten römischen Flusskriegsschiffes versuchen. Also rein in die 18 m lange und 2,80 m breite „Lusoria Rhenana", eine kurze Einweisung und schon heißt es „Leinen los" und „Ran an die Riemen"! Das Rudern lernt man unterwegs, das Historische in den Verschnaufpausen. Ehrenamtliche eines Germersheimer Kulturvereins haben das Römerschiff gefertigt, praktisch begleitet von einem Bootsbauer aus Usedom, wissenschaftlich beraten von einem Althistoriker mit Erfahrung in experimenteller Archäologie. Als Holz hat man Traubeneiche aus dem zentralen Pfälzerwald verwendet, das von 4000 handgeschmiedeten Eisennägeln zusammengehalten wird. Und jetzt: volle Kraft voraus!

Setzfeldsee bei Neupotz | Buslinie 552 ab Bahnhof Rheinzabern plus 30 Min. Fußmarsch | Parkplatz am Bootsgelände | Buchungen über das Haus „Leben am Strom" in Neupotz (Tel. 072 72/ 700 02 61), die Fahrt ist kostenlos, Spenden werden natürlich gerne genommen Sommer 49.107330, 8.320405

Fitness – ganz spielerisch

7 Bewegung für Jung und Alt in der Alla-hopp!-Anlage Rülzheim

Generationenübergreifende Freude an der Bewegung versprechen die zwischen 2014 und 2017 in der Pfalz entstandenen Alla-hopp!-Anlagen. Einer dieser naturnah angelegten, barrierefreien Parcours liegt im Freizeitzentrum Rülzheim. An sorgfältig ausgewählten Geräten kann man dort Kraft, Ausdauer, Beweglichkeit und Koordination stärken. Kinder werden weniger zielgerichtet herumtoben, klettern, hangeln und balancieren. Fürs Rundum-Vergnügen gibt es einen Grillplatz und Picknickplätze. Alla hopp! – merkwürdiger Name? Im Wörtchen „alla" steckt das französische „aller",

Recycling auf Pfälzisch: Aus Weinfass mach' Strandkorb

gehen, „hopp" bedeutet nicht nur in der Pfalz „Los jetzt!" und verweist nebenbei auf den Namen des Initiators Dietmar Hopp, SAP-Gründer und Mäzen des Fussball-Bundesligisten TSG Hoffenheim. **Insider-Tipp** Die anderen pfälzischen Alla-hopp!-Anlagen befinden sich in Deidesheim, Edenkoben, Grünstadt, Ilbesheim und Speyer.

Rülzheim, Freizeitzentrum | S-Bahn S51 von Germersheim oder Wörth bis Haltestelle Rülzheim-Freizeitzentrum | Parken vor Ort | alla-hopp.de

Ganzjährig, die Anlage ist tagsüber frei zugänglich 49.150977,8.278552

RUND UM KANDEL

Strandlos im Strandkorb

8 Einfacher Weinberg-Rundweg mit Pfälzer Strandkörben, Weinbau-Infos und Kunst, 5,1 km, 1,5 Std.

Innovation im Weinberg: Ein Niederhorbacher Winzer hat alte Weinfässer kurzerhand zu Pfälzer Strandkörben umfunktioniert, mit Sitzbank für zwei Personen. Fünf dieser kuriosen Outdoor-Möbel stehen am Wanderweg „Wein und Natur", der um das Winzerdorf Niederhorbach herumführt. Drei Strandkörbe lassen sich um 360 Grad drehen, bei den anderen ermöglichen seitliche Bullaugen den Überblick über die Rebhügel der südlichen Weinstraße. Wer würde da den Strand vermissen? Davon abgesehen ist der auf dem typischen Waschbeton der Pfälzer Winzerwege verlaufende Rundweg auch sonst recht pfiffig: In vier großen Schaukästen stellen Künstler aus der Region ihre Werke aus, 40 Tafeln informieren zudem über die Kunst des Weinbaus.

Wenn die Buchen ergrünen, ist es besonders schön auf dem Westwallweg

Niederhorbach | Buslinie 541 ab Bad Bergzabern | Parken im Ort Frühjahr–Herbst, Sonnenauf- oder -untergang 49.115744, 8.032215 ✓ Download GPX-Track

Der Wald ist der Star

9 Mittelschwere Rundwanderung auf dem Westwallweg Schaidt, 9,2 km, 2 Std. 15 Min.

Überreste des Westwalls, der als deutsche Befestigungslinie über rund 630 km von Basel bis zum Niederrhein verlief, sind das Thema des durchmarkierten Schaidter Westwallwegs. Er ver-

Liebe zum Detail – typisch für die pfälzisch-elsässische Grenzregion

bindet wassergefüllte Panzergräben, Höckerlinien, Schützenstände und Bunkerruinen, in denen heute Fledermäuse, Eidechsen und Wildkatzen Unterschlupf finden. Der eigentliche Star dieser Wanderung jedoch ist nicht der Westwall, sondern der geheimnisvolle Bienwald, das größte zusammenhängende Waldgebiet der pfälzischen Rheinebene. Besonders hübsch ist eine Passage, die in zahlreichen Windungen am verwunschenen Heilbach entlangführt. Gäbe es das verlässliche Logo des Westwallweges nicht, könnte man sich hier wunderbar verlaufen.

Schaidt | Regionalzug RB51 und RB53 ab Landau plus 20 Min. Fußweg zum Startpunkt | Parkplatz am Sportplatz Frühjahr oder Herbst Insektenschutz nicht vergessen! 49.052312, 8.085110 Download GPX-Track

Grenzüberschreitungen

10 Rad-Rundtour bei Neuburg am Rhein, 20,8 km, 1,5 Std.

Der Rhein, hübsche Dörfer, die Felder- und Wiesenlandschaft an der aus dem Pfälzerwald herabströmenden Lauter und der Bienwald, das größte zusammenhängende Waldgebiet der pfälzischen Rheinebene – das sind die Zutaten dieser Radtour im südlichsten Zipfel der Pfalz. Gleich dreimal kann es dabei über die Grenze gehen. Einmal über die zwischen Baden-Württemberg und Rheinland-Pfalz, falls man mit der Rheinfähre „Baden-Pfalz" zum Startpunkt des Rhein-Radweges gekommen ist. Wenig später, wenn man nach einer beschaulichen Radelei rheinaufwärts zum französischen Lauterbourg abbiegt. Und zum dritten Mal, wenn man vom elsässischen Scheibenhard ins pfälzische Scheibenhardt hinüberwechselt. Von dort geht es über Berg zurück. **Insider-Tipp** Einen Badestopp einlegen kannst du am Bassin des Mouettes bei Lauterbourg.

Neuburg, Anlegestelle der Rheinfähre | Buslinie 549 vom Bahnhof Neuburg (Pfalz) bis zur Haltestelle Rheinstraße plus 20 Min. Fußweg | Alternativ Start in Rheinstetten-Neuburgweier (badische Rheinseite), Anlegestelle der Rheinfähre | Buslinie 106 vom Bahnhof Ettlingen plus 25 Min. Fußweg | Parken vor Ort | Fahrten der Rheinfähre

Auch wenn die Glanzzeit des Tabakanbaus vorbei ist – es gibt sie noch, die Tabakfelder um Herxheim

täglich, rheinfaehre-leimersheim.de, € (einfache Fahrt für Radfahrer) | Plage Bassin de Mouetttes im Sommer täglich geöffnet, € | Radwanderkarte Südpfalz (zu bestellen unter suedlicheweinstrasse.de) oder SÜW-App ⏲ Ganzjährig, Sommer für Badefreunde 📍 48.978953, 8.254449 (Neuburg, Pfalz), 48.977626, 8.257856 (Neuburgweier, Baden-Württemberg) ✓ Download GPX-Track

Reminiszenz an die Herxemer Zigar

11 🚲 Südpfalz-Tabaktour, Rad-Rundtour bei Herxheim, 40,2 km (kann auf 26 km verkürzt werden), 2 Std. 45 Min.

„Klein-Kuba" liegt bei Herxheim in der Südpfalz: Seit fast 450 Jahren wird hier Tabak angebaut, die „Herxemer Zigar" genoss einmal Kultstatus. Kennenlernen kann man das einst größte Tabakanbaugebiet Deutschlands auf der Südpfalz-Tabaktour, einer durchgängig beschilderten Radrunde. Sie verbindet die Tabakbauerndörfer „Herxe", „Kniddlsm", „Rülzm", „Hoina" und „Hatzebiehl". Dort stehen immer noch die riesigen Holzschuppen, in denen früher die Tabakblätter getrocknet wurden, heute übernehmen das Öfen. Im Frühsommer kann man den grünen Stauden beim Wachsen zusehen, im Spätsommer, wenn die Pflanzen einen herben Duft verströmen, einigen wenigen verbliebenen Tabakbauern bei der Ernte. **Insider-Tipp** Für die große Radelpause ideal ist der Park der Villa Wieser in Herxheim, mit einem originellen Brunnen und einer verführerischen Eisdiele. Über die Geheimnisse des Tabakanbaus informiert der 2 km lange Tabakrundweg in Hatzenbühl.

ℹ Landau-Mörlheim, Katholische Kirche in der Hauptstraße | Buslinie 539 ab Bahnhof Landau | Parken vor Ort | Radwanderkarte Südpfalz (zu bestellen unter suedlicheweinstrasse.de) oder SÜW-App | Fast am Weg liegt das Rülzheimer Strandbad Moby Dick, ein Baggersee mit dem wohl schönsten Sandstrand der pfälzischen Rheinebene ⏲ Juli bis etwa Anf. Okt. zur Tabakernte 📍 49.187655, 8.165523 ✓ Download GPX-Track

Dreiradfahren in der Luft, warum nicht?

Für jedes Jugendalter den passenden Spaß gibt es im Fun Forest

Tarzan im Bienwald

12 Kletterpark Fun Forest in Kandel, Zeit je nach Gusto

Eine kurze Einweisung durch Parkmitarbeiter, Klettergurt an, Helm auf, schon kann's losgehen mit dem Tarzanspielen. Für die Jüngeren: Tarzan, das war dieser Comic-und-Film-Urwaldmensch, der sich mit einem charakteristischen Schrei von Baum zu Baum hangelte – meist um die schöne Jane zu retten. So ähnlich fühlt es sich wohl an, wenn man im Hochseil-Parcours des Kletterparks Fun Forest durch die Bäume turnt. Immer am Sicherungsseil, über schwankende Brücken, auf Seilrutschen und auf Bungee-Rutschen. Es gibt 24 Parcours unterschiedlicher Schwierigkeitsgrade. So kann man bei lockeren 2–3 m Höhe beginnen und sich irgendwann vielleicht an luftige 22 m wagen. Kontrastprogramm nach dem Kletterabenteuer: Ein Gang durch Kandel – die Hauptgemeinde des riesigen Bienwaldes ist eines der längsten Straßendörfer Deutschlands.

Kandel, Badallee | Regionalbahn RB51 von Karlsruhe oder Landau plus 25 Min. Fußweg | Parken am Waldschwimmbad | Reservierung erforderlich, abenteuerpark-kandel.de | €€
Fr–So, in den Sommer- und Herbstferien täglich
49.070210, 8.194361

Gansbalz

13 Kanadagänse beobachten in den Jockgrimer Johanneswiesen

Winter in den Rheinauen. An den im Sommer so belebten Badeplätzen ist Ruhe eingekehrt, statt mit anderen Badegästen teilt man sich den Strand jetzt mit Kanadagänsen. Die aus Nordamerika eingewanderten Tiere – leicht zu erkennen an ihrem kräftigen graubraunen Körper, ihrer hellen Brust und dem schwarzen, von einem weißen Kehlband durchzogenen Kopf – leben in großer Zahl an den Seen und Altrheinarmen der Auenwälder. Im Februar und März ist Balzzeit, schon von Weitem ist ihr Balzruf, ein tiefes „ab-ronk" zu hören. Oft kann man die Kämpfe der Männchen um die Weibchen verfolgen, mit Beißen und Flügelschlagen, bis einer aufgibt. Ein leicht zu erreichender Beobachtungsplatz ist der Badesee des Naherholungsgebiets Johanneswiesen neben dem romantischen Oberdorf von Jockgrim.

Jockgrim | S-Bahn S51 vom Bahnhof Wörth plus 15 Min. Fußweg | Parkplatz Johanneswiesen
Feb. und März *49.089185, 8.288541*

Lebendig und beruhigend zugleich, die Atmosphäre am Rhein bei Speyer

Feinster Sand wie am Atlantikstrand in den Dudenhofener Dünen

BEI SPEYER

Sanddünen im Kiefernwald

14 Einfacher Spaziergang auf dem Dünenpfad Dudenhofen, 2,2 km, 30 Min.

Wer schon mal die französische Atlantikküste besucht hat, wird im Dudenhofener Wald ein Déjà-vu erleben. Wie dort gibt es hier einen lichten Kiefernwald mit sandigen Böden und karg bewachsenen Dünen. Auf einer kurzen Runde erschließt der Dünenpfad Dudenhofen diese im Rheintal einzigartige Landschaft. Pflanzenkenner werden sich erfreuen an Silbergras, Sandwicken, Besenheide oder Sandthymian, Vogelfreunde an Heidelerchen, Ziegenmelkern und Grasmücken. Am besten kommt man im Sommer hierher, in Badelatschen, um unterwegs immer mal schnell ins Barfußlaufen zu wechseln.

Dudenhofen | Buslinie 507 ab Postplatz Speyer bis zur Ganerbhalle plus 10 Min. Fußweg | Wanderparkplatz 500 m hinter dem Ortsausgang an der Kreisstraße 15 | lebensader-oberrhein.de/duenen pfad-dudenhofen.html Hochsommer, wenn der Sand unter den Füßen heiß ist 49.328576, 8.379414 Download GPX-Track

Urwald am Fluss

15 Einfacher Hin/zurück-Spaziergang am Rhein bei Speyer, max. 7 km, 2 Std.

Ganz schön betriebsam kann es zugehen im touristisch stark frequentierten Speyer. Wer die Ruhe liebt, geht in die stillen Rheinauenwälder südlich der Domstadt. Für einen Rheinspaziergang nimmt man den Speyerer Naturhafen als Ausgangspunkt, wo der Berghäuser Altrhein in den Hauptstrom mündet. Eine gemütliche Stunde dauert es, um auf einem kieseligen Weg dem Hockenheimer Rheinbogen zu folgen und flussabwärts bis zur Spitze einer Halbinsel zu laufen. Unterwegs interessante Kontraste: reger Schiffsverkehr auf der einen, undurchdringlicher Urwald auf der anderen Seite. Und überall Wasservögel: Reiher, Kormorane, Kanadagänse, Schwäne. **Insider-Tipp** Im Hochsommer, wenn der Rhein wenig Wasser führt, kannst du hier auf Kiesbänken den Tag vertrödeln. Für Sportliche gibt der Weg auch eine prima Joggingstrecke ab.

Speyer | Parkplatz am Naturhafen Speyer (Berghäuser Altrhein) Ganzjährig 49.286115, 8.471103 Download GPX-Track

Großzügig: der Marktplatz in Landau

Historisch bedeutend: der Kaiserdom zu Speyer

Die pure Landlust

16 Rad-Rundtour durchs Gäu zwischen Gommersheim und Dudenhofen, 32 km, 2 Std.

Eine Insel der Ruhe in der ansonsten dicht besiedelten Rheinebene ist das Gäu, eine landwirtschaftlich geprägte Gegend im Dreieck Dudenhofen-Gommersheim-Haßloch. Diese Radtour führt auf einer repräsentativen Runde durchs „Gää", wie die Einheimischen sagen. Das Rad kann man so richtig laufen lassen, das Gäu ist bretteben. Aber wer wollte hier Rekorde aufstellen? Startpunkt ist Gommersheim, dann geht es über Geinsheim in den Gäuwald und zur Spargelhochburg Dudenhofen. Bei Harthausen kann man in der Waldgaststätte im Wasserhaus einen Zwischenstopp einlegen, bevor man über Freisbach nach Gommersheim zurückkehrt.

Gommersheim | Buslinie 507 vom Postplatz Speyer | Parkplatz am Feuerwehrhaus | Waldgaststätte im Wasserhaus: facebook.com/ImWasserhaus | Radwanderkarte Südpfalz (zu bestellen unter suedlicheweinstrasse.de) oder SÜW-App April–Juni, wenn die Felder noch nicht abgeerntet sind 49.289357, 8.264686 Download GPX-Track

Schöne Städte, flaches Land

17 Radtour von Landau nach Speyer (Rückkehr mit der Bahn), 40,2 km, 2 Std. 40 Min.

Zwei Fliegen mit einer Klappe lassen sich mit dieser Radtour schlagen: Auf dem Weg von der Weinregion zum Rhein lernt man nicht nur das Charakteristische der Rheinebene kennen, sondern auch zwei attraktive Städte – ganz ohne Parkplatzsorgen. Startpunkt ist die Universitätsstadt Landau mit ihren historischen Festungsanlagen und ihrer ausgesprochen angenehmen Fußgängerzone. Ziel ist die Domstadt Speyer, im Mittelalter eine der bedeutendsten Städte nicht nur des Heiligen Römischen Reiches, sondern ganz Europas. Dazwischen dominiert ganz das Ländliche, wenn es auf ebenen Radwegen von Dorf zu Dorf geht: das Storchenrevier der Queichwiesen, der stille Bellheimer Wald, die Bauernlandschaft des Gäu.

Landau | Parkplatz am Bahnhof | Radwanderkarte Südpfalz (zu bestellen unter suedlicheweinstrasse.de) oder SÜW-App Frühjahr und Herbst 49.197925, 8.126878 Download GPX-Track

Stehen oder sitzen? Dem Board ist's egal

Nur mit Sicherung! Die Fallhöhe von der Zwerggalerie ist beträchtlich

Es-U-Pee am Kollersee

18 Stehpaddeln und Baden am Kollersee

Für viele Kenner ist der Kollersee der schönste der linksrheinischen Baggerseen. Sonnenanbeter, Wasserratten, Kanuten und Stehpaddler schätzen das klare Wasser und das ursprüngliche Erlebnis, gibt es dort doch weder Umkleidekabinen noch einen Kiosk. Dafür aber am Ostufer große und kleinere Strände, an denen das Laissez-faire-Prinzip gilt: mit oder ohne Badekleidung – wen schert's? Auf dem Wasser kann man die Metamorphose eines Sportgeräts beobachten: Was als Stand-up Paddle Board begann, dient mittlerweile nicht nur dem Stehpaddeln, sondern auch dem Sitzpaddeln, Kniepaddeln und Liegepaddeln, wird als Sonnenpritsche, Wasser-Yogamatte oder Bierpartysitz genutzt. Und noch mal: Wen schert's?

Otterstadt | Buslinie 572 vom Bahnhof Speyer bis Otterstadt plus 1 Std. 15 Min. Fußmarsch | Parkplatz am Inselcamping (von Otterstadt Richtung Rheinfähre Brühl) | Strände frei zugänglich | SUP-Verleih Soul Surfin (auf Facebook, Anmeldung per WhatsApp) | Kanuverleih und Bistro: insel camping-kollersee.de Sommer, bei Wochenendtrubel frühmorgens 49.380277, 8.478055

Download GPX-Track

Kirchenrundgang für Schwindelfreie

19 Geführte Begehung der Zwerggalerie des Speyerer Doms, 1 Std.

An Superlativen mangelt es dem Kaiserdom in Speyer wahrlich nicht: weltweit größte erhaltene romanische Kirche, größte Hallenkrypta, erster vollständig überwölbter Kirchenbau, bedeutendste Grablege von Kaiserinnen, Kaisern und Königen Deutschlands … und erster Kirchenbau mit komplett begehbarer Zwerggalerie.

Hier nun wird es interessant für Freunde kleiner Abenteuer: An einer Seilsicherung kann man den Dom nämlich auf diesem in rund 30 m Höhe verlaufenden Säulengang umrunden, auf Voranmeldung in Gruppen mit maximal 5 Personen, begleitet von speziell ausgebildeten Domführern. Ein exquisites Vergnügen für Menschen ohne Höhenangst, nicht billig, die Gebühr fließt allerdings ganz als Spende in den Bauerhalt.

Speyer | Buslinie 564 und 568 vom Bahnhof Speyer | Parkplatz P3 am Dom | Terminvereinbarung: domfuehrungen @bistum-speyer.de | €€€ April–Okt. 49.318409, 8.443110

Die Blaue Adria ist der Sandstrand von Ludwigshafen

Morgens ist es noch ruhig an der Strandbar des Silbersees

IN DER REGION LUDWIGSHAFEN

Strandurlaub für Hinz und Kunz

20 Baden an der Blauen Adria bei Altrip

An Selbstbewusstsein und Humor scheint es den Rheinpfälzern nicht zu fehlen: Haben sie doch einem Badesee inmitten von Altrheinschlingen und stillgelegten Baggerseen kurzerhand den Namen „Blaue Adria" verpasst. Sympathischer Hintergrund: Dabei dachte man in den 1950er-Jahren vor allem an jene, die sich zu Beginn des deutschen „Wirtschaftswunders" – aus dieser Zeit stammt das Naherholungsgebiet – einen Urlaub an der echten Adria nicht leisten konnten. Heute gibt es hier zwei Campingplätze, ein Hotel und eine Menge Wochenendhäuser. Und natürlich die zwei überwachten Sandstrände am Mittelweiher, mit Kiosk und Toiletten. **Insider-Tipp** Auf einer etwas abgelegenen Landzunge ist FKK zwar nicht offiziell vorgesehen, aber üblich. Schwimmen kannst du auch am benachbarten Jägerweiher, dem Revier der Sporttaucher.

Altrip | Buslinie 570 vom Bahnhof Rheingönheim nach Altrip plus 2,5 km Fußweg | Parkplatz am Mittelweiher | Mai–Sept. 49.424723, 8.468034 (Parkplatz)

Auszeit im Ballungsgebiet

21 Baden und Wassersport am Silbersee bei Bobenheim-Roxheim

Wie viele Baggerseen am Rhein kann einem auch der zwischen Worms und Ludwigshafen gelegene Silbersee, das größte Stillgewässer der Pfalz, einen entspannenden Tag Kurzurlaub bescheren – mit Baden, Bootfahren oder Stehpaddeln. Auch Windsurfen ist hier im Gegensatz zu den meisten anderen Badeseen erlaubt. Den Badespaß perfekt macht der großzügige Sandstrand mit schicker Strandbar. Wer's gerne ruhiger hat, findet auch an heißen Tagen noch ein abgelegenes Plätzchen in der weitläufigen Seenplatte, zu der neben dem eigentlichen Badesee noch zwei seenartige Altrheinarme und ein Dutzend kleinere Seen gehören. Ein Abendspaziergang entlang des Flüsschens Isenach rundet den Tag ab.

Bobenheim-Roxheim | Buslinie 463 ab Bahnhof Bobenheim-Roxheim plus 5 Min. Fußweg zum Strand | Parkplatz an der K 1 | Strandbar: beachbar-silbersee.de Mai–Sept., bei Wochenendtrubel frühmorgens 49.569274, 8.375678

Sonnige Aussichten in der Strandbar an der Schlicht

Spaß an der Pflicht

22 Sommerprogramm am Badesee Schlicht bei Neuhofen, ½–1 Tag

„Die Schlicht ist Pflicht", sagen eingefleischte Fans des Badesees Schlicht. Pflicht? Wohl eher Spaß. Denn der etwa 1,2 km lange Baggersee südlich von Ludwigshafen glänzt mit schönen Badeplätzen und klarem, oft azurblauem Wasser. Am Ostufer wird noch immer Kies gebaggert, das Nord- und Westufer aber gehört den Sonnenanbetern, Wasserratten und Wassersportlern. Segeln und Surfen ist untersagt, Stand-up-Paddling dagegen erlaubt. Wer gerne seine Ruhe hat, steuert das Westufer an, wo es am Schilfufer viele kleine Wasserzugänge und wilde FKK-Plätze gibt. Wer sich an Badetrubel nicht stört, nimmt die Liegewiese am Nordufer. Dort liegt auch eine Strandbar mit schönem Blick auf den See. Auf der Speisekarte: Vegetarisches und Veganes. Erstaunlich groß die Getränkeauswahl – Renner ist die „Schlicht-Schorle", ein Mix aus Secco, Grapefruitsaft und Bitter Lemon.

Neuhofen | Buslinie 582 vom Bahnhof Limburgerhof plus 30 Min. Fußweg | Parkplatz am Waldfriedhof oder an der L 534 zwischen Neuhofen und Waldsee | Strandbar: schlicht-neuhofen.de Immer zugänglich 49.416362, 8.450203 (Parkplatz Liegewiese), 49.410513, 8.436191 (Westufer)

Rausnehmen–Reintun ist das simple Prinzip einer Letterbox

Schatzsuche digital

23 Letterboxing bei Gerolsheim, einfacher Rundweg, 5,5 km, 2 Std. 30 Min.

Wie bringt man die Kids raus in die Natur? Eine Antwort: Letterboxing, ein Mix aus Schatzsuche und Navigation per Kompass, Landkarte und „Clues", im Internet veröffentlichten Hinweisen. Der Schatz ist eine versteckte Plastikbox mit einem Logbuch, einem Stempel und ein paar Kleinigkeiten, Spielzeug zumeist. Wer eine solche Letterbox findet, trägt sich in das Logbuch ein, entnimmt der Box ein kleines Geschenk und steckt ein neues hinein. Da bei Bad Dürkheim 2002 die erste Letterbox versteckt wurde, gilt die Pfalz als Geburtsstätte des Letterboxing in Deutschland. Eine der vielen pfälzischen Letterboxing-Touren liegt bei Gerolsheim unweit der A 6.

Gerolsheim | Buslinie 461 ab Bahnhof Frankenthal | Parkplatz nahe dem Friedhof | Angaben zur Palmberg-Letterbox: letterbox-pfalz.jimdofree.com Ganzjährig 49.546311, 8.266768

DER SCHÖNSTE SONNEN-UNTERGANG

Wenn die Sonne hinter der Haardt versinkt

24 Einfache Weinbergwanderung zum Houschder Winzerturm, 3,2 km, 50 Min.

Wer in der warmen Jahreshälfte auf die Haardt schauen möchte, hat oft ein Problem: Üppige Weinreben versperren den Blick. Für Abhilfe sorgt der 2007 errichtete Houschder (Hochstädter) Winzerturm, ein nur 5 m hoher, aber für den Zweck völlig ausreichender Sandsteinturm mitten in den Weinbergen. Der Weg zum Winzerturm ist nicht beschildert – eventuell Spaziergänger fragen!

Hochstadt | Buslinie 591 ab Bahnhof Landau plus 10 Min. Fußweg zum Startpunkt | Parken Ecke Hauptstraße/Rathausgasse | Frühjahr–Herbst, Sonnenuntergangszeit, der Turm ist frei zugänglich

49.239973, 8.201560 ✓ Download GPX-Track

LOKALE SPEZIALITÄTEN

*UND WO DU SIE PROBIEREN KANNST

Pfälzische Dampfnudeln sehen so einfach aus und sind doch eine Kunst

Gemüse und Obst in Hülle und Fülle, Fische aus den Rheingewässern, Wild aus dem Gäuwald und dem Bienwald: Die traditionelle Küche der Rheinebene konnte aus dem Vollen schöpfen. Und was dann noch fehlte, ließ sich mit wenig Aufwand aus der Weinregion importieren.

Das weiße Gold

1 Spargel

Es muss nicht immer die klassische Creme-suppe oder Sauce hollandaise sein, wenn es um Spargel geht: Geschälte Spargelstangen einfach aufs Backblech legen, mit Salz und Zucker würzen und 30 Min. bei 160 Grad im Ofen backen – fertig ist die Köstlichkeit. Noch bequemer: Grillen! Von Mitte April bis Mitte Juni dauert die Spargelsaison in der Südpfalz. Dann steht frischer Pfälzer Spargel auf der Speisekarte. Für den Rest des Jahres behilft man sich mit importiertem Spargel.

ℹ *In* **Zürker's Hofladen** *in der Spargelhochburg Dudenhofen kannst du Spargel direkt beim Erzeuger kaufen, als Spargelbuffet „Spargel satt" verkosten und eine Führung mitmachen | Neustadter Str. 14 | zuerkers-hofladen.de | €–€€€*

Ein klassisches Familienessen

2 3 Dampfnudeln

Ein einfacher Teig aus Milch, Mehl, Hefe und Salz ist die Basis dieser Arme-Leute-Speise, die bei vielen Pfälzerinnen und Pfälzern süße Kindheitserinnerungen wachruft. Aus dem Teig werden Knödel geformt und in einem geschlossenen Bräter mit Wasser und einem Schuss Milch und Butter gekocht, bis eine süß-salzige Kruste entsteht. Vanillesoße oder Weinsoße darüber – fertig. Das Geheimnis ist der Dampf – wenn man den Deckel zu früh öffnet, fallen die Dampfnudeln zusammen – und das Anbraten.

ℹ *Das Restaurant* **Dampfnudelhof** *in Hayna ist zwar geschlossen, die beliebten Dampfnudeln gibt es aber immer noch, mobil vor Supermärkten in Herxheim bei Landau (Mi, Fr, Sa) und Bad Berg-*

zabern (Di, Mi, Do) und bei zahlreichen lokalen Festen | dampfnudelhof.com | €

Die Macht der Gegensätze

4 Kartoffelsuppe mit Zwetschgenkuchen

Eine moderne Küchenkreation, könnte man meinen, wenn man mit der einen Hand Kartoffelsuppe löffelt und mit der anderen zwischendurch einen Zwetschgenkuchen zum Mund führt. Das Rezept aber ist uralt: „Grumbeersupp mit Quetschekuche". Deftig und süß, irgendwie passt das zur Pfalz. Harmonisch vereinte Gegensätze eben. Die Leidenschaft dafür teilen die Pfälzer übrigens mit den Badensern. Leider steht diese Leckerei nur noch selten auf der Speisekarte.

ⓘ *Gute Chancen auf exzellente Grumbeersupp mit Quetschekuche hat man bei* **Inge's Cafè** *in Landau-Bornheim | Hauptstraße 39, www.inges-cafe.de | €*

Hier findest du alles

5 Wochenmarkt Speyer

Regionale Produkte in Hülle und Fülle anbieten – ein Kinderspiel, wenn die Felder und Äcker der Bauern nur wenige Kilometer entfernt sind.

ⓘ *In Speyer hat man den* **Wochenmarkt** *auf vier Standorte und Tage verteilt: Di Maximilianstraße, Fr Berliner Platz, Sa Königsplatz, jeweils 7–13 Uhr, Do Platz der Stadt Ravenna 7–14 Uhr*

Fladen mit Spaßfaktor

6 Flammkuchen

Die aus dem Elsass stammende Spezialität hat sich vor allem in der grenznahen Südpfalz so sehr in den Speisekarten etabliert, dass sie mitunter für eine pfälzische Erfindung gehalten wird. Ein dünn ausgerollter Brotteig wird mit Sauerrahmcreme, Speck und vielen Zwiebeln belegt und idealerweise im Holzbackofen gebacken. Als Nachtisch sehr beliebt ist die Variante mit Apfel und Zimt.

ⓘ *Im* **Adamshof** *in Kandel gibt es verschiedene Flammkuchenvarianten in einem birkenschattigen Biergarten | Rheinzaberner Str. 1 | kandel-adamshof.de | €*

Nordpfalz-Kontraste: Sanftes Bauernland vor dem wuchtigen Donnersberg

Westpfalz & Nordpfälzer Bergland

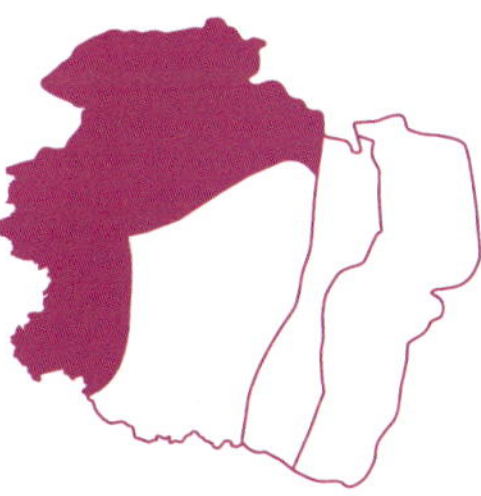

LANDLUFT UND WEITE HÖHEN

Auf den Höhenzügen der Bauernlandschaft im Westen und Norden der Pfalz begrenzt nichts den freien Blick – eine Einladung zu Höhenspaziergängen und Radtouren wie jener auf dem Nordpfälzer Höhenradweg. Auch einige Weitwanderwege nutzen die meist baumfreien Höhenzüge: der Veldenz-Wanderweg, der Remigius-Wanderweg und der Pfälzer Höhenweg. Im Sommer, wenn es dort an Schatten mangelt, wird man eher die Wälder am Donnersberg, Königsberg und Potzberg aufsuchen. Aussichtstürme sind hier selten – man braucht sie einfach nicht. Burgen gibt es auch hier, wenn auch nicht so viele wie im Pfälzerwald. Tourenradler schätzen die Radwege in den Flusstälern, Straßenradler die verkehrsarmen Nebenstraßen mit ihrem steten Wechsel von Anstieg und Abfahrt. Reiten wird groß geschrieben im Zweibrücker Hügelland. Wie und wo auch immer: Hier weht Landluft.

AUF EINEN BLICK
*WESTPFALZ & NORDPFÄLZER BERGLAND

Magische Stunden auf dem Donnersberg ★
Ein Traum in Violett: die Mehlinger Heide ★
HESSEN
BADEN-WÜR
MARCO POLO
OUTDOOR-HIGHLIGHTS ★
★ Bahndammradeln im Hornbachtal
Ein Klosterdorf, ein verträumtes Mühlental und französische Küche → S. 168
★ Zur Sonnenuhr auf dem Reiserberg
Leichte Fernblicktour mit einem außergewöhnlichen i-Tüpfelchen → S. 170
★ Ein Traum in Violett: die Mehlinger Heide
Streifzug durch die größte Heide Süddeutschlands → S. 172
★ Plaisir-Radeln im Landstuhler Bruch
In der Pfälzischen Moorniederung läuft das Rad wie von selbst → S. 174
★ Mit Adleraugen auf dem Potzberg
Bunter Mix auf einem der großen Gipfel der Nordpfalz → S. 176
★ Magische Stunden auf dem Donnersberg
Auf einer großzügigen Runde den Berg der Kelten kennenlernen → S. 178

Bahndammradeln im Hornbachtal ★

Ein hervorragend ausgebauter Radweg in einem verkehrsarmen Tal, mäandernde Bäche, urige Bauerngehöfte, weitläufige Viehweiden – gute Voraussetzungen für einen entspannten Radausflug. Wenn dann noch ein wenig klösterliches Mittelalter, etwas Mühlenzauber und eine gehörige Dosis französische Küche dazukommen, ist das Erlebnis fast perfekt.

Flachetappe im Talgrund

Diese grenzüberschreitende Radtour im Zweibrücker Land sucht nicht das Spektakel, sondern setzt auf die Wirkung von Landluft in Kombination mit dem so oft heilsamen Verzicht auf sportlichen Ehrgeiz. Fast ohne Anstiege geht es durch das Hornbachtal in das gleichnamige Dörfchen und durch das verträumte Schwalbtal hinein nach Frankreich zur Moulin d'Eschviller.

Ganz gemächlich zum Klosterdorf Hornbach

Genussradeln mag man das nennen, wenn man vom erhöhten Damm einer stillgelegten Eisenbahnstrecke lässig auf die Pferdeweiden im Talgrund hinunterblickt – Zweibrücken, die „Stadt der Rosen und Rösser", ist nicht fern. So rollt man in weiten Windungen im Schatten von Alleebäumen nach Hornbach.

Dort zieht das im Oberdorf gelegene Kloster den Blick auf sich. Seine Ursprünge gehen auf den Wandermönch Pirminius zurück, der im 8. Jh. Südwestdeutschland und das Elsass missionierte. Ein umtriebiger Mann, gründete er doch Klöster gleich im Dutzend, bevor er 753 in Hornbach verstarb. Heute ist in den Klostergebäuden das Hotel Kloster Hornbach mit einem gepflegten Restaurant und einem radlergerechten Freisitzcafé untergebracht, im Keller zeigt das Historama die Geschichte des Klosters. **Insider-Tipp** Unbedingt durch die Außenanlage und den Kräutergarten bummeln!

Frankreich

Dann ein kleiner Abstecher nach Frankreich. Also kurz bergab und auf der linken Talseite durch das Schwalbtal mit seinen geheimnisvollen Schilfsenken zur Eschviller Mühle. Ein Kostverächter, wer sich hier nicht ein üppiges lothringisch-elsässisches Menü gönnt. Sollte man dann noch Kulturhunger haben: Das Mühlenmuseum nebenan bietet Führungen an.

Für den Rückweg nimmt man die Straße auf der nun linken Talseite, ab Hornbach wieder den Radweg. Kein Schaden, sieht doch die Landschaft in dieser Richtung wieder anders aus.

Im Zweibrücker Hügelland gehen die Uhren anders – auch beim Radeln (li.). Erster Zwischenstopp ist das Kloster Hornbach (o.)

Die Tour im Überblick

Leichte Radtour im Hornbachtal, 30,8 km, 2 Std. 10 Min., 76 hm

Zweibrücken, Sportplatz SV Ixheim, Stettinstraße | Regionalzug RB55 von Landau oder Regionalzug RB71 von Saarbrücken bis Zweibrücken plus 5 Min. zum Startpunkt | Mit dem Auto über die A 8 aus Richtung Neunkirchen oder Pirmasens, Abfahrt Ixheim | kloster-hornbach.de, lemoulin-eschviller.fr, moulindeschviller.fr

Frühjahr–Herbst

Tourenrad oder E-Bike, Proviant, Radkarte Pfalz (downloaden unter pfalz.de)

49.237970, 7.359574

DOWNLOAD GPX-Track

Zur Sonnenuhr auf dem Reiserberg ★

Eine Wanderung ganz ohne Aussichtspunkt und dennoch ein großes Fernblickerlebnis? Doch, das geht: auf dem Planetenweg inmitten des Nordpfälzer Berglandes. Dort nämlich ist der ganze Weg ein einziger Aussichtspunkt. Über fast baumfreie Höhen wandert man zu einer eigenwilligen neuzeitlichen Sonnenuhr.

Sandsteinstelen unter einem weiten Himmel

Schon vor über 4000 Jahren steckten Chinesen, Babylonier und Ägypter einen Stab in die Erde, um von seinem Schattenwurf die Zeit abzulesen. In Europa war man etwas später dran: Vor allem Klöster nutzten seit dem frühen Mittelalter Wandsonnenuhren, um den Mönchen verlässliche Zeiten zum Arbeiten und Beten anzuzeigen.

Rein dem Plaisir dagegen dient die Sonnenuhr, die im Jahr 2020 auf dem Reiserberg errichtet wurde. Ein gut gewählter Platz, denn dieser zentrale Nordpfälzer Gipfel überragt seine Umgebung deutlich, auch wenn er nur 460 m über dem Meer liegt. Auch einen gar nicht so fernen Bezug zu Sonnenuhren gibt es in der Nähe: An der Abteikirche im 8 km entfernten Otterberg ist eine alte Sonnenuhr angebracht.

Im Halbkreis stehen jetzt also auf dem Gipfelplateau ein Dutzend übermannshohe Sandsteinobelisken, auf die ein mehrere Meter hoher Polstab seinen Schatten wirft. Auch wenn es eine entfernte Ähnlichkeit geben mag: „Stonehenge der Pfalz" muss man das Ensemble nun nicht gerade nennen, die Reiserberg-Sonnenuhr entfaltet ihren Zauber auch ohne schiefe Vergleiche.

Planetenkunde und Bergpanorama

Erwandern lässt sich der Reiserberg am besten auf dem Planetenweg. Entlang dieses Themen-

Ein Gipfel mitten im Nordpfälzer Bergland – genau der richtige Standort für ein touristisches Leuchtturmprojekt (re.). Natürlich mit Donnersberg-Blick (li.)

weges werden die erdnahen Planeten auf Infotafeln beschrieben, die im Maßstab 1:1,4 Mrd. im übertragenen Abstand positioniert wurden. Dazwischen bleibt Zeit genug, um sich an duftenden Kornfeldern, tirilierenden Lerchen und geduldig kreisenden Raubvögeln zu erfreuen. Landleben wie in alten Zeiten – von den Windrädern in der Ferne abgesehen.

Und dieses Panorama! Schon beim Anstieg rückt der Donnersberg ins Blickfeld, wenig später gesellen sich die beiden anderen großen Massive des Nordpfälzer Berglandes hinzu, der Königsberg und der Potzberg. Im Süden schaut man bis zum Pfälzerwald, zur Pfälzer Moorsenke und zur Sickinger Höhe. Für den runden Abschluss der Tour sorgt ein kurzer Bummel durch Heiligenmoschel, ein echtes Bauerndorf, mit Schwalben unter den Dächern und Tauben auf den Hausgiebeln.

Die Tour im Überblick

Einfache Rundwanderung zum Reiserberg, als Planetenweg ausgeschildert, 7 km, 1 Std. 50 Min.

Heiligenmoschel, Wanderparkplatz in der Bergstraße | Ruftaxi 130 ab Bahnhof Otterbach | Mit dem Auto von Kaiserslautern über Otterberg und Schneckenhausen, im Ort beschildert links ab

Bei Schnee oder zur Rapsblüte im Mai, frühmorgens oder abends

Einfache Laufschuhe, im Sommer Sonnenschutz, eventuell Wanderkarte „Pfälzer Bergland", LVermGeo

49.558009, 7.756989

DOWNLOAD GPX-Track

Ein Traum in Violett: die Mehlinger Heide ★

Wie sich die Zeiten ändern! Waren Heidegebiete unseren Altvorderen wegen ihres unfruchtbaren Bodens eher ein Dorn im Auge, werden sie heute von Naturliebhabern besonders geschätzt. So auch die größte Heide Süddeutschlands, die Mehlinger Heide auf dem Gelände eines früheren Truppenübungsplatzes bei Kaiserslautern.

Vom Truppenübungsplatz zum Besuchermagneten

74 000 Reichsmark Entschädigung gab es für die Gemeinde Mehlingen, als sie im Jahr 1912 dem deutschen Heer ein großes Waldgebiet überlassen musste. Der Wald wurde teilweise gerodet und ab 1938 zerwühlten deutsche, nach dem Zweiten Weltkrieg französische und US-amerikanische Panzer den Boden. Als sich nach dem Kalten Krieg das Militär zurückzog, konnte sich die Natur endlich erholen, die in Ansätzen schon vorhandene Heide entwickelte sich Zug um Zug weiter. Heute hat die Mehlinger Heide alles, was solche Landschaften so anziehend macht: Magerrasenflächen, Kieferninseln, Besen-Heidekraut, Heidelbeeren, ein reges Tierleben mit Heidelerchen und Ziegenmelkern, seltenen Libellen, Heuschrecken und Schmetterlingen.

Disziplin inmitten der Heidepracht

Seit 2005 können Besucher das ehemalige Militärgelände durchstreifen. Allerdings soldatisch diszipliniert: Das Verlassen der Wege ist streng verboten – dem Naturschutz zuliebe und weil im Boden verborgene Munitionsreste noch immer Gefahr bedeuten. Also folgt man am besten dem Logo des „Heideweges", einer schwarzen Eule mit rosa Band. Am schönsten ist es hier natürlich im Hochsommer, wenn die Heide blüht. Dann sind hier nicht nur tagsüber einige Menschen unterwegs, son-

Ein Fotografentraum: sommerlicher Sonnenaufgang in der Heide (li.). Am Weg liegen mehrere Beobachtungsstationen (re.)

dern schon in der Morgendämmerung. Zahlreiche Profi- und Hobbyfotografen sehnen dann den magischen Augenblick herbei: wenn sich das violett leuchtende Heidekraut mit der aufgehenden Sonne und einem wohldosierten Morgennebel zu einem instagrammablen Motiv vereint.

Den besten Überblick über das 150 ha große Heidegelände hat man von einer hölzernen Aussichtsplattform auf einer Anhöhe, die von den Militärs als „Höhe 325" kartiert wurde, heute aber landläufig „Feldherrenhügel" genannt wird. Über weite Heideflächen schaut man bis zum wuchtigen Donnersberg-Massiv. Kleiner Wermutstropfen: Die nahe A 63 sorgt auch hier dafür, dass die Begleitmusik des Heiderundgangs nicht allein den Vögeln überlassen bleibt. **Insider-Tipp** Zünftig einkehren kannst du danach in der Flammkuchenhütte unweit des Parkplatzes.

Die Tour im Überblick

Leichte Rundwanderung, 4,8 km, 1 Std. 10 Min.

Mehlingen | Buslinie 137 ab Hauptbahnhof Kaiserslautern plus 5 Min. Fußweg | Mit dem Auto von Kaiserslautern auf der A 63 Richtung Mainz, Abfahrt Mehlingen und am Ortseingang zweimal rechts ab, Parkplatz am Ende der Straße „An der Heide"

Ende Juli–Mitte Sept. zur Heideblüte
Laufschuhe, Proviant
49.491759, 7.844719

DOWNLOAD GPX-Track

Plaisir-Radeln im Landstuhler Bruch ★

Für Flachland-Radler ein ideales Terrain: das Landstuhler Bruch, ein Teil der Pfälzischen Moorniederung. Nach Torfabbau und Trockenlegung sieht man vom einstigen Moor zwar nur noch vereinzelte Spuren, geblieben aber ist die Niederung mit ihrem erholsamen Mix aus Wald, Wasser und Weideland.

Moorgeschichten

Lange Zeit war das von der Sickinger Höhe und dem Nordpfälzer Bergland eingerahmte Gebiet wegen seiner Sümpfe so unzugänglich, dass man es nur auf Knüppeldämmen überqueren konnte. Während des Frühjahrshochwassers entstanden sogar große Wasserflächen, auf denen man mit Booten unterwegs war.

Im 18. Jh. begann man damit, das Moor wirtschaftlich zu nutzen, entwässerte die Senke Schritt für Schritt und baute in großem Stil Torf ab. Heute ist der Grundwasserspiegel so stark abgesenkt, dass sich die Landschaft als weitgehend trockene Ebene präsentiert, in der Viehhalter und Ackerbauern ein Auskommen und Spaziergänger, Angler und Radler Erholung finden. Graureiher, Weißstörche, Rehe, Wildschweine, Feldhasen und Füchse haben in den geschützten Wäldern und auf den ausgedehnten Wiesen ihren Lebensraum.

Aus Radlerperspektive ist eine Rundtour durch die Moorniederung ein höchst einfaches Unternehmen. Der Rad-Rundweg „Pfälzer Moortour" gibt die Route vor, Kondition ist kaum gefordert, für die Verpflegung sorgen mehrere Einkehrstationen.

Nah und doch so fern: die Ramstein Airbase

Bald nach dem Aufbruch passiert man das im Wald versteckte Depot Miesau, das größte US-Munitionslager außerhalb der Vereinigten Staa-

Der junge Glan ist das wichtigste der Flüsschen, welche die Moorniederung entwässern (li.). Die erste Radelpause gibt's am Angelweiher von Waldmohr (re.)

ten – Erinnerung daran, dass die Ramstein Airbase der US Army nicht weit ist. Kurz darauf aber wird es ganz ländlich-friedlich, denn es geht an großen Rinderweiden und Pferdekoppeln vorbei. Entwässerungsgräben, Röhrichtsenken und Bruchwälder erinnern daran, dass dies einmal sumpfig-feuchtes Moorland war.

Insider-Tipp Am Angelweiher von Waldmohr beginnt ein besonderer Radelgenuss, der Radweg verläuft nun auf einer stillgelegten Bahntrasse. Wie entspannt es sich hier dahinrollen lässt, wie schön schattig das ist! Kontrastprogramm bei einem Abstecher zum Ohmbachsee: Wasserspaß und Faulenzen. Das Gleiche noch mal im ausnehmend schönen Waldfreibad bei Miesau, bevor man den Oberlauf des Glans überquert und mit dem Steilabfall der Sickinger Höhe vor Augen nach Bruchmühlbach zurückfährt.

Die Tour im Überblick

Leichte Rad-Rundtour im Landstuhler Bruch, 27,9 km, 59 hm, 2 Std.

Bruchmühlbach-Miesau, Bahnhof | Bahnlinie Kaiserslautern-Saarbrücken | Mit dem Auto von der A 6 zwischen Landstuhl und Homburg abzweigen | Café Fischerhütte Waldmohr: facebook.com | Freibad Miesau: tourismus-vgbm.de | Fischerhütte Miesau: facebook.com

Frühjahr–Herbst
Tourenrad oder E-Bike, etwas Proviant, eventuell Badesachen
49.385341, 7.443626

DOWNLOAD GPX-Track

Mit Adleraugen auf dem Potzberg ★

Der Potzberg, der westlichste der drei großen Nordpfälzer Berggestalten, ist der „Allzweckgipfel" unter den pfälzischen Bergen und ein Top-Ziel für Wanderer, Radfahrer und Ausflügler. Er bietet einen Wildpark mit Greifvogelschau, eine Blockhütte mit großer Fernblickterrasse, einen Aussichtsturm, ein ehemaliges Hotel im Castle-Stil und obendrauf eine Prise Bergbaugeschichte.

Blickfang im Musikantenland

Wer auf der A8 zwischen Landstuhl und Kusel unterwegs ist, erblickt als weithin dominierenden Bergstock den kegelförmigen Potzberg, den „König des Musikantenlandes" – die Dörfer um Kusel haben eine lange Wandermusikanten-Tradition. Mit 562 m Höhe überragt der Potzberg das Glantal zu seinen Füßen um stolze 300 m. Seit 1965 kann man auf einer kurvenreichen Strecke bis auf den Gipfel hinauffahren. Und hat dann die Qual der Wahl: Wildpark, Turm, Wanderung, Höhengaststätte? Oder doch gleich alles? Dann wird der Potzberg-Ausflug zu einer mehrstündigen Unternehmung.

Erst das Großwild, dann die Greifvögel

Am Südhang des Gipfels liegt der Wildpark Potzberg mit seinen weitläufigen Gehegen für Wisente, Rentiere, Auerochsen, Waldtarpane, für Wildschweine, Rot-, Dam- und Sikahirsche und Bergbewohner wie Murmeltiere, Steinböcke und Gämsen. Kleinere Kinder zieht es zunächst zu Spielplatz und Streichelzoo. Dann aber geht es zur Falknerei mit ihrer Greifvogelschau, die einmal am Tag Stein-, Weißkopf- und Riesenseeadler, Bussarde, Schwarzmilane, Falken, Andenkondore, Mönchsgeier und Gänsegeier beim Anflug auf eine scheinbare Beute präsentiert.

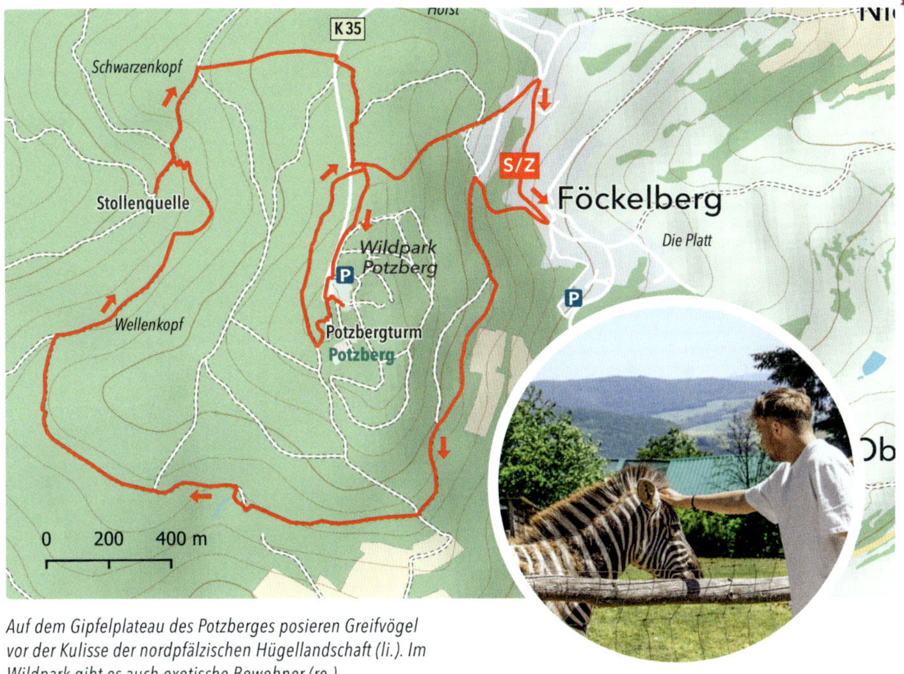

Auf dem Gipfelplateau des Potzberges posieren Greifvögel vor der Kulisse der nordpfälzischen Hügellandschaft (li.). Im Wildpark gibt es auch exotische Bewohner (re.)

Durchs Bergbaurevier zum Turm

Ebenfalls in Gipfelnähe der große Kontrast zum Wildpark: Bis in die Mitte des 19. Jhs. wurde auf dem Potzberg Bergbau betrieben, in mehr als einem Dutzend Stollen förderte man vor allem Eisenerz und Quecksilber. Auf mehreren Wanderwegen lässt sich das Revier der Bergleute erkunden, z. B. auf einem mit einem Nadelbaum-Logo markierten Rundweg, der durch wundervolle Wälder mit Hainbuchen, Eichen, Kastanien und Bergahornen führt. **Insider-Tipp** Dramaturgisch begabte Wanderer starten nicht wie üblich oben am Potzberg-Parkplatz, sondern im Höhendorf Föckelberg. Ein kurzer Aufstieg, dann trifft man auf den Rundweg, folgt ihm nach links, genießt bald den Fernblick vom Aussichtspunkt Potzbergland, passiert eine Reihe von Stollen und besteigt dann den klobigen, 35 m hohen Potzbergturm.

Die Tour im Überblick

Mittelschwere Rundwanderung auf dem Potzberg, 8,3 km, 2 Std. 25 Min.

Föckelberg | Ruftaxi 2978 vom Bahnhof Altenglan | Mit dem Auto von Kusel über Altenglan oder Theisbergstegen bis Föckelberg, Parken am Dorfgemeinschaftshaus in der Hauptstraße | wildpark.potzberg.de, Flugschau um 15 Uhr, €€

Flugschau Ende März–Ende Okt.
Feste Schuhe und Wetterkleidung, eventuell Wanderkarte „Pfälzer Bergland mit Nahe", LVermGeo
49.525093, 7.489539

DOWNLOAD GPX-Track

Magische Stunden auf dem Donnersberg ★

Ein gewaltiger Klotz, dieser Donnersberg! Kein Wunder, dass schon die Kelten mit ihrem Gespür für besondere Plätze auf seinem Gipfelplateau einen bedeutenden Wohn- und Handelsplatz anlegten. Die Magie eines solchen Berges erschließt sich am besten, wenn man nicht mal eben mit dem Auto hinauffährt, sondern ihn aus eigener Kraft ersteigt.

Zuerst der Fernblick …

Dannenfels, ein ruhiges Bergdörfchen am Osthang des Donnersberges, ist ein idealer Startpunkt für all jene, die den kräftezehrenden Anstieg von ganz unten scheuen, es sich aber aus Respekt vor dem massigen, seine Umgebung weit überragenden Bergstock nicht gar zu einfach machen möchten. Schon vom Ort aus hat man einen exquisiten Blick über die Rheinebene bis zum Odenwald und Taunus. Jetzt ist erst einmal Warmlaufen angesagt, wenn es im Schatten mächtiger Buchen und Kastanien fast ohne Höhengewinn einige Kilometer nordwärts geht. Als Wegzeichen dient der blau-rote Balken.

… dann auf dem Keltenwall ganz hoch hinaus

Bald aber steigt der Puls, denn am Hotel Bastenhaus beginnt der Anstieg, zunächst mit dem roten Balken, später auf dem mit einem grünen Achsnagel markierten Keltenwanderweg. Dieser folgt den Überresten eines 8 km langen Ringwalls, der das etwa 150 v. Chr. angelegte keltische Oppidum auf dem Donnersberg umschloss. Weniger spektakulär ist ausgerechnet der Königsstuhl, der höchste Punkt auf dem Donnersberg und mit 687 m zugleich der höchste Punkt der Pfalz. Auch das erhoffte Panorama bietet der Königsstuhl nicht – dafür gibt es den Ludwigsturm, der für seine bauliche

Charmefreiheit mit einem großartigen 360-Grad-Blick entschädigt. Einkehrstation auf dem Donnersberg ist die Keltenhütte des Pfälzerwald-Vereins.

Höhepunkte – Schlag auf Schlag

Insider-Tipp Unweit des Ludwigsturms ist eine originalgetreu wiederaufgebaute Trockenmauer des ehemals 4 m hohen Ringwalls zu besichtigen. Dann folgt der ereignisreiche Abstieg auf der Route des Weitwanderweges „Pfälzer Höhenweg". Vorbei an den Aussichtspunkten Hirtenfelsen und Moltkefelsen kommt man in Serpentinen hinunter zur zünftigen Einkehr im Landgasthof Pfalzblick, dem ehemaligen Kastanienhof. Zuvor war man immer mal wieder auf Skulpturen gestoßen, für die sich internationale Künstler von keltischen Mythen inspirieren ließen – die Kelten lassen einen am Donnersberg einfach nicht los.

Die Tour im Überblick

Mittelschwere Rundwanderung auf dem Donnersberg, 8,8 km, 3 Std.

Dannenfels, Wanderparkplatz an der Abzweigung zum Landgasthof Pfalzblick | Ruftaxi 4912 oder Buslinie 901 vom Bahnhof Kirchheimbolanden plus 10 Min. Fußweg | Mit dem Auto von der A 63 Abfahrt Kirchheimbolanden über Steinbach | landgasthof-pfalzblick.de

Frühjahr, Herbst und Winter

Feste Schuhe und Wetterkleidung, Wanderkarte „Der Donnersberg", LVermGeo

49.623517, 7.943792

DOWNLOAD GPX-Track

Für Wanderer mit Sinn für Spiritualität ist der Keltische Skulpturenweg am Osthang des Donnersberges mehr als Kunst im Wald (li., re.)

MEHR ERLEBEN

*WEITERE ABENTEUER & AUSFLÜGE

Mit Recht stolz sind die Zweibrücker auf ihren Rosengarten

In dieser Region musst du ein wenig „findig" sein. Dann aber: Radtouren in Flusstälern und auf Höhenzügen, aussichtsreiche Wanderungen, Botanik im Zweibrücker Rosengarten, im Japanischen Garten Kaiserslautern und in Naturschutzgebieten. Und Wunderliches: eine Vulkanschlot-Burg, Bergbauhistorie mitten im Wald, ein Wasserbüffeltal …

IN DER REGION PIRMASENS-ZWEIBRÜCKEN

Im Namen der Rose

1 Spaziergang durch den Rosengarten Zweibrücken, ca. 1 Std., oder mittelschwere Rundwanderung zum Rosengarten auf dem Themenweg „Gärten und Landschaft", 7 km, 1 Std. 45 Min.

Wer den Zweibrücker Rosengarten nicht kennt, kennt die Vielfalt der Pfalz nicht. Das beginnt schon auf dem kurzen Weg vom Parkplatz zum Rosengarten: französisches Flair auf der Platanenallee am Schwarzbach, am anderen Ufer die Rennwiese, eine der ältesten Pferderennbahnen Deutschlands. Der Rosengarten präsentiert mit mehr als 2000 verschiedenen Arten und Sorten eine der größten Rosensammlungen Europas. Anschließend gepflegt speisen im Hotel-Restaurant am Park – fast ein Halbtages-Programm. **Insider-Tipp** Noch mehr über Rosen erfährst du auf dem Themenweg „Gärten und Landschaft". Dann lernst du auch die Fasanerie kennen, eine 1714 vom Polenkönig Stanislaus Leszczynski erbaute Parkanlage mit einem Wildrosengarten. Heute ist sie Sitz des Hotel-Restaurants Fasanerie.

Zweibrücken | Regionalzug RB68 von Saarbrücken oder Pirmasens-Nord plus 10 Min. Fußweg (Rosengarten), Buslinie 234 ab Bahnhof bis Niederauerbach-Wiesbachbrücke plus 10 Min. Fußweg (Themenweg) | Parkplatz Rosengartenstraße (Rosengarten) oder Parkplatz Fasanerieanlagen (Themenweg) | rosengarten-zweibrücken.de, € | Hotel-Restaurant Rosengarten: rosengarten-am-park.de | Hotel-Restaurant Fasanerie: landschloss-fasanerie.com Rosengarten täglich geöffnet 49.250986, 7.367020 (Rosengarten), 49.25088, 7.39766 (Themenweg)

Wasserbüffel – heimisch geworden in einem Tal bei Pirmasens

Im Tal der Wasserbüffel

2 Spaziergang durchs Blümelstal bei Pirmasens, 4,5 km, 1 Std. 15 Min.

Blümelstal – das klingt verheißungsvoll, nach üppiger Blumenpracht und farbenfrohen Wiesen. Dies dürfte auch so gewesen sein, als mit dem Wasser des Blümelsbaches in dem 10 km langen Tal einige Mühlen betrieben wurden. Dann jedoch blühte nur noch die Schuhindustrie im oberhalb gelegenen Pirmasens und der Blümelsbach wandelte sich zur Kloake, musste er doch die Abwässer von Schuhfabriken und Gerbereien aufnehmen. Nach umfassender Renaturierung macht das Tal heute seinem Namen wieder alle Ehre. Unten im feuchten Talgrund wurde eine Wasserbüffelherde angesiedelt, die mit ihrem Fresshunger die Verbuschung der Talaue verhindert. Meist stehen die massigen, aber friedlichen Tiere gemütlich grasend am Bach oder dösen im Schatten der Weiden. Ein Muster an Gelassenheit! Nicht weit entfernt, zwischen Hornbach und Mauschbach, kann man eine zweite Wasserbüffelherde beobachten.

Pirmasens-Windsberg | Buslinie 203 ab Hauptbahnhof Pirmasens plus 15 Min. Fußweg | Parkplatz am Eingang des Blümelstals unterhalb von Windsberg Frühjahr und Sommer 49.212089, 7.523854 Download GPX-Track

Malerischer könnte ein Grenzübergang kaum sein

Auf Schmugglerpfaden

3 Anspruchsvolle Rundwanderung auf dem Themenweg Schmugglertour bei Kröppen, 13,3 km, 3 Std. 40 Min.

Es muss nicht unbedingt ein Premiumweg sein, wenn man ein abwechslungsreiches Wandererlebnis mit sicherer Markierung sucht. Da tut es oftmals auch ein pfiffig konzipierter Themenweg wie die Schmugglertour, die auf dem Weg über Fernblick-Höhen und durch stille Täler die Zeit der Zöllner und Schmuggler wiederaufleben lässt. Zollhäuschen geben die Rastplätze ab, unterhaltsam gestaltete Tafeln liefern die Infos. Da geht es um Uniformen und Ausrüstung, um Zollhunde, skurrile Vorfälle und trickreiche Verstecke. Und wenn man schon an der Grenze ist, gehört natürlich auch eine Leckermäuler-Stippvisite nach Frankreich zu dieser Wanderung. Schauplatz ist eine „Hackmesserseite" genannte Grenzregion bei Pirmasens. Nach der Französischen Revolution hatten sich hier sechs Gemeinden der Republik angeschlossen. So kam die Guillotine ins Land, das „Hackmesser" – viel Gebrauch wurde allerdings nicht von ihr gemacht.

Die Weihermühle, erste Station auf der Mühlental-Radtour

Discgolf, ein ausgefallenes Vergnügen im Pirmasenser Strecktalpark

Kröppen | Buslinie 255 von Pirmasens | Parkplatz am Sportplatz | Auberge du Château in Walschbronn: facebook.com | Wanderkarte „Westpfalz Süd", LVermGeo Ganzjährig 49.150834, 7.536210 Download GPX-Track

Schlemmen im Mühlental

4 Radtour im Wallhalbtal mit Wasserfall-Abstecher, 30 km, 2,5 Std.

Mühlental wird das Tal der Wallhalb inmitten der hügeligen Bauernlandschaft der Sickinger Höhe wegen seiner vielen Mühlen auch genannt. Wer heute zum Radeln dorthin kommt, tut dies allerdings nicht in der Erwartung, die Mühle am rauschenden Bach klappern zu hören. Zwar dreht sich an einer der Mühlen tatsächlich noch ein hölzernes Wasserrad, zwar wird in zweien noch gemahlen und in einer noch gebacken. Doch das Hauptmotiv der meisten Besucher ist das Schlemmen in drei zu Gastbetrieben umfunktionierten Mühlen: der Weihermühle, der Kneispermühle und der Landgrafenmühle. Dort lässt sich in historischen Gebäuden und gemütlichen Biergärten doch so etwas wie Mühlenromantik erleben. Unbedingt einen Abstecher machen von der Weihermühle zum „Kessel" im Odenbachtal, einem dschungelartigen Felsenrund mit Wasserfall!

Thaleischweiler-Fröschen | Bahn bis Thaleischweiler-Fröschen plus 10 Min. Radweg zum Start | Parkplatz zwischen Thaleischweiler und Rieschweiler an der Abzweigung der L 469 | Weihermühle: landhotel-weihermuehle.de | Kneispermühle: kneispermuehle.de | Landgrafenmühle: katz-restaurant.de | Radkarte Pfalz (bestellen oder downloaden unter pfalz.de) Frühsommer, wenn der Wasserfall im Kessel noch seinen Namen verdient, oder Hochsommer, wenn es im schattigen Wallhalbtal kühler ist als anderswo 49.259509, 7.551448 Download GPX-Track

Zwischen sieben Hügeln

5 Spaziergang und Sport im Strecktalpark Pirmasens

Pirmasens, die einstige deutsche Schuhmetropole, hat nichts zu bieten? Im Strecktalpark wird man

Besonders schön ist es auf dem Hausgiebel zur Zeit der Rapsblüte

eines Besseren belehrt: ein See mit Sommer-Gartenrestaurant, daneben ein Kräutergarten, dahinter eine ungewöhnliche Skyline mit wuchtigen Schuhfabriken und den Doppeltürmen der Pirminiuskirche, im Rücken die architektonisch interessante Streckbrücke. Die Pirmasenser weisen gerne darauf hin, dass ihre Stadt wie Rom auf sieben Hügeln erbaut ist. Hier im Park glaubt man's sofort. Bewegung wird im Strecktalpark großgeschrieben: Skaten, Volleyball und Fussball. Oder Discgolfen, so etwas wie Zielwerfen mit Frisbees. Die Scheiben können an der Kasse des Dynamikums nebenan ausgeliehen werden, eines sehr unterhaltsamen Technik-Mitmach-Museums im riesigen Gebäude der ehemaligen Schuhfabrik Rheinberger.

ⓘ *Pirmasens | Parkplatz in der Fröhnstraße, 5 Gehminuten vom Bahnhof | Strecktalpark frei zugänglich | Dynamikum Mo geschl., dynamikum.de, €€*
Frühjahr bis Herbst *49.201350, 7.600458*

Die totale Entspannung

6 Spaziergang durch das Naturschutzgebiet Hausgiebel bei Maßweiler, 2 km, 1 Std.

Wer seiner Seele einmal etwas richtig Gutes tun möchte, der streune an einem milden Abend, am besten eine Stunde vor Sonnenuntergang, über den Hausgiebel. Eine naturgeschützte Kieferninsel auf einer sanften Erhebung, mit einem weiten Blick über die Sickinger Höhe, die nach dem Reichsritter Franz von Sickingen benannte bäuerliche Hügellandschaft, welche im Norden von der Pfälzer Moorniederung und im Süden vom Schwarzbachtal begrenzt wird. Kaum hat man auf einem schräg aufwärts führenden Wiesenweg den Hausgiebel betreten, wird sich eine wundersame innere Ruhe einstellen. **Insider-Tipp** Am Westende des Naturschutzgebiets liegt die ideale Tischgruppe für ein Picknick zum Sonnenuntergang. Gelegentliche Motorengeräusche der vom nahen Miniflugplatz Pottschütthöhe startenden Sportflugzeuge, das ferne Tuckern von Landmaschinen – in diesem Ambiente reine Entspannungsmusik.

ⓘ *Maßweiler | Buslinie 243 ab Bahnhof Thaleischweiler-Fröschen plus 15 Min. Fußweg | Parkplatz an der L466 zwischen Schmitshausen und Rieschweiler kurz hinter der Abzweigung nach Maßweiler*
Mai, wenn Obstbäume, Schlehdorn und Raps in voller Blüte stehen *49.268589, 7.517738*
Download GPX-Track

Vollendete Harmonie im Japanischen Garten im Zentrum von Kaiserslautern

Ein Platz zum Nichtstun: der Retzbergweiher im Quellgebiet der Pfrimm

IN DER REGION KAISERSLAUTERN-LANDSTUHL

Zen-Meditation in der Fußballstadt

7 Spaziergang im Japanischen Garten Kaiserslautern, 1 Std.

Was für ein Kontrast! Hier das 22-stöckige Rathaus, das Fritz-Walter-Stadion und die Backstein-Industriearchitektur des Kulturzentrums Kammgarn. Und dort, mitten im Stadtzentrum, die meditative, alles Rechtwinklige meidende Welt eines japanischen Gartens. Da werden Kiesbeete, Teiche und Moose zu Gemälden und Felswände zu Skulpturen. Teehäuser, Brücken und Steinlaternen, Schilf, Bonsai, Rhododendren und Bambus lösen die Grenzen zwischen Menschenwerk und Natur auf. Wozu um die halbe Welt fliegen, wenn es so etwas gibt wie den Japanischen Garten Kaiserslautern?

Kaiserslautern | 45 Min. Fußweg vom Bahnhof oder Buslinie SWK 102 | Parkplatz in der Lauterstraße | April–Okt. Di–So | japanischergarten.de, € Frühjahr–Herbst 49.447913, 7.766086

An Waldseen träumen

8 Einfache Rundwanderung zu den Pfrimmtalseen bei Sippersfeld, 5,1 km, 1 Std. 15 Min.

Südlich des Donnersberges, dort, wo das Nordpfälzer Bergland an den Pfälzerwald anschließt, liegt das Seengebiet Sippersfelder Weiher: eine durchgehend bewaldete Tallandschaft mit vier schilfgesäumten Waldseen, tiefgrünen Sümpfen und geheimnisvollen Erlenbrüchen. Ideal zum zwanglosen Umherstreifen. Wer gerne ein klares Ziel vor Augen hat, steuert den größten der Pfrimmtalseen an, den Retzbergweiher. Direkt am Ufer kann man die einfache, aber doch pfiffige Küche der kleinen Retzberghütte genießen. Kaffee und Kuchen, Cocktails und erlesene Weine gibt es danach im Waldcafé des Camping-Naturresorts Waldglück. Dort kannst du auch ein Bad in einem kleinen Weiher nehmen.

Sippersfeld, Ortsteil Pfrimmerhof | Buslinie 903 ab Bahnhof Winnweiler plus 2,5 km Fußweg | Parkplatz am Naturresort Waldglück | Retzberghütte: retzberghuette.de | Waldcafé: naturresort-waldglueck.de Ganzjährig 49.552096, 7.961287 Download GPX-Track

Verwinkelte, gut erhaltene Gemäuer sind auf der Burg Nanstein zu besichtigen

Fernblick wie der Reichsritter

9 **Spaziergang und Besichtigung der Burg Nanstein bei Landstuhl, 1,5 km, 30 Min., oder mittelschwere Rundwanderung auf dem Burg-Nanstein-Weg, 7,4 km, 2 Std. 10 Min.**

Auf einem Hügel über der Kleinstadt Landstuhl liegt auf einem steil aufragenden Felsen die Burg Nanstein. Große Namen sind mit ihr verbunden: Unter Kaiser Barbarossa wurde sie im 12. Jh. zum Schutz der Kaiserpfalz errichtet, ihr berühmtester Bewohner war der letzte Reichsritter Franz von Sickingen, der 1523 bei der Belagerung der Burg sein Leben ließ. Eine abwechslungsreiche Rundwanderung, der Burg-Nanstein-Weg, führt von der Burg über den Aussichtspunkt Heidenfelsen zum Bärenlochweiher. Als Spaziergang eignet sich der 1,5 km lange Landstuhler Sickingenweg. Danach ist der Besuch der Burgschänke Pflicht – es gibt kaum einen besseren Platz, um über die Pfälzische Moorniederung ins Nordpfälzer Bergland zu schauen. **Insider-Tipp** Wenn du Glück hast, kannst du abends noch ein Sommerkonzert oder eine Theateraufführung in den Burggemäuern mitnehmen.

Landstuhl | Buslinie 175 ab Bahnhof Landstuhl | Parkplatz an der Burg | Burg Nanstein täglich geöffnet außer Mo: landstuhl.info, €

Ganzjährig, tagsüber für den Burgbesuch, spätabends für den Sonnenuntergang

49.409870, 7.574515 *Download GPX-Track*

Ringsherum Waldgeräusche

10 **Mehrtägige Wandertour mit Zeltübernachtung, 2–x Tage**

Ganz legale Waldübernachtungen im Zelt ermöglichen 15 offizielle pfälzische Trekkingcamps. Dort gibt es jeweils Platz für vier Zelte, eine Feuerstelle und ein Plumpsklo. So könnte eine Trekkingtour zum Trekkingplatz 8 bei Enkenbach-Alsenborn aussehen: Start in Sippersfeld, über das Camping-Naturresort Waldglück zu den Pfrimmtalseen, Einkehr in der Retzbergütte am Retzbergweiher. Vorbei am Stumpfwaldgericht, einer germanischen Thingstätte, zum Trekkingcamp am Billesweiher. Anderntags eine kurze Waldwanderung nach Alsenborn, wo man Busanschluss findet.

Enkenbach-Alsenborn | Regionalzug RB65 von Kaiserslautern nach Enkenbach-Alsenborn und

Kunst am Ohmbachsee: „Elemente" ist der Name dieser Skulptur

Verschnaufpause auf dem Nordpfälzer Höhenradweg

weiter mit Buslinie 136 zum Startpunkt Sippersfeld oder zum Haltepunkt Randeckerhof am Billesweiher, Rückkehr von Enkenbach-Alsenborn mit Regionalzug RB65 | Wanderparkplatz am Billesweiher an der Straße nach Neuhemsbach | Buchung unter trekking-pfalz.de, €€ April–Okt. 49.553374, 7.936993 (Sippersfeld) Download GPX-Track

Himmelwärts

11 Rad-Streckentour auf dem Nordpfälzer Höhenradweg von Otterbach nach Wolfstein (Rückkehr mit der Bahn), 35 km, 2 Std. 45 Min.

Weite Höhenzüge, elegant geschwungene Korn- und Rapsfelder, darüber nur der Himmel – der 66 km lange, mit einem Logo durchmarkierte Nordpfälzer Höhenradweg ist etwas für Weitblicker. Und für sportliche Tourenradler oder E-Biker, denn die Route ist mit einigen Anstiegen gewürzt. Wer nicht den ganzen Höhenweg abradeln möchte, kann sich mit der Ostschleife der Tour begnügen. Aber Zeit lassen, z. B. für die sehenswerte katholische Kirche Mariä Himmelfahrt in Otterbach oder den keltischen Menhir „Hinkelstein". **Insider-Tipp** Höhepunkt ist zweifellos der Reiserberg mit seiner eigenwilligen, aus zwölf Buntsandstein-Obelisken bestehenden Sonnenuhr. Ganz nebenbei kann man auf dieser Radtour auch noch einige Informationen zur interessanten Geologie des Nordpfälzer Berglandes mitnehmen.

Start: Otterbach, Bahnhof | Regionalbahn RB66 von Kaiserslautern | Radkarte Pfalz (bestellen oder downloaden unter pfalz.de) Frühjahr oder Herbst Sonnenschutz nicht vergessen – Schatten gibt es unterwegs nur selten 49.483628, 7.729397 (Otterbach), 49.584299, 7.610178 (Wolfstein) Download GPX-Track

Am Faulenzersee

12 Imbissen, Tretboot fahren, baden und spazieren am Ohmbachsee

Mit etwa 1200 m Länge ist der Ohmbachsee der größte See der Westpfalz. Ein blutjunges Gewässer, 1972 für den Hochwasserschutz am Rande der Pfälzischen Moorniederung aufgestaut, heute ein

Auch an Hochsommertagen herrscht am Bärenlochweiher kein Trubel

Lässig im Gelände platziert sind die Objekte des Reipoltskirchener Skulpturenweges

geschätztes, aber nicht überlaufenes Freizeit- und Erholungsgebiet. Am Nordufer gibt es einen Kiosk mit kühlen Getränken, Pommes und Grillwurst. Falls man dort beim Blick auf den See nicht versacken will: Bewegen darf man sich am Ohmbachsee auch. Aber nicht zu viel! Einfach auf einem hübschen Uferweg um den See spazieren, Tretboot fahren, schwimmen – die besten Badeplätze gibt es drüben am Südufer.

ℹ *Schönenberg-Kübelberg, Ortsteil Gries | Buslinie 142 vom Bahnhof Bruchmühlbach-Miesau | Parkplatz am Zufluss an der Hauptstraße | Seerundgang 2,6 km, 40 Min. | Kiosk bei gutem Wetter täglich geöffnet ⏲ Sommer ⚲ 49.416920, 7.394099 ↙ Download GPX-Track*

Ein Bad im Fischweiher der Eisenbarone

13 Bärenlochweiher in Kindsbach

Wer in der Westpfalz einen Badesee sucht, wird sich schwertun. Einer der wenigen liegt bei Landstuhl, genau dort, wo die steile Abbruchkante der Sickinger Höhe in die Pfälzische Moorniederung ausläuft. Der Bärenlochweiher ist ein bescheidenes, aber irgendwie liebenswertes Gewässer. Er hat alles, was man für den kleinen Badespaß braucht: sauberes, angenehm weiches Wasser, eine Liegewiese und ein kleines Seerestaurant. Zu verdanken ist der Bärenlochweiher der pfälzischen Eisenbaron-Sippe Gienanth. Carl Freiherr von Gienanth nämlich ließ 1874 anstelle einiger kleiner, schon im Mittelalter angelegter Fischteiche einen größeren Weiher für die Fischzucht aufstauen. Dass sich darin einmal Schwimmer und Sit-down-Paddler vergnügen würden – daran wird er kaum gedacht haben.

ℹ *Kindsbach | 5 Gehminuten vom Bahnhof Kindsbach | Parkplatz in der Weiherstraße | Weiher frei zugänglich | Seegaststätte Kahnhaus: facebook.com ⏲ Mai–Sept. ⚲ 49.412621, 7.610339*

BEI KUSEL
Outdoor-Kunst

14 Stippvisite zur Wasserburg Reipoltskirchen und Spaziergang auf dem Reipoltskirchener Skulpturenweg, 1,1 km, 20 Min.

So gar nicht wie eine Ruine wirken die Überreste der Wasserburg Reipoltskirchen im bäuerlich ruhi-

Eines der beliebtesten Ausflugsziele bei Kusel ist der Remigiusberg

gen Odenbachtal. Die restaurierte Ringmauer, der ebenfalls aufgehübschte Wehrturm und einige an das Burggemäuer angegliederte Wohngebäude geben der auf einem künstlichen Hügel errichteten Anlage einen frischen Touch. Über abenteuerlich steile Leitern kann man den Turm erklimmen und über das Odenbachtal schauen. Dort sieht man auch einige im Umkreis der Burg platzierte Kunstwerke – „Kunst im Grünen" hat man dieses Projekt betitelt. **Insider-Tipp** Mehr Outdoor-Kunst kannst du auf dem etwa 1 km langen Reipoltskirchener Skulpturenweg besichtigen, wo internationale Künstler ein rundes Dutzend Objekte installiert haben. Zum Abschluss: Einkehr im kleinen Burgrestaurant Plaisir.

Reipoltskirchen | Parkplatz unweit der Burg, Ruftaxi 2968 an Bahnhof Rockenhausen | Der Burgturm ist immer frei zugänglich | Infos zu den Skulpturen: wasserburg-reipoltskirchen.de | Burgrestaurant Plaisir: plaisir-wasserburg.de Ganzjährig 49.635085, 7.663591 Download GPX-Track

Aussichtsberg im Musikantenland

15 Stippvisite oder Spaziergang auf dem Remigiusberg, 2 km, 40 Min.

Der steil über dem Glantal emporragende Remigiusberg ist eines der Wahrzeichen des Kuseler Musikantenlandes. Auf seinem Gipfel liegt die Burgruine Michelsburg, die einst zu den Besitztümern der Grafen von Veldenz gehörte. Etwas unterhalb steht die Propsteikirche St. Remigius, das einzige erhaltene Gebäude einer im 12. Jh. erbauten Benediktinerabtei. Wo es ein Kloster gibt, ist eine Schänke nicht weit: Die auf dem Remigiusberg heißt Zur Alten Propstei und bietet neben bodenständiger Küche auch eine formidable Aussicht. Wer den Fußweg von der schön gelegenen Feldkapelle nimmt, kann zudem einen Blick in einen der vielen Steinbrüche der Region werfen und lernt ganz nebenbei ein Teilstück des Remigius-Wanderweges kennen, der auf 37 km Länge durch das Musikantenland führt.

Haschbach am Remigiusberg | Buslinie 277 oder 297 vom Bahnhof Kusel plus 15 Min. Fußweg |

Burg Lichtenberg ist einen Halbtagesbesuch wert

Parkplatz auf dem Remigiusberg (Stippvisite) oder Parkplätzchen neben der Feldkapelle an der Auffahrt zum Remigiusberg (Spaziergang) | Zur Alten Propstei: facebook.com ⏲ *Ganzjährig* 📍 *49.521518, 7.439170 (Stippvisite), 49.525434, 7.439499 (Spaziergang)*
✓ *Download GPX-Track*

Rundumprogramm in alten Burgmauern

16 Ausflug zur Burg Lichtenberg bei Kusel, 1-2 Std.

Zeit sollte man mitbringen, wenn man die Burg Lichtenberg besucht – es gibt eine Menge zu erleben! Stolze 425 m lang ist diese größte Burganlage der Pfalz, die als uneinnehmbar galt und tatsächlich niemals erobert oder zerstört wurde. Erst ein Großbrand machte sie 1799 zur Ruine. Viele Gebäude – das Burginnere kann man sich als kleines Dorf vorstellen – wurden über die Jahre restauriert. In der ehemaligen Zehntscheune lässt das Pfälzer Musikantenland-Museum die Geschichte der Kuseler Wandermusikanten lebendig werden. Nebenan zeigt das Urweltmuseum GEOSKOP Fundstücke von Dinosauriern, versteinerte Riesenfarne und 15 000 Gesteine und Minerale, darunter das Replikat eines Meteoriten, der 1869 auf der Sickinger Höhe niederging. Darben muss man hier auch nicht: Für den kleinen Hunger gibt es einen Kiosk, für den großen ein gepflegtes Restaurant. An der Burg beginnt der 62 km lange Veldenz-Wanderweg.

ⓘ *Thallichtenberg | Buslinie 297 ab Bahnhof Kusel | Parkplatz an der Burg | Die Burganlage ist tagsüber immer offen, Pfälzer Musikantenland-Museum täglich geöffnet, GEOSKOP täglich außer Mo, dort erhältst du auch einen Audioguide | burglichtenberg.pfaelzerbergland.de, €* ⏲ *Ganzjährig* 📍 *49.556695, 7.358130*

Windrad-Horizonte

17 Einfache Rundwanderung zum Selbergturm bei Rothselberg, 4,5 km, 1,5 Std.

Was könnte das für ein Rundblick sein – wären da nicht die Baumkronen, die den Blick vom Selbergturm einschränken! Dennoch: Vom Aussichtsturm

Die Lauterbrücke führt ins Zentrum der schmucken Kleinstadt Lauterecken

auf dem 545 m hohen Selberg – einst ein Holzturm, dann durch ein 17 m hohes Stahl-Ungetüm ersetzt – sieht man die halbe Pfalz, den Hunsrück und den Osten des Saarlandes. Man mag diese Aussicht auch anders interpretieren: als Illustration der Energiewendezeit mit ihren Windrad-Horizonten. Fußballfreunde werden sich eher auf das leicht auszumachende Fritz-Walter-Stadion am Kaiserslauterer Betzenberg konzentrieren.

Der Weg zum Turm ist typisches Nordpfälzer Bergland: weite Hügel, bewaldete Bergkuppen, Wiesen und Felder. Sonntagsausflügler können sich auf deftige Kost in zwei Hütten des Pfälzerwald-Vereins freuen. Falls du Lust auf eine Mehrtageswanderung in dieser Gegend hast: Die Prädikatswege Pfälzer Höhenweg und Remigius-Wanderweg führen direkt am Selberg vorbei.

Rothselberg | Wanderparkplatz am Ende der Selbergstraße, Ruftaxi 2975 ab Bahnhof Wolfstein | Selbergturm frei zugänglich | Ruthsweiler Hütte: facebook.com | Selberghütte: selberg-rothselberg.de | Wanderkarte „Westpfalz Nord", LVermGeo
Mai während der Rapsblüte 49.553403, 7.597629 Download GPX-Track

Immer am Fluss lang

18 Rad-Streckentour im Lautertal von Katzweiler nach Lauterecken (Rückkehr mit der Bahn), 26 km, 1 Std. 45 Min.

Gut ausgebaute Radwege in gewundenen Flusstälern sind ein Markenzeichen des Nordpfälzer Berglandes. Einer davon ist der Lautertal-Radweg, der von Kaiserslautern bis zum Glantal weit im Norden der Pfalz führt. Wer stille Bauernlandschaften, den Geruch von Kornfeldern und die Begleitung eines trägen Flüsschens mag, liegt hier richtig. Am besten startet man in Katzweiler, radelt bergab und kehrt mit der Bahn zurück. Erster Zwischenstopp: Wolfstein, wo man auf dem hübschen Dorfplatz ein Eis schleckt – in Gesellschaft eines Wolfes, der etwas furchteinflößend auf einem Denkmalsockel sitzt und den Kirchturm anheult. Zweiter Zwischenstopp: Oberweiler-Tiefenbach, dort kann man etwas oberhalb des Radweges ein lauschiges Kirchhofsmauer-Picknick einlegen. Finale: Lauterecken, eine entspannt-lebendige Kleinstadt mit denkmalgeschützten Gassen, vielen kleinen Geschäften, Wochenmarkt, Cafés und einem kleinen Park am Fluss.

Für gute Laune sorgt die Fahrt mit der Glantal-Draisine

Kleine Details machen den Charme von Rockenhausen aus

ℹ *Start: Katzweiler, Bahnhof | Parkplatz in der Nähe | Ziel: Lauterecken, Bahnhof | Radkarte Pfalz (bestellen oder downloaden unter pfalz.de)*
⏲ *Frühjahr–Herbst, auch im Hochsommer gibt es genug Schatten* 📍 *49.500277, 7.701019 (Start), 49.653478, 7.591213 (Ziel)* ✓ *Download GPX-Track*

Strampelei im Bauernland

19 Draisinentour im Glantal, 21 km, etwa 2,5 Std.

Manchmal hat es doch auch sein Gutes, wenn eine Bahnlinie stillgelegt wird! Wie im Tal des Glan, wo die Gleise der ehemaligen Glantalbahn für Draisinentouren genutzt werden. So geht's: Zwei Mitfahrer strampeln, zwei lassen sich chauffieren, alle zusammen lassen sich den Fahrtwind um die Nase wehen. Für größere Gruppen gibt es sogar eine Konferenzdraisine mit eingebautem Konferenztisch. Startpunkt der Draisinenstrecke ist Altenglan, Endpunkt das schmucke Städtchen Lauterecken. Die meisten fahren von Altenglan stromabwärts – so tritt sich's leichter – und nehmen für den Rückweg den Bus. **Insider-Tipp** Das Fahrrad auf die Draisine packen und auf einem sehr schönen Radweg durch die freundliche Bauernlandschaft des Glantals zurück nach Altenglan radeln.
ℹ *Altenglan, Bahnhof | Bahn von Kaiserslautern nach Altenglan oder Lauterecken, Buslinie 270 für die Rückkehr | Parken am Bahnhof | April–Okt. Mi–So, Start an ungeraden Tagen in Altenglan, an geraden in Lauterecken | draisinentour.de, €–€€*
⏲ *Frühjahr oder Herbst, im Hochsommer knallt die Sonne mitunter allzu sehr* 📍 *49.548359, 7.462571 (Altenglan), 49.653682, 7.591166 (Lauterecken)*

RUND UM ROCKENHAUSEN

Klein und schillernd

20 Altstadtspaziergang durch Rockenhausen, etwa 1 Std.

Wieso aus Rockenhausen, einem mittelalterlichen Amtssitz im Tal der Alsenz, das nordpfälzische Kunst- und Museumszentrum wurde, vermögen auch Einheimische kaum zu sagen. Glanzlicht der mit kunstvollen Fachwerks- und Steinmetzarbeiten punktenden Altstadt ist das Pfälzische Turmuhrenmuseum mit Uhrwerken aus fünf Jahrhunderten und einem romantischen Uhrenturm.

Einen instruktiven Blick ins Nordpfälzer Bergland bietet der Sattelbergturm

Nebenan kann man im Schlossgarten einem Carillon lauschen, einem Glockenspiel mit breitem Repertoire von „Der Mond ist aufgegangen" bis „Summertime". Einen Steinwurf entfernt erzählt das Nordpfälzer Heimatmuseum von Kelten am Donnersberg, von Arme-Leute-Gerichten wie „Grumbeerbrieh" und „Latwergebrot", von Zünften und Bergbauhistorie. Bilder und Plastiken namhafter Künstler zeigt das Museum Pachen. Auch bemerkenswert: In Rockenhausen blüht die Alternativmedizin mit Gehirnzellen- und Aurareinigung, Chakren-Balance und Energiefeldtherapie.

Rockenhausen | Regionalbahn RB 65 von Kaiserslautern | Parkplätze am Rand der Altstadt | rockenhausen.de | Museum für Zeit und Museum Pachen täglich geöffnet außer Mo und an hohen Feiertagen, Heimatmuseum Do und So geöffnet
Ganzjährig 49.630262, 7.820399

Wind um die Nase

21 Spaziergang zum Sattelbergturm bei Seelen, 2,1 km, 30 Min.

Wenig bekannt und besucht ist der Sattelbergturm im „Alten Land" zwischen dem Alsenz- und dem Lautertal. Erstaunlich, denn seine zentrale Lage im Herzen des Nordpfälzer Berglandes macht ihn zu einem Aussichtspunkt der Extraklasse. Im Süden reicht der Blick über die Pfälzische Moorniederung bis zur Sickinger Höhe, im Norden bis zum Hunsrück. Zum Greifen nah erscheinen die großen Nordpfälzer Bergstöcke Potzberg, Königsberg und Donnersberg. **Insider-Tipp** Nach Sonnenuntergang hier heraufkommen, beim Anmarsch die Landluft und eine frische Brise genießen und dann in aller Ruhe die Lichter der ringsherum verstreuten Dörfer zählen – den Turm wirst du meist für dich haben.

Seelen | Buslinie 912 ab Rockenhausen | Parkplatz in der Buchenbergstraße | Frei zugänglich | Wanderkarte „Pfälzer Bergland", LVermGeo
Mai während der Rapsblüte, frühe Dunkelheit für Abenteuerlustige 49.598299, 7.711748
Download GPX-Track

Trauben, Quecksilber und Patina

22 Spaziergang durch die Altstadt von Obermoschel und einfache Rundwanderung auf dem Geokulturpfad, 2 km, 40 Min.

Beschaulich: die Altstadt von Obermoschel

Respektgebietend: die Mauern der Burgruine Montfort

Weit im Norden, wo die Pfalz ins Naheland übergeht, liegt Obermoschel, eine der kleinsten Städte Deutschlands. Das allein wäre kein Grund hierherzukommen, aber da gibt es ja noch diese Altstadt mit ihren verwinkelten Gassen und jahrhundertealten Gebäuden. Von den Zerstörungen der Weltkriege blieb Obermoschel verschont, der Ortskern zeigt sich deshalb immer noch mittelalterlich. Wer sich von einer historischen Altstadt allerdings Cafés, Kunsthandwerkerateliers und Trödelshops erhofft, wird enttäuscht sein – Obermoschel hat zwar Flair, ist aber nicht aufgehübscht, hier regiert Königin Patina. Auf einem Hügel über dem zwischen steile Weinberge eingezwängten Städtchen liegt die Ruine der Moschellandsburg. Dort hinauf führt ein Geokulturpfad, vorbei an Zeugnissen der Bergbauvergangenheit von Obermoschel – auf dem Landsberg wurde Quecksilbererz abgebaut. Startpunkt des Rundweges ist das Burg-Hotel Obermoschel an der Auffahrt zur Burg.

Obermoschel | Buslinie 221 vom Bahnhof Alsenz | Parkplatz in der Landsbergstraße | Die auch mit dem Auto erreichbare Burg ist frei zugänglich Ganzjährig 49.727407, 7.773592 (Altstadt), 49.727186, 7.784611 (Geokulturpfad) Download GPX-Track

Von Grafen und Raubrittern

23 Spaziergang vom Montforterhof zur Burgruine Montfort, 1 km, 20 Min., oder einfache Rundwanderung ab Hallgarten, 6,2 km, 1 Std. 50 Min.

Fast schon ein überstrapazierter Automatismus, eine Höhenburg „stolz" zu nennen. Bei der Burgruine Montfort trifft er allerdings ins Schwarze: gut erhaltene, wuchtige Mauern auf einem Hügel, aus der Ferne düster und abschreckend wirkend – so sollte das bei solchen Burgen ja auch sein. Genau genommen gehört Montfort nicht zur Pfalz, da sie nach einer Gebietsreform vom pfälzischen Landkreis Rockenhausen in den Kreis Bad Kreuznach überging. Ganz pfälzisch jedoch ist ihre Geschichte, wurde sie doch um 1240 von den Grafen von Veldenz erbaut, die ihr Kerngebiet in der heutigen Nordpfalz hatten. Zeitweise war die Burg Montfort unter bis zu 25 Ganerben aufgeteilt, Teilbesitzern aus verschiedenen Rittersippen. Kein Wunder, dass diese sich mitunter auch als Raubritter betätigten – bei so wenig Immobilienbesitz.

Von der „Alten Welt" geht der Blick über Rapsfelder bis zum Hunsrück

Duchroth-Montforterhof | Buslinie 221 ab Bahnhof Bad Kreuznach (Spaziergang) | Parkplatz am Hof bzw. Feldweg zum kleinen Burgenparkplatz | Hallgarten | Buslinie 221 ab Bahnhof Bad Kreuznach (Wanderung) | Parkplatz am Ende der Waldstraße | Burgruine frei zugänglich | Wander-karte „Rheinhessen, Nahe, Nordpfälzer Bergland", KOMPASS Ganzjährig 49.764780, 7.766143 (Spaziergang), 49.758434, 7.784339 (Wanderung) Download GPX-Track

Die Alte Welt in Rapsgelb

24 Mittelschwere Rad-Rundtour durch die Alte Welt zur Zeit der Rapsblüte, vorwiegend auf wenig befahrenen Straßen, 21 km, 1 Std. 50 Min.

Das Gegenstück zum Indianersommer? Der Rapsfrühling! Bei beiden wirkt die Natur so, als wolle sie farblich über die Stränge schlagen. Empfindliche Gemüter sprechen gar davon, dass Rapsfelder „blenden". Intensiv erleben lässt sich das auf einer Radtour in der Hügellandschaft der „Alten Welt" zwischen Obermoschel, Rockenhausen und Wolfstein. Wieso Alte Welt? Als im 19. Jh. die Eisenbahn im Alzenz-, Lauter- und Glantal Einzug hielt und die Täler sich zur „Neuen Welt" wandelten, blieb in den Höhenzügen dazwischen irgendwie die Zeit stehen – die Gegend hatte ihren Namen weg. Auch heute noch wirkt sie mit ihren ärmlichen Bauerndörfern weltfern und ursprünglich – „zurückgeblieben" würden spitze Zungen sagen. Für die Einheimischen vielleicht nicht ganz einfach, für Straßenradler der pure Genuss.

Waldgrehweiler | Buslinie 221 von Obermoschel oder Ruftaxi 499 | Parkplatz am Dorfgemeinschaftshaus in der Hauptstraße | Wanderkarte „Pfälzer Bergland", LVermGeo Anfang Mai–Mitte Juni zur Zeit der Rapsblüte 49.668757, 7.742292 Download GPX-Track

AM DONNERSBERG

Vogelkonzert schlägt Verkehrsgeräusch

25 Spaziergang durch den Ökopark Erdekaut auf dem Panorama-Rundweg, 1,8 km, 25 Min.

Mehr als Besichtigung – im Keltendorf kann man auch handwerken

Von der Tongrube zum Ökopark: die Erdekaut bei Eisenberg

Immer wieder erstaunlich, dass oftmals just dort, wo Menschen rücksichtslos die Erde ausgebeutet haben, die Natur nach dem Abzug des Menschen besonders üppig aufblüht. So auch auf dem Gelände einer ehemaligen Tongrube bei Eisenberg, in der noch in den 1950er-Jahren bis zu 800 Bergleute schufteten. Heute steht das 64 ha große Areal als „Ökopark Erdekaut" unter Naturschutz und bietet Lebensraum für viele Tier- und Pflanzenarten. Ein ausgeschilderter Spazierweg führt vorbei an tiefgrünen, schilfgesäumten Weihern. Als Besucher hat man es übrigens selbst in der Hand, ob man lieber das vielstimmige Vogelkonzert genießt oder den Verkehrsgeräuschen der nahen B 47 lauscht. **Insider-Tipp** Du kannst aber auch Kopfhörer aufziehen, die kostenlose „Rheinland-Pfalz erleben"-App starten und dich per Audio-Guide durch den Ökopark führen lassen – dann ohne Autolärm, aber auch ohne natürliche Vogelgeräusche.

Eisenberg | Regionalbahn RB 46 oder Buslinie 547 von Grünstadt plus 1,5 km Fußweg | Parkplatz an der ehemaligen Grube Riegelstein | Gästeführung durch den Ökopark mit Besuch des Bergbaumuseums der Tongrube Riegelstein (Tel. 063 51-40 74 40) Frühjahr–Herbst 49.546710, 8.073190 Download GPX-Track

So lebten die Kelten

26 Ausflug zum Kelten-Museumsdorf in Steinbach am Donnersberg, 1 Std.

Wenn es schon ein großes keltisches Erbe gibt wie am Donnersberg, auf dessen Gipfel sich einst eine Keltenmetropole befand, dann soll man das auch richtig sehen! So dachten wohl engagierte Bewohner des Dörfchens Steinbach am Südausläufer des Donnersberges. Also bauten sie einen keltischen Weiler mit Höfen und Wirtschaftsgebäuden nach, umgaben ihn mit einem Palisadenzaun und garnierten das Ganze mit Geräten und Waffen, die mit den Werkzeugen der damaligen Zeit hergestellt wurden – fertig war das Kelten-Museumsdorf. Bei einer einstündigen Führung kann man dort keltisches Leben nachvollziehen und keltische

So hat er wohl ausgesehen, der Keltenwall auf dem Donnersberg

Handwerkstechniken ausprobieren. Zwischendurch gibt es einen Schluck Met zur Stärkung. **Insider-Tipp** Drei Steinwürfe entfernt liegt die Steinbacher Hütte des Pfälzerwald-Vereins, mit wunderbarer Aussicht und einer für Hüttenverhältnisse ungewöhnlichen Speisekarte.

Steinbach | Buslinie 903 ab Bahnhof Winnweiler plus 5 Min. Fußweg | Parkplatz in der Brühlgasse | Keltendorf April–Okt. So und an Feiertagen geöffnet, für Gruppen auch nach Vereinbarung | keltendorf-steinbach.de, € | Steinbacher Hütte: food-department.com *April–Okt.*

49.594982, 7.950368

Über die Keltenmauer spazieren

27 Einfache Rundwanderung am Keltenwall auf dem Donnersberg (mehrere Varianten), 4,8 km, 1 Std. 20 Min.

Was muss das für eine Arbeit gewesen sein, als keltische Siedler in der Latènezeit um etwa 150 vor unserer Zeitrechnung auf dem Gipfel des 686 m hohen Donnersberges eine Siedlung errichteten! Etwa tausend Menschen führten dort ein geschäftiges Leben, mit Handwerk, Handel und Markttreiben. Vom einstmaligen Oppidum – so nannten die Römer keltische Siedlungs- und Wehranlagen – zeugen heute noch die Reste einer 8,5 km langen, die gesamte Anlage umschließenden Ringmauer. Die ursprünglich bis zu 4 m hohen, in Trockenbautechnik errichteten Mauern sind verfallen. Übrig geblieben ist ein deutlich ausgeprägter Erdwall, unweit des Ludwigsturms sind aber auch teilrestaurierte Reste zu besichtigen. Ein magisches Gefühl, wenn man auf einem weiß-grün markierten Rundweg über den Keltenwall läuft!

Dannenfels | Ruftaxi 4912 oder Buslinie 901 vom Bahnhof Kirchheimbolanden bis Dannenfels plus 1 Std. Aufstieg auf dem Pfälzer Höhenweg | Parkplatz auf dem Donnersberg | Einkehr in der Keltenhütte: facebook.com | Wanderkarte „Der Donnersberg", LVermGeo *Frühjahr–Herbst*

49.626146, 7.927309 (Donnersberg-Parkplatz)

Download GPX-Track

Auf dem Vulkanschlot

28 Einfache Rundwanderung zur Burgruine Falkenstein, 3,0 km, 1 Std.

An der Ostflanke des Donnersberg-Massivs überragt die Burgruine Falkenstein das gleichnamige Dörfchen. Ein Unikum, wurde sie doch auf dem

Ganz hoch droben: die Burgruine Falkenstein

Bergmannskneipe in Imsbach

Schlot eines bis vor etwa 290 Mio. Jahren aktiven Vulkans errichtet. Spannend, sich der Burg auf einem Umweg über den Falkensteiner Hof und das Naturschutzgebiet Schelmenkopf zu nähern, einem eigenwilligen Felsrücken mit Fernsicht nach Süden und tollem Blick zur horstartigen Burgruine. Naturkundler widmen sich dort dem bunten Leben im Rhyolith-Gestein und auf kargem Trockenrasen, entdecken seltene Pflanzen wie die Wiesen-Witwenblume und den Stinkenden Nieswurz oder spüren ebenso seltene Tiere wie die Steppen-Sattelschrecke oder den Pflaumen-Zipfelfalter auf. Für die Einkehr unterwegs gibt es die Burgschänke und den Falkensteiner Hof.

Falkenstein | Buslinie 905 vom Bahnhof Winnweiler | Wanderparkplatz am nördlichen Ortsrand | Burgruine Falkenstein frei zugänglich | Burgstubb Falkenstein: burgstubb-falkenstein.de | Falkensteiner Hof: falkensteiner-hof.de | Wanderkarte „Der Donnersberg und Umgebung", LVermGeo Ganzjährig 49.611489, 7.877038
Download GPX-Track

Bergbauhistorie im Buchenwald

29 Mittelschwere Rundwanderung auf den Imsbacher Bergbauerlebniswegen, 5,8 km, 1 Std. 50 Min.

Weite Wiesen und Felder, dahinter der mächtige, völlig bewaldete Bergstock des Donnersberges, an die Hänge geschmiegte Dörfer – nichts weist auf den ersten Blick darauf hin, dass der Donnersberg eine Bergbauregion ist. Und doch wurde hier schon in vorchristlicher Zeit nach Eisenerz und Kupfer gegraben, später kamen Silber, Kobalt und Steinkohle dazu. Zentrum des Bergbaus war das heute so beschauliche Dörfchen Imsbach am Südwestfuß des Bergmassivs. Auch wenn es hier keine riesigen Fördertürme und Abraumhalden gibt: Bei einer Wanderung auf den als „Kupferweg" K1 und K2 ausgeschilderten Bergbauerlebniswegen wird schnell deutlich, mit welcher Intensität hier inmitten der Buchenwälder gebuddelt wurde – allenthalben sieht man Spuren von Stolleneingängen, Mundlöchern, Halden und Einbruchstrichtern.

Picknickplatz am Wartturm – ideal für den Blick übers Zellertal

Unbedingt einen Abstecher zur nur sonntags bewirtschafteten Kupferberghütte machen – des Fernblicks wegen!

Imsbach | Buslinie 905 vom Bahnhof Winnweiler | Parkplatz in der Ortsmitte am Bergbaumuseum | Kupferberghütte: imsbach.de | Bergbaumuseum und Besucherbergwerk Grube Maria an einzelnen Aktionstagen geöffnet, Führungen nach Vereinbarung, bew-imsbach *Ganzjährig*
49.582687, 7.880430 *Download GPX-Track*

Weinberge abseits der Weinstraße

30 **Anspruchsvolle Rundwanderung auf dem Zellertalweg, 9,2 km, 2 Std. 20 Min.**

Nicht ganz einfach, das Zellertal einzuordnen. Zwar ein namhaftes Weinanbaugebiet in der pfälzischen Rheinebene und doch kein Teil der Deutschen Weinstraße – die beginnt weiter südlich. Politisch dem Donnersbergkreis zugeordnet, praktisch jedoch mehr nach Rheinhessen orientiert, nach Alzey oder Worms. Dem Charme des Zellertals tut dies keinen Abbruch. Zu Fuß kann man seine hübschen Weindörfer auf dem Zellertalweg erkunden, einer 15 km langen Streckentour. Für den kleinen Wanderhunger gibt es ein halbes Dutzend Rundwege. Einer davon beginnt bei Albisheim an einer schicken Weinlounge. **Insider-Tipp** Läuft man ihn entgegen der üblichen Richtung, hat man ein glänzendes Finale am Wartturm, einem Premium-Aussichtspunkt und -Picknickplatz. Also zunächst durchs Pfrimmtal zum Weiler Heyerhof, dann zurück über den Wingertsberg. Dort verläuft die Grenze zwischen der Pfalz und Rheinhessen, den beiden größten Weinanbaugebieten Deutschlands.

Albisheim | Buslinie 921 vom Bahnhof Monsheim plus 5 Min. Fußweg | Parkplatz an Zeller's Weinlounge am westlichen Ortsrand | Mit dem Rad: Der Zellertal-Radweg führt auf 26 km Länge von den Ausläufern des Donnersberges bei Marnheim nach Worms am Rhein | Detailinfos zum Zellertalweg: zellertalweg.de | Zeller's Weinlounge: zellers-weinlounge.de *Frühjahr oder Herbst, im Hochsommer gibt's zu wenig Schatten*
49.649073, 8.086659 *Download GPX-Track*

DER SCHÖNSTE SONNENAUFGANG

Ein Bilderrahmen für die Morgensonne

31 **Einfache Hin/zurück-Wanderung zum Sonnenaufgang am Adlerbogen bei Dannenfels, 2,4 km, 55 Min.**

Einen solchen Sonnenaufgang gibt es nur am Moltkefelsen in der Ostflanke des Donnersberges: Durch einen stählernen Rundbogen beobachtet man wie durch einen Bilderrahmen, wie die Sonne über dem Odenwald erscheint. Eigentlich war der über 12 m lange Bogen für den Brückenbau vorgesehen, dann aber kam man auf die Idee, ihn zu einem Denkmal umzufunktionieren.

67814 Dannenfels | Buslinie 901 vom Bahnhof Kirchheimbolanden plus 5 Min. Fußweg oder Ruftaxi 4912 | Wanderparkplatz in der Donnersbergstraße an der Abzweigung zum Landgasthof Pfalzblick | Wanderkarte „Der Donnersberg", LVermGeo Sommer 49.624128, 7.944789 Download GPX-Track

LOKALE SPEZIALITÄTEN

*UND WO DU SIE PROBIEREN KANNST

Auf Pfälzer Hütten gilt: Bratwurst niemals ohne Sauerkraut! Ausnahmen bestätigen die Regel

Im Westen und Norden, wo in großem Umfang Kartoffeln und Getreide angebaut werden, jedoch kaum Gemüse, dominieren traditionell Mehl- und Kartoffelspeisen. Auch das Wohlstandsgefälle zu der reicheren Region am Rhein macht sich bemerkbar, denn Arme-Leute-Gerichte spielen hier eine größere Rolle.

Nahrhaft und deftig

1 Bratwurst mit Sauerkraut

Auch wenn es nach einem Winteressen aussieht, in der Pfalz wird Bratwurst – die grobe Variante – mit Sauerkraut und brauner Soße rund ums Jahr gegessen. Dazu wird meist „Schdambes", Kartoffelbrei, gereicht. In jeder Wanderhütte steht Bratwurst mit Sauerkraut verlässlich auf der Speisekarte. Dort bekommt man allerdings statt des Kartoffelbreis Bratkartoffeln oder zwei Scheiben Bauernbrot, seltener auch Weinknorzen, rustikale Roggenbrötchen.

ℹ *In der* **Pfälzerwaldhütte Steinbach** *gibt's die Pfälzer Bratwurst in verfeinerter Form, mit Emmentaler, Spinat und Sahne | Brühlgasse | food-department.com | €€*

Rustikales vom Schwein

2 Lewwer- und Blutworscht

Dass sie gelegentlich mit ihrem Hang zu Deftigem wie Leberwurst und Blutwurst aufgezogen werden, daran haben sich die meisten Pfälzerinnen und Pfälzer schon lange gewöhnt. Ein regionaler Pop-Hit dreht die Sache um und geht voll in die Offensive: „Kumm schdoos mol uff moin Schatz, isch riesch die Lewwerworscht so gern", heißt es dort. Zuvor hat der Schatz zum Beispiel lauwarme „Lewwer- unn Blutworscht" genossen, kombiniert mit „Grumbeerschdambes unn Sauerkraut".

ℹ *Im urigen Gasthaus* **Spinnrädl** *in Kaiserslautern gibt es dies und noch viel mehr Pfälzisch-Deftiges | Schillerstr. 1, spinnraedl.de | €*

Einfach und wirkungsvoll

3 🍴 Hoorische Knepp

„Hoorische" oder „Hoorische Knepp" sind kleine Kartoffelklöße aus rohen Kartoffeln, die mit Sahne-Speck-Soße serviert werden. Da die Kartoffeln nur grob gerieben werden, wirkt die Oberfläche der Klöße haarig, „hoorisch" eben. Dazu passt ein einfacher Blattsalat, als Getränk wählt man eher Bier als Wein. Leider sind „Hoorische" von den Restaurant-Speisekarten fast völlig verschwunden - man muss schon ein wenig suchen. Nebenbei: Zwischen Westpfälzern und Saarländern gibt es freundschaftlich-erbitterte Auseinandersetzungen darüber, wer die Urheberschaft dieses Gerichts für sich beanspruchen kann.

ℹ *Im* **Gasthaus & Biergarten Quack Kaiserslautern** *kann man die Hoorische mit einem Spaziergang durch einen Wildpark kombinieren, auch das Fritz-Walter-Stadion ist nicht weit | Entersweiler Str. 74 | gasthaus-quack.de | €–€€*

Hier findest du alles

5 🍴 Wochenmarkt

Frisch gefangene Forellen, ebenso frisch geschlachtetes Wild, Säfte von Nordpfälzer Streuobstwiesen, Geflügel aus Freilandhaltung. Als Farbtupfer Feinschmeckerprodukte aus dem benachbarten Elsass. So macht ein Marktbummel Spaß.

ℹ *Der* **Kaiserslauterer Wochenmarkt** *ist der größte der Region. | Di und Sa auf dem Stiftsplatz, Do in der Königstraße*

Fast vegan

4 🍴 Grumbeerpannekuche

In der Haute Cuisine sind sie zwar noch nicht angekommen, den häufigen Weg vom Arme-Leute-Gericht zur hochgeschätzten Leckerei mit Erlebniswert aber haben sie genommen: Kartoffelpfannkuchen oder „Grumbeerpannekuche". Meist isst man sie mit Apfelmus, wenn's etwas feiner sein darf, mit Kräuterquark oder mit Lachs und Crème Fraîche. Auch hier trinkt man ausnahmsweise keinen Wein, sondern Bier dazu.

ℹ **Falkensteiner Hof** *in Falkenstein | falkensteiner-hof.com | €*

Das Karlstal bei Trippstadt ist in jeder Jahreszeit ein Erlebnis

Blütenpracht am Straßenrand

HINKOMMEN

*VON D, A, CH

Mit dem Auto

Autobahnen führen von Frankfurt, Mannheim, Heilbronn, Karlsruhe, Trier, Koblenz, Mainz und Saarbrücken in die Pfalz. Die wichtigste Ost-West-Achse ist die A6 zwischen Mannheim und Saarbrücken, die wichtigste Nord-Süd-Achse die A61 von Koblenz über Bingen und Speyer bis zum Autobahndreieck Hockenheim. Wer aus der Schweiz kommt, kann von Basel über Colmar und Straßburg durchs Elsass in die Südpfalz einreisen.

Mit der Bahn

Die meisten Bahnreisenden kommen über Saarbrücken, Karlsruhe oder den Knotenpunkt Mannheim in die Pfalz, wo alle wesentlichen ICE-Verbindungen Halt machen und der TGV nach Kaiserslautern startet. Größere Städte wie Pirmasens, Landau, Bad Dürkheim oder Speyer sind mit Regionalbahnen erreichbar. Intercity-Haltepunkte sind u. a. Kaiserslautern, Neustadt und Ludwigshafen. Mit der S-Bahn kommt man von Homburg/Saar im Westen, Bruchsal und Heidelberg im Osten, Mainz im Norden und Karlsruhe im Süden in die Pfalz.

Mit dem Flieger

Die Pfalz verfügt über keinen eigenen Flughafen. Die nächstgelegenen Airports mit Inlandsflugverkehr sind Frankfurt am Main und Saarbrücken, das von Berlin und Hamburg angeflogen wird. Der Flughafen Frankfurt ist etwa 70 km von der Grenze der Pfalz entfernt, Saarbrücken etwa 30 km.

Zu Wasser

Nahezu unerschöpflich ist das Angebot an Flusskreuzfahrtschiffen, die aus Richtung Basel oder Rotterdam an der Pfalz vorbeifahren. Bevorzugter pfälzischer Hafen ist Speyer.

Am Weintor in Schweigen beginnt die Deutsche Weinstraße

Auf Ferienstraßen

Auf der Barockstraße SaarPfalz kann man Saarbrücken, Blieskastel und das pfälzische Zweibrücken verbinden und so von Westen in die Pfalz einreisen. Falls man die ganze Weinlandschaft am Westrand der Rheinebene kennenlernen möchte: In Thann südlich von Colmar beginnt die 170 km lange Elsässer Weinstraße, an die nach einer kurzen Unterbrechung die Deutsche Weinstraße anschließt.

Grün & fair reisen

Du willst beim Reisen deine CO_2-Bilanz im Hinterkopf behalten? Dann kannst du deine Emissionen kompensieren *(atmosfair.de; myclimate.org)*, deine Route umweltgerecht planen *(routerank.com)* oder auf Natur und Kultur *(gatetourismus.de)* achten. Mehr über ökologischen Tourismus erfährst du hier: *oete.de* (europaweit); *germanwatch.org* (weltweit).

VOR ORT UNTERWEGS

*ENTDECKE DIE MÖGLICHKEITEN

„Garten Eden" lautet die pfiffige touristische Bezeichnung für Edenkoben und Umgebung

Mietwagen buchen

In allen größeren Orten der Pfalz gibt es Mietauto-Anbieter: in Ludwigshafen, Kaiserslautern, Landau, Neustadt oder Pirmasens. Einen 24-Stunden-Service gibt es in Kaiserslautern unter europcar.de.

Wohnmobil buchen

Wer vor Ort ein Wohnmobil mieten möchte, kann sich z. B. an folgende Anbieter wenden: *pfalz-camper.de* in Mannheim, *suedpfalz-wohnmobile.de* in Billigheim-Ingenheim, *rentandtravel.de* in Landau oder *malibu-rent-pfalz.de* im saarländischen Waldmohr.

Mit dem Auto

In der Rheinebene und an der Weinstraße herrscht dichter Verkehr. Viel befahren ist auch die B 10 zwischen Landau und Pirmasens. Im Nordpfälzer Bergland gibt es eine ganze Reihe verkehrsarmer Nebenstraßen, im Pfälzerwald kommt man bisweilen auf 15 km Strecke durch keine Ortschaft.

Mit dem Motorrad

Die attraktive Landschaft und gut ausgebaute Landstraßen locken viele Motorradfahrer in die Pfalz, nicht immer zur Freude der Einheimischen. Im Pfälzerwald gibt es viele kurvenreiche Waldstraßen, auf denen es immer wieder zu Motorradunfällen kommt. Im Elmsteiner Tal hat man deshalb die Notbremse gezogen: Zwischen Frankeneck und Johanniskreuz ist die Strecke von April bis Oktober an Wochenenden und Feiertagen für Motorradfahrer komplett gesperrt. Biker-freundliche Hotels und Pensionen findet man unter *mein-tourenhotel.de/motorradhotels_pfalz*.

Rheinfähren

Vier Autofähren verbinden das rechtsrheinische Baden mit der linksrheinischen Pfalz: Neuburgweier-Neuburg, Leopoldshafen-Leimersheim, Brühl-Kollerinsel/Otterstadt und Mannheim-Altrip. Die jeweiligen Fährschiffe heißen Baden-Pfalz, Peter Pan, Kollerfähre und Mannheim-Altrip.

OHNE AUTO UNTERWEGS

MIT DEM BUS

Damit kommst du in fast jedes Dorf

Das Busnetz ist gut ausgebaut, sodass man auch kleinere Orte öffentlich erreichen kann – allerdings gibt es zu einigen abgelegenen Dörfern nur wenige Verbindungen. Oftmals können Ruftaxis bestellt werden. An den Wochenenden werden in der Sommersaison Ausflugszüge wie die Wieslauterbahn eingesetzt. Vereinzelt gibt es auch spezielle Wanderbusse, z. B. den Palatinabus, der von Neustadt den Gipfel der Kalmit anfährt.

MIT DEM FAHRRAD

Nicht nur für Sportliche

In der ganzen Pfalz gibt es gut ausgebaute Radwege. Fahrradverleihstationen findet man unter *pfalz.de* und *vrnnextbike.de*. Auch die Fremdenverkehrsbüros informieren über Fahrradverleih und und bieten manchmal selbst Räder zur Ausleihe an. Man sollte aber wissen, dass im Pfälzerwald und der West- und Nordpfalz Verleihstationen insgesamt dünn gesät sind.

MIT DER BAHN

klappt es zwischen großen Städten

Fast jeder größere Ort in der Pfalz ist an das Schienennetz angebunden. Züge und S-Bahnen fahren meist im Stundentakt, manchmal auch halbstündlich. Details zu Bussen und Bahnen, Fahrpläne und Streckenpläne findet man am besten unter vrn.de, der Internetseite des Verkehrsverbundes Rhein-Neckar.

Drei Ausflugsbahnen spielen eine Sonderrolle im pfälzischen Zugverkehr. Für Dampflok-Nostalgiker gibt es zwei Museumsbahnen: Das Kuckucksbähnel fährt an Sommersonntagen gemächlich von Neustadt durch das Elmsteiner Tal, die Stumpfwaldbahn ist – noch langsamer – an sommerlichen Sonn- und Feiertagen von Ramsen zum Eiswoog unterwegs. Fast schon modern wirkt dagegen die Wieslauterbahn, die als Diesel-Triebwagenzug mittwochs und sonntags zwischen Neustadt und dem Dahner Felsenland verkehrt.

PRAKTISCHE INFOS
*VON A BIS Z

Vom Bienwald kurz über das Flüsschen Lauter, schon ist man im Elsass

Welche Unterkünfte gibt es für den kleinen Geldbeutel, wo lässt sich etwas sparen? Wie sieht's in der Pfalz für Womo-Urlauber aus? Was ist bei Gastronomie-Öffnungszeiten, was beim Lebensmittelkauf zu beachten? Und natürlich die Frage aller Fragen: Habe ich Netz? Hier findest du die Antworten– und noch einiges mehr.

Ausflug nach Frankreich

Für viele Pfalzbesucher ist ein Ausflug ins benachbarte Elsass eine willkommene Abwechslung. Mit einer kurzen Autofahrt kommt man zu hübsch-verspielten Fachwerkdörfern mit oftmals bemerkenswerter Gastronomie, erlebt französisches Flair in Städtchen wie Wissembourg und genießt die ursprüngliche Landschaft der Nordvogesen. Auch Straßburg ist nicht allzu weit entfernt. Vorsicht beim Autofahren: Auf Landstraßen liegt die Höchstgeschwindigkeit bei 80 km/h! Radarkontrollen sind recht häufig, französische Strafzettel teuer.

Auskunft

Wichtigste Anlaufstelle für touristische Informationen zur Pfalz ist der zentrale Tourismusverband Pfalz-Touristik mit Sitz in Neustadt, *pfalz.de*, Tel. 063 21-91 23 28. Allerdings sollte man wissen, dass dort die Weinregion etwas bevorzugt behandelt wird. Deshalb ist es oftmals hilfreich, auch die regionalen Tourismusbüros zu kontaktieren.

Camping

Campingplätze findet man in der ganzen Pfalz, allerdings sind viele auf Dauercamper eingestellt. Ein Verzeichnis der Plätze erhält man unter *pfalz.de*. Ein besonders schöner Platz inmitten einer Felsenkulisse ist der Camping Büttelwoog in Dahn (*camping-buettelwoog.de*). Exquisites und ursprüngliches Campen ist möglich am Klettertreff Bärenbrunnerhof (*baerenbrunnerhof.de*) und auf dem Naturzeltplatz Reinighof (*reinighof.de/der-natur-zeltplatz*), wo nur Zelte zugelassen sind. Unter *pfalz.de* kann man eine Liste der Campingplätze herunterladen.

Sinnenfreudiger Genuss wird großgeschrieben an der Weinstraße

Gastronomie-Öffnungszeiten

Wie überall in Deutschland gab es auch in der Pfalz das große Dorfwirtschafts-Sterben, sodass sich die Distanzen zwischen den Esslokalen vergrößert haben. Auch die Öffnungszeiten haben sich mitunter deutlich verändert: Gaststätten mit nach wie vor durchgängiger Öffnung stehen viele Gastronomiebetriebe mit reduzierten Tages- und Wochenöffnungszeiten gegenüber. Weinstuben öffnen während der Woche häufig erst am Spätnachmittag, manche Gastwirtschaften nur am Wochenende. Verlässlich durchgehend geöffnet sind die internationalen Imbisse. Eine Besonderheit sind Straußwirtschaften, meist in den malerischen Innenhöfen der Winzergebäude untergebrachte Ausschänke mit Pfälzer Gerichten, deren Schankerlaubnis auf die Zeit der Weinernte beschränkt ist.

Hofläden

Viele qualitätsbewusste Einheimische decken sich in Hofläden mit Obst, Gemüse und sonstigen Leckereien ein. Auch hierzu findet man unter *pfalz.de* eine Übersicht. Besonders in der Rheinebene lässt sich der Besuch von Hofläden gut mit einer Radtour verbinden.

Regionale Produkte sind überall in der Pfalz zu haben

Hütten des Pfälzerwald-Vereins

Der Pfälzerwald-Verein PWV betreibt in der ganzen Pfalz ein dichtes Netz von Hütten, die wegen ihres besonderen Charakters mittlerweile zum Unesco-

Für Notfälle

Allgemeiner Notruf Tel. 112
Musst du einen Notruf absetzen, bleibe dabei ruhig und berichte:

- Wo ist es passiert?
- Was ist passiert?
- Wie viele Verletzte gibt es?
- Welche Verletzungen liegen vor?

Warte dann auf Rückfragen der Leitstelle, beende das Gespräch nicht unaufgefordert.

Pannenhilfe
vom Festnetz Tel. 0180 222 22 222
vom Handy Tel. 22 22 22

Die Landauer Hütte ist eine von über 100 Hütten des Pfälzerwald-Vereins

Kulturerbe gehören. Die in der Regel abseits der Orte gelegenen Hütten werden vorwiegend ehrenamtlich betrieben, sind einfach, gemütlich und meist nur zu Fuß zu erreichen. Sie sind normalerweise am Wochenende bewirtschaftet, während der Saison teilweise auch an zusätzlichen Tagen. Einige Hütten bieten auch Übernachtung an. Aktuelle Informationen zu Öffnungszeiten gibt es auf den Websites der PWV-Ortsgruppen, etwas weniger verlässlich auch unter *pwv.de*.

Jugendherbergen

Vom früheren Charakter der ehemals militärisch-straff geführten und spartanisch ausgestatteten Jugendherbergen ist kaum noch etwas übrig geblieben: Jugendherbergen richten sich heute oft an Familien oder auch an gruppenreisende Erwachsene, in Ausstattung und Verpflegung ähneln sie mittlerweile einfachen Hotels. Meist werden Sport- und Freizeitprogramme angeboten. Jugendherbergen findet man in der Pfalz in den Orten Altleiningen, Bad Bergzabern, Dahn, Hochspeyer, Neustadt, Pirmasens, Speyer, Thallichtenberg, Steinbach und Wolfstein. Genaue Infos sind unter *diejugendherbergen.de* abrufbar. Ideal für Aktivurlauber, die nicht am gehobenen Komfort hängen!

Küche

Die pfälzische Küche ist herzhaft-deftig, leicht verdauliche Gerichte sind nicht ihr Ding. Eine Reihe von Gourmet-Restaurants allerdings verbindet die traditionelle Küche mit mediterraner Leichtigkeit. Auf den Speisekarten der meisten Gaststätten und Restaurants findet man einen Mix aus gutbürgerlicher deutscher Küche und Pfälzer Gerichten. Teilweise wird der Einfluss der elsässischen Nachbarn deutlich. Vegetarisches und Veganes ist deutlich im Kommen.

In den größeren Ortschaften erhält man in kleinen Restaurants und Schnellimbissen das landesübliche Spektrum italienischer, griechischer, türkischer und asiatischer Gerichte. Eine Sonderrolle spielt der

DRAUSSEN UNTERWEGS MIT KINDERN

Lieblingstouren
Touren entlang von Bächen oder kleinen Seen sind wunderbar. Wenn's heiß ist, können alle ihre Füße kühlen, Rindenschiffchen bauen oder flache Steinchen hüpfen lassen.

Mit allen Sinnen
Eine süße Blume und ein herbes Kraut riechen, Moos und Steinchen barfuß spüren, mit geschlossenen Augen das Knacken und Rascheln hören, mit Lupe oder Fernglas Tiere beobachten: Ein Naturspaziergang ist für Kinder wie ein toller Sinnespfad.

Wie weit mit Kids?
Wie lang darf eine Wanderstrecke mit Kindern sein? Als grobe Orientierung nennt der Deutsche Wanderverband: das Lebensalter mal 1,5 nehmen. Eine Siebenjährige könnte danach 10,5 km schaffen, einen Kilometer je 100 Höhenmeter abziehen. Als Zeitbedarf plane die doppelte Zeit ein, die für erwachsene Wanderer angegeben wird.

Notausstieg
Wähle Wanderrouten aus, die du leicht abkürzen kannst – je nach Kondition und Stimmung. Beziehe bei der Vorbereitung einer Tour die Kinder unbedingt mit ein: gemeinsam die richtige Wanderkarte auswählen und unterwegs zusammen gucken, wie der Weg weitergeht.

Lesefutter
Toll illustrierte Kinderbücher über Pflanzen, Tiere, Gewässer und Gebirge machen Lust auf den Naturausflug. Der passende Band wandert mit – damit es noch mehr zum Entdecken gibt.

Abenteuer am Wegesrand
Wohnt ein Räuberhauptmann in der Burgruine? Und sind hier wirklich Steinzeitjäger an den Felsklippen entlanggeschlichen? Wähle Wanderrouten aus, die an besonderen Orten vorbeiführen. Kleine Geschichten machen sie für den Nachwuchs zu spannenden Abenteuerplätzen.

Der Hitze entkommen
Vor allem mit kleineren Kindern kann sehr heißes Sommerwetter richtig anstrengend sein. Wenn mal alle nach einer Abkühlung lechzen: Macht doch einfach einen Tagesausflug in die Berge. Ein Picknick im Wald, ein kühler Bergbach – und der Tag ist gerettet. Richtwert: Pro 100 Höhenmeter ist es ca. ein Grad kühler.

Matschverhüterli
Große, stabile Mülltüten sollte man als Eltern immer im Auto haben. Warum? Kinder sind mobil und immer gerne dort unterwegs, wo es spannend und oft auch schmutzig ist, zum Beispiel im Matsch. Aber sooo ins Auto? Kein Problem: Steck dein Kind vor der Weiterfahrt einfach bis zur Taille in die Tüte und der (Miet-)Wagen bleibt sauber.

RUCKSACK-APOTHEKE

Wer draußen unterwegs ist, sollte immer ein Erste-Hilfe-Set dabeihaben. Und natürlich solltest du wissen, wie du Binden und Kompressen anwendest – ein Erste-Hilfe-Kurs schadet nie.

Sei auf Notfälle vorbereitet

- Pflaster (zum Abschneiden) für kleine und größere Schürf- und Schnittwunden
- Blasenpflaster
- Mullbinden und Kompressen zum Abdecken von Wunden
- Dreieckstücher zum Ruhigstellen von Gelenken bei Brüchen
- Desinfektionsmittel
- Allergiemittel
- Schmerztabletten
- Wundheilsalbe
- Insektenschutz
- Verbandschere
- Pinzette
- Einmalhandschuhe
- Rettungsdecke als Schutz vor Unterkühlung
- Kältekompresse
- Signalpfeife
- Zeckenzange

Schon gewusst?
Im Notfall kannst du drei Minuten ohne Sauerstoff, drei Tage ohne Wasser, drei Wochen ohne Nahrung – aber nur drei Stunden ohne Schutz vor Wind, Nässe und Kälte aushalten. Hab also auch immer Kleidung für alle Eventualitäten im Rucksack.

Raum Kaiserslautern, wo sich der Einfluss der dort stationierten US-Streitkräfte in American Diners mit nordamerikanischer und mexikanischer Küche niederschlägt. In Hütten und Waldgaststätten dominiert nach wie vor die pfälzische Küche, Pommes oder Spaghetti sucht man dort meist vergebens.

Lebensmittelgeschäfte

Auch in der Pfalz haben Supermärkte vielerorts kleine Geschäfte verdrängt. Dennoch: Es gibt sie noch, die urigen Dorfläden, die inhabergeführten Metzgereien und Bäckereien. Wie fast alle kleineren Läden schließen sie samstags um die Mittagszeit. Supermärkte in Städten und größeren Orten dagegen sind auch samstags in der Regel bis 20 Uhr geöffnet.

Naturfreundehäuser

Traditionell einfach gehalten sind die Häuser des Touristenvereins Die Naturfreunde. Sie sind in der Regel während der ganzen Woche geöffnet und können mit dem Auto angefahren werden, auch wenn sie mitten im Wald liegen. Übernachtungsgäste können sich auf warme Küche und Frühstück einstellen, einige Häuser bieten auch Küchennutzung an. Als „Pfälzer NaturFreundeWeg" sind die NF-Häuser im Pfälzerwald über Wanderrouten miteinander verbunden, die mit einem grünen „N" markiert sind. Ein Verzeichnis der Häuser findet man unter *naturfreunde-rlp.de*.

Naturschutzgebiete

Pfanzen- und Tierfreunde finden über die ganze Pfalz verteilt Naturschutzgebiete: Moore, Magerrasenflächen, Wooge, Heidegebiete, Streuobstwiesen, Rebflächen, Feuchtwiesen, Auwälder. Bekannte größere Schutzzonen sind die Mehlinger Heide in der Nordpfalz, das Quellgebiet der Wieslauter im zentralen Pfälzerwald, das NSG Haardtrand in den Deidesheimer Weinbergen und das NSG Hördter Rheinaue. Für das gezielte Aufspüren

Am Rande des Naturschutzgebiets Kleine Kalmit liegt diese Kapelle

kleinerer Gebiete eignet sich die Wikipedia-Liste der Naturschutzgebiete in Rheinland-Pfalz mit kurzgefassten Beschreibungen der jeweils anzutreffenden Flora.

Notfälle

Bei medizinischen Notfällen gilt in der Pfalz und auch im Elsass die übliche Notrufnummer 112. Größere Krankenhäuser gibt es in Kaiserslautern, Zweibrücken, Pirmasens, Ludwigshafen, Speyer und Landau. Über Bereitschaftsdienste und Notfallapotheken geben die Internetseiten *116117.de* und *aponet.de* Auskunft.

Pfalzcard

In etwa 130 Hotels, Ferienwohnungen und Jugendherbergen wird kostenlos die Pfalzcard ausgegeben. Mit dieser Karte im Scheckkartenformat kann man nicht nur Busse und Regionalbahnen kostenfrei nutzen, sondern auch umsonst Burgen und Schlösser, Museen, Freizeitparks, Weinproben und Schwimmbäder besuchen. Die Infos dazu findet man unter *pfalzcard.de*.

Schlechtwetter-Programm

Dauerregen? Dann eben Bewegung drinnen, in den Erlebnisbädern Monte Mare Kaiserslautern, Felsland Badeparadies Dahn, Salinarium Bad Dürkheim, Plub

Was kostet wie viel auf Pfälzerwaldhütten?

Pott Kaffee 2,50 €
Mineralwasser 0,5 l 2,00 €
Apfelsaft 0,5 l 3,00 €
Weinschorle 0,5 l 4,00 €
Erbseneintopf mit Würstchen 5,50 €
Flammkuchen 7,00 €
Handkees mit Mussig und Brot 5,00 €
Weißer Kees mit Zwiebeln und Brot 5,00 €
Wurstsalat mit Brot 7,00 €
Kuchen 3,00 €
In normalen Gaststätten ist alles deutlich teurer.

Pirmasens, La Ola Landau, Südpfalz-Therme Bad Bergzabern. Oder ein Besuch im Aquarium Sea Life in Speyer, im Technik-Mitmachmuseum Dynamikum in Pirmasens oder im erstaunlich amüsanten Deutschen Schuhmuseum in Hauenstein. Falls man nicht doch lieber shoppen geht: Textiles im Fashion Outlet Zweibrücken, Schuhe in den Outlets in Pirmasens, Hauenstein und Zweibrücken, Wein natürlich direkt beim Winzer.

Telefon, Internet und W-LAN

Die Netzabdeckung entspricht dem deutschen Durchschnitt, kann aber in abgelegenen Gebieten, vor allem in den Tiefen des Pfälzerwaldes, zeitweise schwanken. Am verlässlichsten funktioniert das D1-Netz. Handydoktoren gibt es nur in den Städten.

Winzerferien

Wie in vielen Weinregionen kann man auch in der Pfalz in Weingütern unterkommen, häufig sogar mitten in den Weinbergen. Etwas für Genießer! Die regionalen Tourismusbüros haben nähere Informationen, unter *pfalz.de* gibt es eine aktuelle Übersicht.

Wochenmärkte und Bauernmärkte

Wegen der Nähe zu regionalen Erzeugern lohnt sich der Besuch von Wochenmärkten, die es in fast jeder größeren pfälzischen Gemeinde gibt. Im Internet wird man zum Beispiel fündig unter *wochenmarkt-deutschland.de*. Informationen über Bauernmärkte mit Event-Charakter gibt es unter *pfalz.de*.

Wohnmobil-Stellplätze

Infolge des Wohnmobil-Booms gibt es in den Tourismuszentren an der Weinstraße teilweise riesige Stellplätze. Wesentlich persönlicher ist es, wenn man auf einem Weingut einen Platz ergattern kann. In der sonstigen Pfalz sind die Wohnmobil-Stellplätze meist klein, aber landschaftlich fein. Unter *pfalz.de* kann man eine Liste herunterladen.

Mit dem Camper immer an der frischen Luft

APPS & KARTEN FÜR DRAUSSEN

ERKENNE, WAS UM DICH IST

Apps für Naturfreunde

Geschafft! Der Gipfel ist erobert, die Rundsicht auf die Bergwelt der Hammer. Aber wie heißen die ganzen Spitzen, die da am Horizont in den Himmel piksen? Das verrät die App PeakFinder – einfach mit der Kamera in die gewünschte Richtung halten. Das Ganze gibt's übrigens auch für den Nachthimmel, Apps wie SkyMap oder SkyView sind wie ein Astronom für die Hosentasche, der dir das Weltall erklärt.
Für Pflanzen z. B. PlantNet, Flora incognita (v. a. für D) und iNaturalist, für Vogelstimmen NABU Vogelstimmen oder BirdNET.

SO KOMMST DU BESSER ANS ZIEL

Navi-Unterstützung für Aktive

Mit Apps wie Komoot, Maps 3D, GPSies oder von Runtastic wird dein Smartphone zum Navi, egal ob du zu Fuß oder auf zwei Rädern unterwegs bist. Google Maps funktioniert zwar auch, findet aber oft nur die Haupt- und nicht die schönen, verkehrslosen Nebenrouten. Zur Sicherheit solltest du immer eine Powerbank für eine Extraakkuladung im Gepäck haben, denn die GPS-Funktion des Smartphones ist energiehungrig.

ANALOG UNTERWEGS

Die passenden Karten finden

Mist, der Akku des Smartphones ist leer. Nimm deshalb immer auch eine gute Karte deines Wandergebiets mit. Bist du in einem kleineren Gebiet unterwegs, ist der Maßstab 1: 25 000 perfekt, dann sind vier Zentimeter auf der Karte ein Kilometer im Gelände. Hast du eine Tour über größere Entfernungen vor, dann greif zum Maßstab 1:50 000. Zwei Zentimeter auf der Karte entsprechen dann einem Kilometer.

Auf der Karte kannst du übrigens auch sehen, wie steil das Gelände wird: Je enger die Höhenlinien – jene Linien, die dem Geländeverlauf folgen – liegen, desto steiler wird's. Bei einer 50 000er-Karte sind zwischen zwei Höhenlinien meist 20 m. Wenn dein Wanderweg einer Höhenlinie folgt, hast du Glück (oder Pech): Der Weg ist (relativ) eben.

OUTDOOR-FESTE

*DURCHS JAHR

Schon im Frühling beginnt die Zeit der Weinfeste

Die Pfalz feiert jahrhundertealte und neuzeitliche Feste. Die größte Feierlaune herrscht naturgemäß an der Weinstraße, wo von März bis Oktober unzählige Weinfeste stattfinden.

Januar

Knutfest in Weidenthal: Eine einzigartige Art, Weihnachten abzuschließen – mit Weihnachtsbaumweit-, -hoch- und -schleuderwurf *(wackerweidenthal.de)*.

Februar

Fasching in Dahn: Am Faschingssamstag ein Guggemusikfestival im Festzelt, am Sonntag der traditionelle Umzug inmitten der Buntsandsteinkulisse des Dahner Felsenlandes *(kve-dahn.de)*.

März

Gimmeldinger Mandelblütenfest: Das erste größere Weinfest des Jahres, als Anlass dient die meist Anfang März beginnende Blüte der Mandelbäume *(neustadt.eu)*.

April

Deutsch-französischer Bauern- und Genussmarkt in Bellheim: Kunsthandwerk und Leckeres aus der Südpfalz und dem Elsass *(queicherleben.de)*.

Mai

Loschter Handkeesfescht in Lustadt: Handkees, Wein und Bellheimer Bier im Lustadter Maiblumenwald *(loschter-handkeesfescht.de)*.

Deidesheimer Geißbockversteigerung: Ein altes Stadtfest, das jedes Jahr am Dienstag nach Pfingsten gefeiert wird. Ritueller Höhepunkt ist die Versteigerung eines Ziegenbocks *(deidesheim.de)*.

Juni

Schlossstraßenfest Hambach: Weinfest mit Bezug zum Hambacher Fest von 1832, das als Geburtsstunde der Demokratie in Deutschland gilt *(neustadt-hambach.de).*

Altstadtfest Kaiserslautern: Drei Tage Musik, Straßentheater und Kunsthandwerk in den Fußgängerzonen der Fussballstadt *(kaiserslautern.de).*

Juli

Stadtmauerfest in Freinsheim: Pfälzer Spezialitäten und örtliche Weine in der historischen Kulisse der Freinsheimer Altstadt *(urlaubsregion-freinsheim.de).*

Speyerer Brezelfest: Riesiges Volksfest mit Fanfarenzügen, Turnieren, Wettkämpfen und dem „Brezelfestlauf" *(speyerer-brezelfest.de).*

Landauer Sommer: Dreitägiges Musikfestival in der historischen Innenstadt *(landau-tourismus.de).*

August

Schlabbeflickerfest Pirmasens: Drei Tage Musik und Performances in der ehemaligen deutschen Schuhmetropole *(pirmasens.de).*

Torbogenfest Göllheim: Rock, Pop, Dixie und Swing, dazu natürlich Wein und Kulinarisches auf dem alten Markt *(vg-goellheim.de).*

September

Dürkheimer Wurstmarkt: Mit über 600 000 Besuchern das größte Weinfest der Welt. Ein neuntägiges Spektakel – das pfälzische Oktoberfest *(bad-duerkheim.de).*

Billigheimer Purzelmarkt: Das älteste Volksfest der Pfalz mit ausgefallenen Spielen und Wettbewerben, allen voran das traditionelle „Purzeln" *(purzelmarkt.de).*

Oktober

Keschdefest Annweiler und Hauenstein: Rund um die Esskastanie, mit Kastaniengerichten aller Art, regionalen und saisonalen Produkten wie Neuem Wein und Dampfnudeln *(keschdeweg.de).*

Deutsches Weinlesefest in Neustadt an der Weinstraße: Das zweitgrößte Weinfest der Welt mit dem Neustadter Winzerfestzug als Höhepunkt *(neustadt.eu).*

November

Martinimarkt Dahn: Eine Mischung aus Krämermarkt und Bauernmarkt mit Gourmetmeile und Musik *(dahner-felsenland.de).*

Dezember

Romantische Waldweihnacht Johanniskreuz: Ein ökologisch orientierter Weihnachtsmarkt in zauberhafter Waldatmosphäre *(wald-rlp.de).*

Hambach ist Schauplatz des Schlossstraßenfestes

LIFEHACKS FÜR DEN URLAUB

Erinnerungsstütze

Kennst du sie auch, die panische Frage, kaum hast du dich Richtung Urlaub in Bewegung gesetzt: Habe ich auch wirklich die Wohnungstür abgeschlossen? Versuch es beim nächsten Mal mit einer ungewöhnlichen Aktion: Spring beim Abschließen hoch in die Luft, mach eine tiefe Kniebeuge oder sage dir laut vor: Jawohl, ich habe abgeschlossen. Daran erinnerst du dich dann bestimmt und der Urlaub beginnt mit einem breiten Grinsen im Gesicht.

Erst mal einen Überblick verschaffen

Erster Tag auf unbekanntem Terrain? Bevor du dich voller Elan in Erlebnisse stürzt, such dir einen großartigen Aussichtspunkt und genieße es, dir einen Überblick über Lage und Ausdehnung der Stadt oder Region zu verschaffen. Das gibt ein tolles Bild für den ersten Social-Media-Post, und danach wirst du dich mit gestähltem Orientierungssinn bewegen.

Handy nachladen im Flug(s)modus

Ja, wir kennen das alle: Die Batterie des Smartphones neigt sich gefährlich dem einstelligen Prozentbereich zu, viel Zeit zum Aufladen bleibt nicht. Bewährter Tipp: Der Akku lädt um ein Vielfaches schneller, wenn du dein Smartphone währenddessen in den Flugmodus versetzt. Und weil die Batterie unterwegs viel schneller schwächelt, steck eine Powerbank ein.

Übergepäck? Nur für Anfänger!

Durch geschicktes Minimieren der Farbpalette deiner Kleidung brauchst du weniger Einzelteile und kannst besser kombinieren. Achte auch bei Schmuck und Schuhen darauf, dass du sie mehrfach einsetzen kannst.

Koffer packen für Könner

Um nicht mit einem Haufen zerknitterter Wäsche am Urlaubsort anzukommen, beachte die Grundregel: Schweres gehört nach unten, d. h. an die Seite des Gepäcks, die während des Transports in Richtung Boden zeigt. Zu den schweren Gegenständen zählen Waschbeutel und Schuhe. Außerdem wichtig: Je kompakter alles im Koffer verstaut wurde, desto weniger kann verrutschen.

Kleidung klein und faltenfrei

Spart Platz im Koffer und minimiert Falten: Shirts und Pullis falten und rollen. Bei Jacken die Ärmel nach innen falten, dann die Jacke mittig zusammenlegen. Voluminöses in Zip-Beutel stecken und die Luft vor dem Verschließen herausdrücken. Unterwäsche kann auch gerollt werden.

Schutz für Handy & Co.

Technische Geräte mögen weder Sand noch Wasser. Am Strand oder bei der Bootstour sind Handy und Co. in einem kleinen Plastikbeutel mit Zip-Verschluss unkompliziert geschützt.

Kleidung waschen & reparieren

Mit nur wenigen Zutaten kann man unterwegs prima Wäsche waschen und auch mal Kleidungsstücke reparieren. Als Wäscheleine eignen sich 3 m normale Schnur aus dem Baumarkt. Eine Handvoll kleiner Gardinenclips ersetzt die Wäscheklammern. Fehlt das Waschmittel, tut es auch Shampoo. Mit einer Nagelbürste kann man bei der Handwäsche beste Ergebnisse erzielen. Etwas Gaffa-Tape fixiert aufgelöste Säume und ein Tröpfchen Nagellack eine Laufmasche oder einen losen Faden.

Alleskönner Klebeband

Eine Rolle Klebeband gehört in jeden Rucksack. Aber nicht irgendein Klebeband, sondern Duct- oder Panzer-Tape. Ob Riss in der Outdoor-Jacke oder im Zelt, ob gebrochene Zeltstange oder die lose Sohle am Wanderschuh: Mit dem unverwüstlichen Gewebeband meisterst du jede Reparatur an der Ausrüstung. Wenn selbst die NASA Duct-Tape im All dabeigehabt haben soll …

Reisekrankheit vermeiden

Du kennst das schon: Spätestens wenn's kurvig wird, wird dir … blümerant zumute. Schwindelgefühle und Übelkeit entstehen durch Störungen des Gleichgewichtssinns. Wehre den Anfängen: Leg Buch oder Handy weg, setz dich nach vorne oder schnapp dir das Steuer, denn wer strikt geradeaus schaut, ist kaum gefährdet. Im Bus ist der beste Platz in der vordersten Reihe, im Flugzeug solltest du versuchen, auf Höhe der Tragflächen zu sitzen, und auf dem Schiff hilft ein Gang an die frische Luft mit festem Blick auf den Horizont.

Dolmetscher in der Tasche

Reisen in einem Land, in dem man die Sprache nicht versteht, kann schwierig werden. Die kostenlose Smartphone-App Google Übersetzer (iOS und Android) macht die Verständigung leichter und ein Wörterbuch überflüssig. Man kann für den Urlaub bestimmte Sprachpakete herunterladen, damit die App auch ohne Internetzugang übersetzt. Damit spart man die Kosten für mobiles Internet, verliert aber gleichzeitig wegen der Größe der Sprachpakete viel Speicherplatz. Man kann sogar Wörter abfotografieren, um sie übersetzen zu lassen, oder sich ganze Sätze erklären und vorsprechen lassen.

Weniger ist mehr

Ach, und das Buch sollte auch noch mit. Und vielleicht noch ein Pullover, weil der eigentlich doch ganz schick ist? Brichst du zu einer Wanderung auf, dann geize mit Platz und Gewicht. Zu schweres Gepäck macht jeden Ausflug zur Tortur. Als Faustregel gilt: Was du auf dem Rücken trägst, sollte nicht mehr als 20 Prozent deines Körpergewichts betragen. Für eine Tageswanderung reichen sechs Kilo Gepäck.

Ab in die Sonne!

Was bringt die schönste Landschaft bei Dauerregen, wenn 50 km weiter die Sonne vom Himmel lacht? Hängen also wieder mal die Wolken tief, befrage das Internet nach dem Wetter, such dir den nächstgelegenen Ort heraus, wo die Sonne scheint – und fahr hin! Vielleicht entdeckst du dann sogar wundervolle Orte, die du zunächst gar nicht auf der Reiseroute hattest.

Anhang

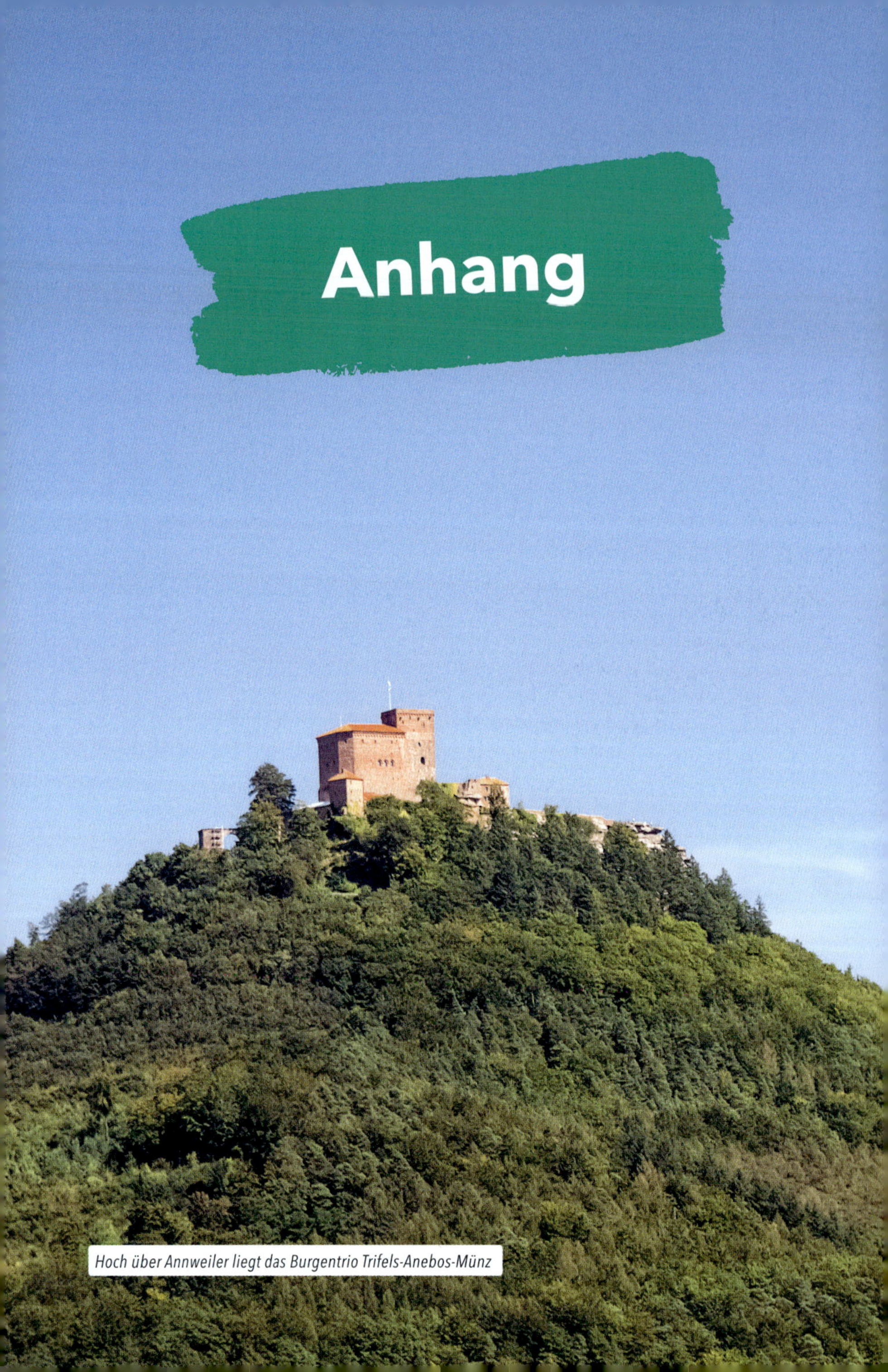

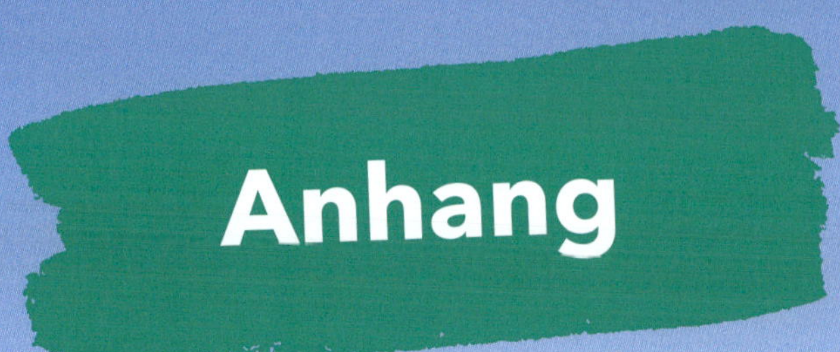

Hoch über Annweiler liegt das Burgentrio Trifels-Anebos-Münz

REGISTER
*NACH ORTEN

REGISTER

*NACH AKTIVITÄTEN

Highlights

Zu Fuß

Mit dem Fahrrad

Am & im Wasser

Fun & Action

Naturgenuss

Wintersport

NOCH MEHR OUTDOOR-SPASS

Nach der Reise ist vor der Reise:
Hier findest du noch mehr beste Frischluftabenteuer für deinen Urlaub.

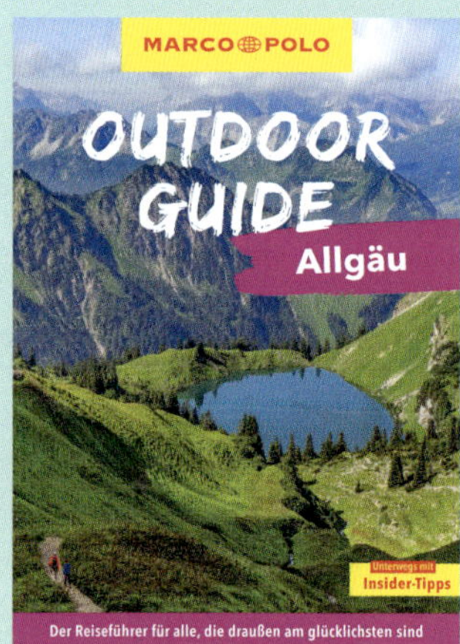

ISBN 978-3-575-01927-1

ISBN 978-3-575-01928-8

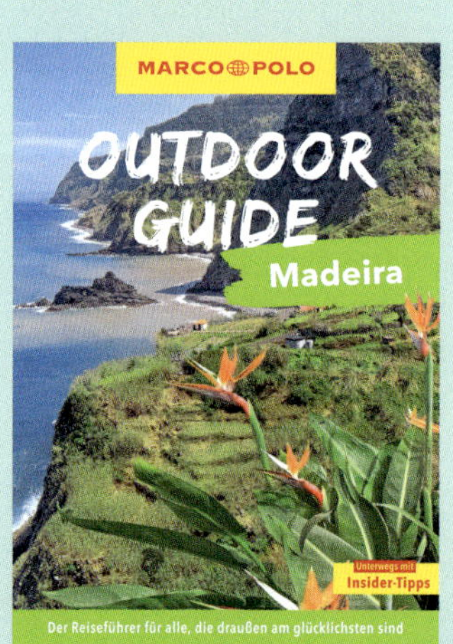

ISBN 978-3-575-01919-6

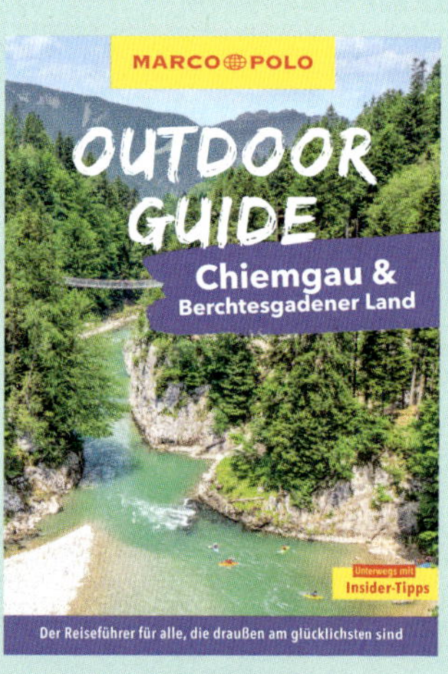

ISBN 978-3-575-01916-5

ISBN 978-3-575-01924-0

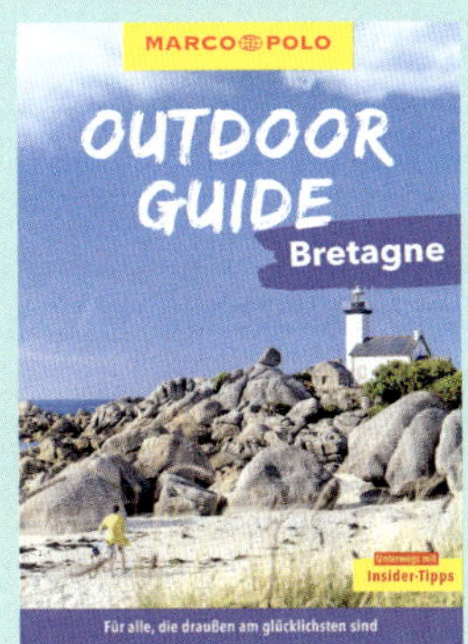

ISBN 978-3-575-01901-1

ISBN 978-3-575-01921-9

ISBN 978-3-575-01922-6

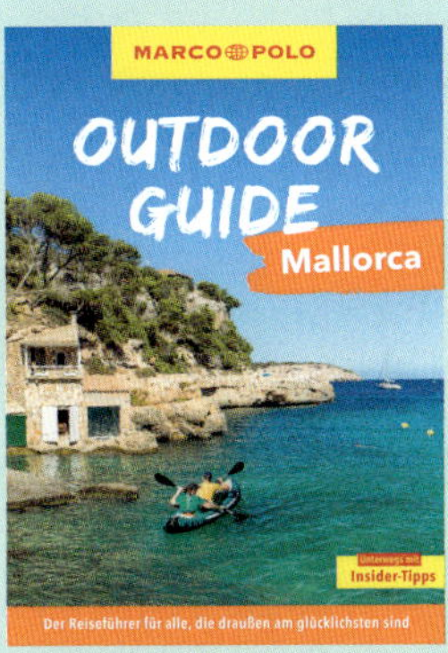

ISBN 978-3-575-01920-2

ISBN 978-3-575-01923-3

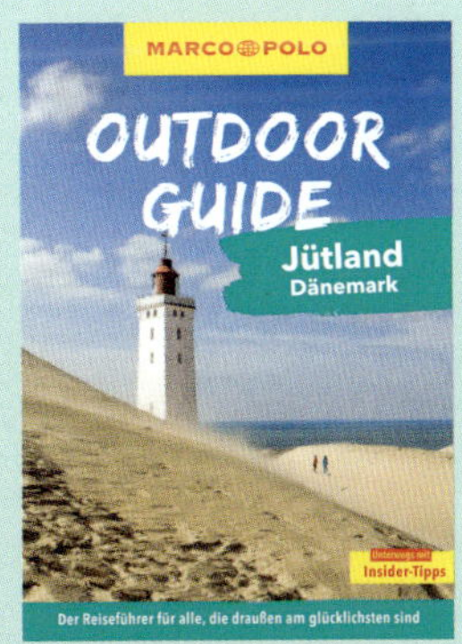

ISBN 978-3-575-01917-2

ISBN 978-3-575-01918-9

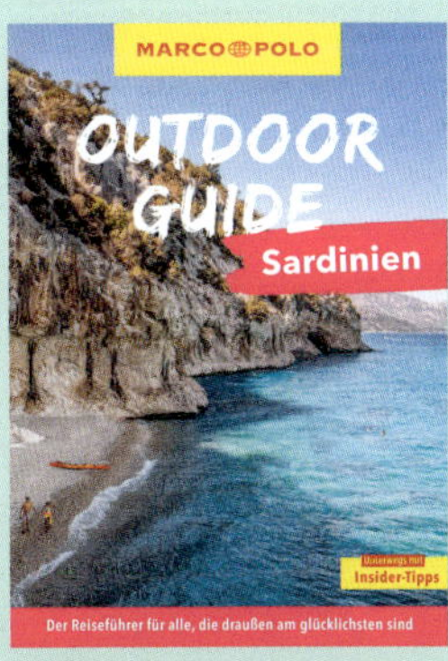

ISBN 978-3-575-01926-4

IMPRESSUM

*WER HAT WAS GEMACHT?

1. Auflage 2024

ISBN 978-3-575-01925-7

Texte: Thomas Diehl, mit Ausnahme S. 26, 211, 212 (Rucksack-Apotheke), 215, Umschlaginnenseiten (Jens Bey, Stuttgart)
Konzept & Projektleitung: Monique Sorban
Gestaltung Umschlag & Layout: Nicola Hammel-Siebert, Tanja Schnurpfeil, Weimar & Leipzig, zebraluchs.de
Illustrationen: Nicola Hammel-Siebert (S. 13), Carolin Weidemann, Köln, weidemann-design.com (Umschlag, S. 26, 207)
Lektorat und Satz: booklab, München
Korrektorat: Kirsten Skacel, Wölpinghausen, lektorat-rotstift.de

Kartografie: © 2024 KOMPASS-Karten GmbH, Karl-Kapferer-Straße 5, A-6020 Innsbruck unter Verwendung von © OpenStreetMap Contributors, osm.org/copyright
Als touristischer Verlag stellen wir bei den Karten nur den De-facto-Stand dar. Dieser kann von der völkerrechtlichen Lage abweichen und ist völlig wertungsfrei.

Printed in Poland

FSC www.fsc.org MIX Papier | Fördert gute Waldnutzung FSC® C018236

Lob oder Kritik? Wir freuen uns auf deine Nachricht! Trotz gründlicher Recherche schleichen sich manchmal Fehler ein. Wir hoffen, du hast Verständnis, dass der Verlag dafür keine Haftung übernehmen kann.
MARCO POLO Redaktion, MAIRDUMONT, Postfach 3151, 73751 Ostfildern, info@marcopolo.de

Rebland und Haardtberge zwischen Birkweiler und Weyher

Der „Backenzahn", die höchste Zinne der Burgruine Drachenfels

Titelbild: Teufelstisch bei Hinterweidenthal (Mauritius Images: Erhard Hess)
Motive Rückseite: Typische Häuser in Rhodt unter Rietburg (l.), Blick vom Rehberg auf Umgebung und Burg Trifels (r.)
Fotos: A. Eberle (8); Axel Brachat (124 o.); DuMont Bildarchiv: Gerald Haenel (Umschlagrückseite r., 4/5, 9, 15, 18 u.l., 18 M.r., 27, 29 o., 36/37, 44, 69 r., 82/83, 209 l., 209 r., 213, 216, 217); Fotografie Britta Hoff (149 l.); Getty Images: Imagesines (202/203), rotofrank (12); Kurt Groß (20); Margret Germann (110 r., 114, 172); Mauritius Images: Anna Reinert/Pitopia (220/221), Bruno Kickner (214), Florian Monheim/Alamy Stock Photos (144), Gaby Wojciech/Westend61 (72), Hans-Peter Merten (10/11), Helmut Corneli/Alamy Stock Photos (24), Manuel Sulzer/Westend61 (7); Melanie Hubach (155 l., 155 r.); Rosengarten Zweibrücken (180); Shutterstock.com: Anzhela Shvab (81 u.), Conny Pokorny (22), Dan74 (18 o.), David Hajnal (1), Elly Miller (49 M.), Firn (48), Frank Fichtmueller (17 o., 17 M.r.), freisein (19), Gert-Jan van Vliet (18 M.l.), Graeme J Baty (200), HandmadePictures (133 u.), Hartmut Goldhahn (18 u.r.), Ingrid Balabanova (163 u.), Jesus Cobaleda (17 u.l.), Joerg Steber (14, 16), Juergen Wackenhut (6, 42, 45, 50, 51, 64 l.), Jürgen Wackenhut (Umschlagrückseite l.), Karel Cerny (17 M.l.), klaus Keller nature photo (17 u.r.), korkeng (18 M.l.), lavizzara (162), LianeM (117), Little Adventures (80), Mojolo (205), msgrafixx (148), nesavinov (201 u.), nnattalli (25r., 46, 204), Norman Krauss (52, 132), Pfalz-Drohne (232), Rico Markus (40), Sina Ettmer Photography (32), Spayder pauk_79 (163 o.), Stanislav Palamar (133 o.), stock1000 (17 M.l.), Tiger Images (81 o.), Tina Jaeger (28 u.), U. J. Alexander (113 l., 201 o.), Uellue (134/135), Vaclav Matous (17 M.r.); Stadtverwaltung Pirmasens: Sabine Schön (182 l.); Thomas Diehl (1, 25l., 28 o., 29 u.r., 29 M.r., 29 u.l., 29 M.l., 30, 31, 41, 43, 47 M., 47 u., 49 u., 53, 54, 55, 56, 57, 58, 59 r., 59 l., 60 l., 60 r., 61, 62, 63 r., 63 l., 64 r., 65, 66, 67 r., 67 l., 68, 69 l., 70, 71 r., 71 l., 73 l., 73 r., 74 r., 74 l., 75, 76 l., 76 r., 77, 78, 79, 86, 87, 88, 89, 90, 91, 92, 93 u., 93 o., 94, 95, 96, 97, 98, 99, 100, 101 o., 101 M., 102, 103 u., 103 M., 104, 105, 106, 107 l., 107 r., 108 r., 108 l., 109, 110 l., 111, 112 l., 112 r., 113 r., 115 l., 115 r., 116 l., 116 r., 118 l., 118 r., 119, 120 r., 120 l., 121 l., 121 r., 122, 123 l., 123 r., 124 l., 125, 126 l., 126 r., 127, 128, 129 l., 129 r., 130, 131, 138, 139, 140, 141, 142, 143, 145, 146, 147, 149 r., 150 l., 150 r., 151 l., 152 r., 152 l., 153, 154, 156 r., 156 l., 157 r., 157 l., 158 l., 158 r., 159 l., 159 r., 160 l., 160 r., 161, 164/165, 168, 169, 170, 171, 173, 174, 175, 176, 177, 178, 179, 181, 181, 182 o., 183, 184 l., 184 r., 185, 186 r., 186 l., 187 r., 187 l., 188, 189, 190, 191 r., 192, 193 l., 193 r., 194, 195 r., 195 l., 196, 197 r., 197 l., 198, 199, 206, 208, 210, 228, 229, 230, 231); Touristinformation Kusel (191 l.); Verbandsgemeinde Rülzheim (151 r.)

Ob zu Fuß, mit dem Fahrrad, in nostalgischen Gondeln oder im Kanu – auf über 150 Ausflügen und Abenteuern war Thomas für den Outdoor Guide unterwegs. Was war besonders, was bleibt noch zu sagen?

5 FRAGEN AN THOMAS DIEHL

1 Welches ist deine Lieblingsaktivität und bei welcher Tour im Buch hattest du am meisten Spaß?

Da schwanke ich zwischen flottem Bergauf-Bergab-Wandern und Nichtstun beim Draußen-Sein – falls es so etwas überhaupt gibt. Sitzen, schauen, lauschen. Immer gerne auch Kombis: Rad fahren/schwimmen oder wandern/besichtigen. Besonders haften geblieben ist die Kanutour am Otterstädter Altrhein – da ich in einer anderen Ecke der Pfalz wohne, komme ich zu so etwas eher selten.

2 Was darf in deiner Ausrüstung nicht fehlen?

Eine gute Karte im Maßstab 1:25.000. Nicht weil ich Angst hätte, mich zu verlaufen oder zu verradeln. Sondern weil schon das Anfassen und Auseinanderfalten der Karte ein sinnlicher Genuss ist. Weil das Geräusch und der Geruch des Papiers die Vorfreude und den Spaß unterwegs steigern. Und vor allem, weil man nur so eine Region in Gänze begreifen kann. Fast noch wichtiger: Das, was nicht dabei ist – das Smartphone unterwegs ist etwas für Angsthasen und Digitaljunkies.

3 Dein Film-/Lesetipp für die Pfalz?

Sehr professionell gemachte Kurzfilme über die Pfalz findet man unter www.pfalz-bewegt.de. Als Buch immer noch der 1857 erstmals erschienene Klassiker „Die Pfalz und die Pfälzer" von August Becker, auch wenn natürlich manches überholt ist.

4 Was war dein verrücktestes Erlebnis bei der Recherche?

Ich war auf einem sonnenwarmen Felsen eingedöst und blickte beim Aufwachen auf ein halbes Dutzend nackte Pos – eine Gruppe von FKK-Wanderern. Einziges Kleidungsstück: Wanderschuhe. Wir kamen ins Gespräch und am Ende stand eine Verabredung zum Barfußnackt-Nachtwandern, der Königsdisziplin.

5 Wohin gehst du am liebsten mit Freunden (Besuchern)?

Mit Pfalz-Neulingen zu den Eppenbrunner Altschlossfelsen oder zur Madenburg. Mit Freunden gerne zu Aussichtspunkten wie dem Rötzenfels oder dem Naturschutzgebiet Hausgiebel. Mit Gebietskennern am liebsten zu Stellen, die ich hier nicht verrate.

BLOSS NICHT!

*FETTNÄPFCHENFREI IM URLAUB

Die Begriffe „Hinterpfälzer" und „Ostpfälzer" verwenden

Westpfälzer mögen es gar nicht, als „Hinterpfälzer" bezeichnet zu werden, umgekehrt nennen sich die in der Rheinebene angesiedelten Menschen „Vorderpfälzer" und hassen es geradezu, „Ostpfälzer" genannt zu werden. Nordpfälzer hingegen kennen solche Empfindlichkeiten nicht.

Auf einer Hütte den Fleischverzehr verdammen

Auf den Pfälzer Hütten regieren seit über einem Jahrhundert Saumagen, Bratwurst und Leberknödel. Noch vor Kurzem galt: Wer in einer Hütte flammende Plädoyers für die vegane Lebensweise hält, riskiert den Rausschmiss. Das ist Vergangenheit. Veganes – Pfannengemüse mit Currysauce und Reis, vegane Gulaschsuppe, Gemüseschnitzel – ist auf dem Vormarsch. Wird schon, einfach locker bleiben! Vegetarische Gerichte wie Weißer Kees mit Bratkartoffeln oder Handkees mit Mussig genießen auf Hütten beinahe Kultstatus.

Felssperrungen ignorieren

Zum Schutz der Wanderfalken dürfen einige Felsen im Pfälzerwald von Januar bis Juni nicht beklettert oder besucht werden. Bei Felsen, die nicht für die Brut genutzt werden, endet das Verbot auch früher. Wer die Sperrareale betritt und erwischt wird, muss mit saftigen Geldbußen rechnen. Die aktuelle Felsen-Sperrliste findet man auf der Website der Pfälzer Kletterer (www.pfaelzer-kletterer.de).

Die Eigenständigkeit des Pfälzer Dialekts in Zweifel ziehen

Auf ihren Dialekt sind die meisten Pfälzer stolz. Jeder Vergleich mit dem Saarländischen, Hessischen oder Badensischen wird empörten Widerspruch auslösen. Allenfalls lässt man noch eine gewisse Ähnlichkeit mit dem als charmant empfundenen Elsässischen gelten.

FCK für eine chemische Verbindung halten

FCK, war das nicht dieser Treibstoff? Nein, FCK steht auf immer und ewig für 1. Fußball-Club Kaiserslautern. Und der ist ein Mythos in der Pfalz, auch wenn das Fritz-Walter-Stadion auf dem Betzenberg für Gastmannschaften schon lange seinen Schrecken verloren hat. Doch die Pfälzer halten ihrem Verein auch in schwierigen Zeiten die Treue und strömen in Scharen „uff de Betze". Respekt und Bewunderung bitte!

Vom Betzenberg aus regiert König Fußball die Stadt Kaiserslautern, vier deutsche Meisterschaften gehen auf das Konto des FCK